Oldenbourg Interpretation
Band 64

Oldenbourg Interpretationen
Herausgegeben von
Klaus-Michael Bogdal und Clemens Kammler

begründet von
Rupert Hirschenauer (†) und Albrecht Weber

Band 64

Johann Wolfgang Goethe

Faust I und Faust II

Interpretation von Ralf Sudau

Oldenbourg

Zitate sind halbfett gekennzeichnet.

Bibliografische Information der Deutschen Nationalbibliothek:
Die Deutsche Nationalbibliothek verzeichnet diese Publikation in der Deutschen Nationalbibliografie; detaillierte bibliografische Daten sind im Internet über <http://dnb.ddb.de> abrufbar.

Das Papier ist aus chlorfrei gebleichtem Zellstoff hergestellt, ist säurefrei und recyclingfähig.

Bei den Zitaten, Literaturangaben und Materialien im Anhang ist die neue Rechtschreibung noch nicht berücksichtigt.

2., überarb. u. korr. Auflage 1998
Druck 14 13 12 11 10
Die letzte Zahl bezeichnet das Jahr des Drucks.

Umschlagkonzept: Mendell & Oberer, München
Umschlag: Stefanie Bruttel
Umschlagbild: © IFA-Bilderteam, Ottobrunn/München; Fotografin: Birgit Koch
Typografisches Gesamtkonzept: Gorbach GmbH, Buchendorf
Lektorat: Ruth Bornefeld, Simone Riedel, München
Herstellung: Verlagsservice Dr. Helmut Neuberger
& Karl Schaumann GmbH, Heimstetten
Satz: jürgen ullrich typosatz, Nördlingen
Druck und Bindung: Himmer AG, Augsburg

ISBN: 978-3-637-88663-6

Inhalt

Vorwort

Die kritischen Theorien der zurückliegenden Dekaden haben uns gelehrt, das ›Allgemeinmenschliche‹ argwöhnisch anzusehen und das Augenmerk darauf zu richten, wie der Mensch von den Verhältnissen geprägt und mit den Verhältnissen verändert wird. Gleichwohl bleibt es faszinierende Tatsache, dass Urbilder und Symbole solcher ›allgemein menschlichen‹ Erfahrungen Jahrhunderte, Jahrtausende ihre Attraktivität bewahren: Prometheus, der Rebell gegen die Götter; Ikarus, der das menschliche Maß überschreitet; Don Juan, der Liebessüchtige und Triebwahnsinnige – um einige, nicht zufällig, zu benennen –, und freilich: Faust, **der unersättliche Abenteurer des Unerreichlichen** (Viëtor). Eine immer stärker sich etablierende Mythosforschung ist denn auch geleitet von der Einsicht, dass neben der historischen Variabilität des Menschen eine archetypische Konstanz sich behauptet, dass Grundbefindlichkeiten und existenzielle Erfahrungen eine menschliche Tiefenstruktur bilden, die in geschichtlich besonderer Oberflächengestalt sich jeweils neu abbildet.

Jener Faust der ersten Niederschrift, gegen den Mief unter den Talaren und der Schlafmütze der Kleinstadtprovinzialität aufs Papier geworfen, bleibt ein Urbild jugendlicher Unbändigkeit und der Ahnung eines gewaltigeren Mysteriums um den Menschen, als es die abgeschliffenen Sensorien des späteren, den Gesellschaftsmechanismus betreibenden Erwachsenen noch wahrzunehmen vermögen. Der Schüler, in der pubertären und philosophischen Epoche seines Lebens, wird sich wiederfinden in Fausts Lebensfieber und in seiner unerklärlichen Sehnsucht nach der Berührung mit dem ›Unbeschreiblichen‹, dem Absoluten.

Aber *Faust* ist nicht nur das Werk einer Lebensepoche, er ist die Quersumme eines Lebens. Argwohn ist angezeigt gegen den Heros des Kraftbewusstseins, nicht nur gutwillige Unterstellung. Manches reißt dieser monomanische Kraftstrom nieder, was nicht unbedacht bleiben kann; blindwütig verläuft er sich in Irrwege, die nicht unvermerkt bleiben dürfen. Fausts Existenz ist Tragödie, sein Verlangen und Bestreben – wenn auch notwendig und gerechtfertigt in der Weltordnung – scheitern bis zum Tode. Der aus der Jugend erwachsene Enthusiasmus ist ein – diastolischer – Pulsschlag des Lebens, den der systolische – Begrenzung, Bescheidung, Entsagung – ergänzt und ausbalanciert. Solche Selbstkorrektur hat der spätere Goethe seinem Werk auch eingeschrieben, zwischen die Zeilen.

Und der *Faust* ist nicht nur Faust, sondern ist Faust und Mephisto. Euphorie und Desillusion, Lebensgläubigkeit (oder Lebensblindheit) und nüchterne Existenzanalyse sind immer auch schon gleichzeitig präsent und stellen zusammengenommen eine umfassende Offerte an den Leser dar, sich zu identifizieren oder zu distanzieren, generell oder mit partiellem Frontwechsel. Es ist dialektische Lebensweisheit, die GOETHE mit der dualistischen Figurenfügung und mit der Ineinanderspiegelung der leidenschaftlichen und der abgeklärten Faustkonzeption entfaltet. Den Schülern diesen universalistischen Geist ein Stück weit zu eröffnen, spätere vervollständigende Begegnungen vorzubereiten – das ist die Aufgabe des Lehrers, die dieses Buch anregen und erleichtern soll.

In gewissem Sinne ist die vorliegende Darstellung – über ihren didaktischen Charakter hinausgehend – ein Handbuch in monographischer Form. Es stellt den Versuch dar, nahezu alles – nicht jedes Forschungswerk, aber die Vielzahl der sich herausbildenden Problemstellungen und Deutungsgesichtspunkte – noch einmal in *einem* Zugriff zu erfassen. Nicht als auflistender Forschungsbericht oder als leicht moderierte Zitatmontage, auch nicht als in Szenenkommentare parzellierte Information, sondern als zusammenhängende, geordnete und leserleitende Abhandlung. Das betrifft vornehmlich den ersten Dramenteil, reicht jedoch weit hinein in den zweiten und in den Gesamtcharakter der Dichtung.

Mithin geht diese Darstellung zunächst darauf aus, den interessierten Lehrer oder Studierenden umfassend und gründlich über die vielen Fragen ins Bild zu setzen, die sich ihm selbst als Leser aufdrängen und die mitunter zu Verstehensunsicherheiten führen. Dabei wurde Wert darauf gelegt, bei vielen Einzelheiten – etwa bei dem Kompositionsmittel Konfiguration, den Leitmotiven, den Versmaßen u. a. m. – genauer hinzuschauen und detaillierter Aufschluss zu geben, als in vergleichbaren Abhandlungen üblich. Ein optisches Leitsystem von normal- und engzeiligen Passagen ermöglicht es dem Leser in jedem Themenbereich, sich an der Grundinformation zu orientieren oder einem vertiefenden Interesse zu folgen. Im zweiten Schritt werden die Belange und Gegebenheiten des Unterrichts ins Auge gefasst, werden die notwendigen Abstimmungen und Vereinfachungen vorgenommen sowie spezielle Unterrichtsideen vorgestellt. Der Gang des Unterrichts wird sich dabei tunlichst stärker an die Chronologie des Dramentextes anlehnen, während die vorangestellte Abhandlung dem Werk durch verschiedene Quer- und Längsschnitte beizukommen sucht.

Hinweise:
Alle in Klammern gesetzten Zahlen – etwa: (600) – sind Versnummern von GOETHES Faustdrama.

Alle eingeklammerten Hinweise auf Seiten und Abschnitte – beispielsweise: (vgl. S. 15); (siehe Kap. 7.4) – sind Binnenverweise dieser Arbeit.

Zur Vereinfachung der Sprechweise wird Mephistopheles als Mephisto bezeichnet; Gretchen wird, obgleich vieles dafür spricht, nicht Margarete genannt.

Die Kapitel 3 bis 13 behandeln das, was man gemeinhin Inhalt, Gehalt oder Aussage nennt; die Kapitel 14 bis 20 untersuchen Form und Struktur des Dramas.

Die optischen Darbietungsformen (Schaubilder, Übersichten, Tabellen, Fundstellenverzeichnisse) sind als Vorgriffe auf Tafelbilder bzw. als Handreichungen (Arbeitsblätter) für den Unterricht zu verstehen.

Für die Durchsicht des Manuskripts und kritische Beratung danke ich Anne Wagener, Berlin, und Jörg-Ulrich Meyer-Bothling, Göttingen.

Vorwort zur zweiten erweiterten Auflage

Die überarbeitete Ausgabe enthält ein neues Kapitel sowie zahlreiche neue Unterrichtsanregungen und Klausurvorschläge.

Die hinzugefügten Unterrichtsideen vermehren das Angebot kreativer und produktionsorientierter Aufgaben; sie sind als Alternativplanungen ausgewiesen und erweitern den Spielraum des Lehrers/der Lehrerin, eigene didaktische Akzente und zeitliche Rahmenbedingungen zu setzen.

Das eingefügte 6. Kapitel stellt die Gretchenfrage an Faust und an das Drama; es entfaltet zusammenhängend die religiöse Dimension des Werkes. Es ist weiterhin möglich, der Darstellung zunächst ohne das Kapitel 6 zu folgen – zumal, wenn es darum geht, rascher zu der dynamischeren Handlungsauswertung zu gelangen – und erst bei näherem Informationsbedarf darauf zurückzukommen.

1 Stoff- und Entstehungsgeschichte

1.1 Das Motiv des Teufelsbundes

Kern der traditionellen Faustfabel ist der Teufelspakt. Was immer an menschlichem Betragen anrüchig oder verwerflich schien, konnte unter den Voraussetzungen eines christlichen Weltbildes dem Einfluss der widergöttlichen Sphäre, dem Teufel, zugeschrieben werden. Der gottesabtrünnige Mensch ist durch Herkunft mit dem Satan verbunden, er räumt ihm durch seine Sünden Macht über sich ein oder er verschreibt sich dem Antichrist durch einen förmlichen Pakt. Der Glaube an die Realität von Teufelsheimsuchungen wurde durchaus zur geschichtlichen Gewalt: in den grässlichen Hexen- und Ketzerverbrennungen. Wer sich in irgendeiner Weise dem herrschenden Glauben, den Sitten der Kirche, den Gepflogenheiten der Gemeinschaft entzog; wer durch ungeläufige Kenntnisse, unerhörte Ansichten oder durch unerklärliche Fähigkeiten auffiel, den konnte der Argwohn einer Verfallenheit an den Teufel zeihen. In den Schauder vor diesen Frevlern und Ausnahmegestalten kann sich freilich auch eine geheime Faszination mischen; davon zeugt nicht zuletzt die Anziehungskraft des Teufelspaktmotives für Legende und Literatur. Das ohnehin attraktive Dichtungsmuster des Außenseiters, Normbrechers und Grenzüberschreiters – es erregt die latenten Ausbruchssehnsüchte des Lesers, bindet sie andererseits durch das zumeist einschüchternde tragische Ende – erfährt in der Gestalt des Teufelsbündners eine Pointierung seiner Entfaltungskräfte: der Beistand magisch-dämonischer Mächte lässt die Möglichkeiten menschlicher Wunscherfüllung expandieren; das Tauziehen zwischen Gott und Satan um die Seele des Menschen repräsentiert symbolisch den menschlichen Dauerschmerz der Entscheidung zwischen Lust und Moral, Eigennutz und Mitmenschlichkeit.

Das Muster für die abendländische Motivtradition, auf das auch GOETHE im Zweiten Teil anspielt (vgl. 10 130–33), stellt die Versuchung Christi in der Wüste dar (Matthäus 4, 1–11; zitiert 4, 8 ff.):

> **Wiederum führte ihn der Teufel mit sich auf einen sehr hohen Berg und zeigte ihm alle Reiche der Welt und ihre Herrlichkeit und sprach zu ihm: Das alles will ich dir geben, so du niederfällst und mich anbetest. Da sprach Jesus zu ihm: Hebe dich weg von mir, Satan! denn es steht geschrieben (5. Mose 6, 13): ›Du sollst anbeten Gott, deinen Herrn, und ihm allein dienen.‹**

In der grundlegenden Entscheidungssituation zwischen Gott und Teufel symbolisiert der Teufelspakt den Triumph des Satans über die Seele des

Menschen. Der Pakt besteht in einem Handel: Die Loslösung von Gott (Abschwörung) und die Anbetung des Teufels als des neuen Gottes werden mit Gegengaben belohnt, die in irdischen Wunscherfüllungen bestehen. Als solche Gegengaben erscheinen in der Motivtradition: Macht, Besitz, Reichtum, sexuelle Erlebnisse, Abenteuer, Erfolg, Ruhm, Wissen und Erkenntnis. In der (wenn auch häufig unausgesprochenen) Konsequenz bedeutet der Abschluss des Teufelsbündnisses die Verpfändung des Seelenheils; der Verrat an der göttlichen Welt zieht die ewige Verdammnis, d. h. die Auslieferung an das Höllenreich, nach sich. Ein Teil der Motivtradition zeigt jedoch das Bestreben, nicht den Bösen, sondern das Gute triumphieren zu lassen, und so gibt es neben dem bestraften den durch erlösende himmlische Mächte, durch Bekehrung oder auch durch menschliche List geretteten Teufelsbündner. Nicht selten ist dann der als Vertragspartner durchaus gutgläubige und korrekte Teufel – wie GOETHES Mephisto in der Verklärungsszene – der eigentlich Geprellte, der ewige Verlierer: eben der ›arme Teufel‹ des Volksmundes.[1]

1.2 Historischer Faust und Volksbücher

In der krisenhaften Umbruchzeit zwischen Mittelalter und Neuzeit tritt das Motiv des Teufelsbündners immer häufiger auf. Sowohl die religiöse Unruhe, die manchen Glaubenssatz in Zweifel zieht und schließlich zur Reformation führt, als auch die Ergebnisse der sich zur empirischen Naturforschung vortastenden Wissenschaften bringen eine Unsicherheit mit sich, **die den sich herausschälenden neuzeitlichen Menschentyp als fragwürdig und widergöttlich verdächtigte. Vertreter des neuen Denkens, wie Paracelsus, Nostradamus, Bacon, Galilei, gerieten in den Ruf der Teufelsbündnerei.**[2]

Die Reformationszeit als Übergang zu einem neuen, individualistischen Zeitalter ist eine rumorende Epoche der Mystiker und Magier, der Okkultisten und Obskuranten, der Gaukler und Gelehrten. Dunkel und abseitig äußert sich häufig noch der Drang zur Autonomie der Erkenntnis, zur Freiheit der praktischen Naturbeherrschung. Gleichsam als **symptomatische Krisenerscheinung eines Zeitalters**[3] ragt aus dem Kreis dieser fragenden und fragwürdigen Gestalten die des Doktor Faustus hervor, in der sich etwas vom Prozess des Mündigwerdens des neuzeitlichen Menschen spiegelt. Eingeprägt sind ihm die Tendenzen,

> **die den ›Zeitgeist‹ als Verlockung und Gefährdung beschäftigen: der kopernikanische Erkenntnisdrang, der abenteuernde Mut eines Kolumbus, die Forschungsvielfalt eines Leonardo, der auch mit Flugmaschinen hantierte, die obskure Leidenschaft der Alchimisten und vor allem die Zauberpraktiken der Magier, die sich verborgener Geister- und Naturkräfte bedienen.**[4]

Die geschichtliche Gestalt des Georg (auch: Johann) Faust (um 1480–1540) belegen nur wenige und in der Aussage spärliche Lebenszeugnisse[5]; demnach sei er im württembergischen Knittlingen geboren und in einem Dorf bei Staufen im Breisgau eines unnatürlichen Todes gestorben. Sein unstetes Wanderleben treibt ihn zwischen den Orten Gelnhausen, Würzburg, Kreuznach, Erfurt, Bamberg und Nürnberg umher; er soll in Krakau Magie sowie in Wittenberg, Erfurt und Ingolstadt Medizin, Astrologie und Alchimie studiert haben; als **Quelle der Totenbeschwörer, Sterndeuter, heilverkündender Magier, Handleser, Luftdeuter, Feuerdeuter und heilkundiger Harnbeschauer** hat er sich selbst marktschreierisch angepriesen.[6] Die Überlieferungen lassen ihn homerische Gestalten leibhaftig vorführen, Horoskope erstellen und Prophezeiungen aussprechen, ein Kloster mit einem Gespenst heimsuchen und Unzucht mit Knaben treiben. Sie übermitteln Fausts Behauptungen, er könne verloren gegangene antike Werke wiederherstellen und die Wunder Christi wiederholen, er habe die italienischen Siege des Kaisers durch Zauberei befördert und in Venedig einen Wunderflug unternommen – und er sei dem Teufel durch sein eigenes Blut verschrieben. Der historische Faust: kaum mehr als eine wirre Legende, eine **Randfigur im Halbdunkel der Zeit.**[7] Doch in seiner Gestalt wird ein Paradigma zur geschichtlichen Erscheinung, ein gerade in seiner Zeit besonders virulentes Grundmuster menschlicher Daseins- und Verhaltensweise: das des verwegenen Spekulierers und Grenzüberschreiters. Wie ein Kristallisationskern zieht dieses sich inkarnierende Urbild die affinen Sagenstoffe an sich, verschmilzt alles, was von Schwarzkünstlern, Magiern und Teufelsbündnern (z.B. von Simon Magus, Cyprian, Theophilus) überliefert ist, mit dem über Faust Berichteten. Es ist der gleiche Vorgang wie bei anderen typischen und vielleicht archetypischen Figuren – Eulenspiegel (1515), Schildbürger (1598), Don Quijote (1605), Don Juan (1613), Simplizissimus/Picaro (1669) –, bei denen die historischen oder erstmals auftretenden literarischen Gestalten in einer Folge von Bearbeitungen, Erweiterungen und Umformungen nur die figürlich-thematische Klammer abgeben, die allerhand verwandtes Gedankengut und analoge Geschichten zusammenhält.

Eine erste druckfest gemachte Fassung der bald nach Fausts Tod von Wittenberg und Erfurt ausgehenden Sammlungen von Faust-Geschichten stellt die von Johann Spiess im Jahre 1587 verlegte *Historia von D. Johann Fausten* dar.

Als Bauernsohn geboren, studiert Faust in Wittenberg Theologie, wendet sich der Medizin, Astrologie, Mathematik und magischen Schriften zu, beschwört den Teufel und schließt aus Erkenntnisdrang den Pakt, der ihm 24 Jahre lang die metaphysische Auskunftei und die Zauberdienste Mephistopheles' sichert, ihn aber dann dem Höllenreich ausliefert. Faust verbringt diese Frist mit ausgedehnten Disputationen über die Struktur der Hölle und das Regiment der Teufel, über den Ursprung des Himmels, der Welt und des Menschen, über den Wechsel der Jahreszeiten und den Lauf der Gestirne; mit visionären, kosmischen und irdischen Reisen, die ihn von der Hölle zum Paradies, vom Vatikan zum Sultan von Konstantinopel und an den Kaiserhof führen; mit allerlei Zauberstücken wie der Helena-Beschwörung und der magischen Kriegsmanipulation oder auch der Hirschgeweihverpflanzung und der Heufuderverspeisung – und nebenher mit einem verbuhlten und epikureischen Leben, unter anderem in der Verbindung zur griechischen Helena. Nach Ablauf der 24 Jahre stirbt Faust unter ausgedehnten Weheklagen eines schrecklichen Todes und fällt dem Teufel anheim.

Der unbekannte Verfasser dieses Volksbuches hat neben den umläufigen Faustsagen allerlei theologische, astrologische, magische, naturkundliche, geographische und geschichtliche Zutaten aus den verschiedensten zeitgenössischen Quellen entnommen und eingearbeitet.[8] Das Werk wirkt gedanklich widersprüchlich und ästhetisch brüchig; ohne Umstände werden moralische Vorreden und Einsprengsel verquickt mit langatmigen gelehrten Ausführungen oder kurzweiligen Eulenspiegeleien. In ihrer Unausgegorenheit entspricht die *Historia* den krausen Nachrichten, die vom geschichtlichen Faust überkommen sind, sie spiegelt vor allem aber die gärende Umbruchzeit mit ihrem widersprüchlichen Nebeneinander von mittelalterlichem Teufelsglauben und neuem, naturwissenschaftlichem Geist, von der Verurteilung eines weltzugewandten Lebens und der Freude an Abenteuer und Schwank, von Zauberglauben und der Besinnung auf die Vernunft als Quelle der Erkenntnis.

Die positiv bewertete epochale Signifikanz seiner Faustfigur entfaltet sich gleichsam hinter dem Rücken des Anonymus. Denn sein Buch ist ein Beispiel protestantischer Mahnliteratur, wie es die Vorrede unmissverständlich ausspricht:

> **ein schrecklich Exempel deß Teuffelischen Betrugs / Leibs vnd Seelen Mords / allen Christen zur Warnung / […] / darinn man nicht allein deß Teuffels Neid / Betrug und Grausamkeit gegen dem Menschlichen Geschlecht / sehen / sonder auch augenscheinlich spueren kan / wohin die Sicherheit / Vermessenheit vnnd fuerwitz letzlich einen Menschen treibe / vnd ein gewisse Vrsach sey deß Abfalls von Gott […].**[9]

Aber wenn sich auch Faust eine stattliche Jahresbestallung, die eine oder andere Zuwendung und eine ansehnliche Zahl von Buhlschaften verschaffen lässt, so wird dies nur wenig einlässlich beschrieben; es geschieht offenbar nur um die traditionellen Erwartungen an einen Teufelsbündner zu befriedigen. Fausts eigentlicher Antrieb jedoch liegt jenseits des Materiellen und Triebhaften. Es ist die Begierde, **die Elementa zu speculieren**[10] und **alle**

Gruend am Himmel vnd Erden [zu] erforschen[11], die an den eigenen geistigen Möglichkeiten und dem von Menschen Erlernbaren verzweifelt und sich dem höllischen Geist als einem Lehrmeister untergibt. Der Charakter des Volksbuches mit seinen ausgedehnten spekulativen und enzyklopädischen Partien beglaubigt durchaus dieses vorrangig intellektuelle Interesse (die Zauberpossen einmal beiseite gesetzt). Für den Verfasser des Volksbuches ist die Wissbegierde, die Curiositas, zwar vordergründig eine Sünde, weil sie aus einem demütigen, gottesfürchtigen Dasein herausdrängt, die menschliche Selbstüberhebung und den Zweifel an Gott nährt; unterschwellig jedoch erliegt er selbst, der die Kompendien ausbeutet und seiner Fiktion einverleibt, diesem Laster und bringt es dem Leser nahe. Unvermerkt erfährt die **Symbolfigur für den neuzeitlichen Erkenntnisfortschritt, der seinem Wesen nach ein wissenschaftlicher ist, [...] hier ihre erste literarische Gestaltung.**[12]

Die *Historia* fand breiten Anklang und wurde noch im Erscheinungsjahr viermal neu aufgelegt. Vermehrte Ausgaben und umgearbeitete Fassungen folgten. 1589 wurden dem Kernbestand u. a. die Motive des Leipziger Fassrittes sowie des aus dem Holztisch hervorgezauberten Weines hinzugefügt. 1599 erschien eine breite und stärker moralisierende Bearbeitung des Schwaben Georg Widmann; 1674 eine stoffreichere Fassung des Nürnberger Arztes Nikolaus Pfitzer, die Fausts Liebe zu einer einfachen Magd sowie einen Hinweis auf das Buch Hiob hinzusetzt; 1725 schließlich die gestrafftere und flüssigere Version eines anonymen **Christlich Meynenden.**

Goethe hat das Volksbuch wohl schon als Kind in der seinerzeit auf Jahrmärkten feilgebotenen Fassung des **Christlich Meynenden** kennen gelernt; bezeugt ist die spätere Verwendung der Ausgabe von Pfitzer.[13]

1.3 Dramatisierungen (Marlowe, Puppenspiele, Lessing)

Parallel zum Traditionsstrang der Volksbücher entwickelte sich eine von England ausgehende und auf Deutschland zurückwirkende Tradition des Faustdramas.

Das deutsche Volksbuch wurde sehr bald ins Englische übersetzt (früheste erhaltene Ausgabe 1592) und von Christopher Marlowe (1564–1593), Shakespeares bedeutendstem dramatischen Zeitgenossen, für das Theater bearbeitet. Marlowes *Tragical History of Doctor Faustus* (entstanden vermutlich um 1592, Druck 1604)

> **spannte das Schicksal Fausts in einen augenfällig dialektischen Rhythmus, in den Widerstreit von gutem und bösem Engel, Bibel und Magie, Reue und Sünde, tragischen und komischen Szenen. Marlowe arbeitete den latenten Titanismus Fausts und die düstere Melancholie eines fast zum Gefährten im Unglück erhobenen Mephisto heraus.**[14]

Marlowe führt in die Motivtradition den Eingangsmonolog ein, also das nächtliche Selbstgespräch im Studierzimmer, in dem Faust die verschiedenen Universitätswissenschaften als unbefriedigend verwirft und zu den Büchern der Magie greift. Deutlich offenbart sich die in der *Historia* nur ganz untergründig mitschwingende moralische Ambivalenz von selbstverständlicher Verurteilung und heimlich-schaudernder Bewunderung einer maßlosen Prometheusgestalt, der es in ihrer Vermessenheit darum zu tun ist, **Gottesgleichheit zu gewinnen**, der in ihrer Unerschrockenheit **Hölle und Elysium eines sind** und die in ihrer unbedingten Lebensleidenschaft vom Pakt erwartet, 24 Jahre lang **in grenzenloser Wollust** zu leben, die **Antwort [...] auf alle [...] Fragen** zu erhalten und **der Erde Kaiser** zu werden. Die Metaphern ihrer todesstündigen Weheklage sind so gewaltig wie ihre Lebensansprüche: **Kommt, Berge, Hügel, kommt, fallt über mich / und deckt mich vor dem heiligen Zorn Gottes.**[15]

Wohl teilt Marlowe mit den Volksbüchern die kompositorische Unausgeglichenheit zwischen existenziellem Ernst und possenhaftem Schwank und die psychologische Holzschnittartigkeit abrupter Umschwünge von Reue und Gegenreue. Zum ersten Mal jedoch gewinnt die Faustfigur *tragisches* Format: Faust wandelt sich vom moralischen Exempel eines verführten Teufelsbündners zur tragischen Figur eines Titanen, der sich in Pathos und Dämonie zu Furcht erregender Größe aufschwingt und dessen Hybris ihn erschütternd zu Fall bringt.

Als zerspielter Marlowe-Text kam das Faustdrama mit den englischen Komödianten nach Deutschland; erste Aufführungen dieser Wanderbühnen sind für 1608 (Graz) und 1626 (Dresden) bezeugt. Konzessionen an den Geschmack des ungebildeten Breitenpublikums lassen das Drama zum Zauber- und Spektakelstück herabsinken; die Tragödie verkommt zur Moritat (darin wieder den Volksbüchern verwandt). In solcher Gestalt hat Goethe das Drama 1768 in Frankfurt und 1770 in Straßburg kennen gelernt.[16] Früher noch – als Kind – hat Goethe das Stück als Puppenspiel erlebt: **Die bedeutende Puppenspielfabel [...] klang und summte gar vieltönig in mir wider.**[17] Die Puppenspiele begannen häufig mit einem Vorspiel in der Hölle, einem Auftrag des Höllenfürsten Pluto (christliche Überformung des antiken Unterweltgottes) an seine Teufel, das höllische Reich auf Erden zu vermehren. Seit 1746 sind solche Marionettenspiele nachweisbar, die den Fauststoff parallel zu den Wanderbühnen auf Jahrmärkten verbreiten.[18]

Das Thema des erkenntnishungrigen Gelehrten musste im Zeitalter der Aufklärung eine erneute, spezifische Anziehungskraft entfalten, und in der Tat geht die entscheidende Umwertung, nämlich die eindeutige Aufwertung der Faustfigur von Lessing aus. Kein Gottesfrevler, nein, ein **Liebling** der Gottheit ist dieser denkende Jüngling, der, **ganz der Weisheit ergeben**, keiner Leidenschaft frönt als der Wahrheitssuche. Getilgt ist jede zwielichtige Vermengung seines Geistesstrebens mit etwaigen weltlichen Gelüsten; ja, dieser Erkenntnis Suchende, statt auf dem sündigen Weg des Satans zu wandeln, wird gerade diesem gefährlich, **wenn er erst Lehrer des Volks würde.**[19] Faust ist also eine reine Verkörperung von **Menschheit und Wissenschaft**, über die das Böse am Ende nicht siegen kann, denn **die Gottheit hat dem Menschen nicht den edelsten der Triebe gegeben, um ihn ewig unglücklich zu machen.**[20]

Allerdings erscheint das Bild von LESSINGS – in den Jahren 1755 bis 1775 gehegten – Faustplänen nicht einheitlich, sondern als Montage von wenigen überlieferten Textfragmenten und den Gesprächserinnerungen von Freunden, die summarisch die Gesamtidee und z. T. szenisch Anfang und Ende rekonstruiert haben.[21] Was hier wiedergegeben wurde, verdankt sich solchen Wiederherstellungen, ist also kein autorisierter Text, jedoch glaubhaft durch die Übereinstimmung verschiedener Zeugnisse. Es verlohnt – im Hinblick auf den späteren GOETHE-Text –, einige Einzelheiten von LESSINGS Plan näher zu betrachten:

Wie in GOETHES *FAUST* beginnt das Stück mit einem Vorspiel, einer Rahmenhandlung; interessanterweise aber nicht mit einer Audienz des Herrn, sondern – den Puppenspielen folgend – mit einer des Satans (in einem zerstörten Gotteshaus). Die Unterteufel berichten von ihren Verführungswerken, empfangen dafür von ihrem Herrn Tadel, Zurechtweisung und Anerkennung. Faust wird von LESSING – wie von GOETHE – als eine Art Prüfstein der Weltordnung ins Spiel gebracht; an ihm muss sich exemplarisch Macht oder Ohnmacht diabolischer Einflüsse auf den Menschen erweisen. Ein Teufel verzweifelt an diesem Gelehrten, der scheinbar keine Angriffsfläche für die Verderbniskünste bietet, doch Satan frohlockt, als er von Fausts außergewöhnlichem Wissensdrang erfährt: **Zuviel Wißbegierde ist ein Fehler; und aus einem Fehler können alle Laster entspringen, wenn man ihm zu sehr anhänget** (Originaltext LESSING).[22] Daran knüpft sich der (nicht überlieferte) Verführungsplan der höllischen Geister, die sich am Ende im Triumph wähnen – doch sie haben sich lediglich mit einem Phantom Fausts abgegeben, das ihnen von einem Engel der Vorsehung anstelle des in einen bewahrenden Schlaf versetzten – und die Phantomhandlung träumenden – Fausts vorgespiegelt wurde. Eine unvermittelte **Erscheinung aus der Oberwelt** (man denke an GOETHES Stimme von oben) zerstört die Illusion der Teufel unter Hinweis auf den **edelsten der Triebe**, der dem Menschen nicht eingewurzelt sei, um ihn zu verderben.[23]

Die offensichtlich recht komplizierte Binnenstruktur der Handlung kann hier außer Betracht bleiben; wesentlich für die Geschichte der Stoffbehandlung ist jedoch die optimistische Wendung des Faustthemas. Die Wissbegierde erscheint nicht mehr als von Grund auf anrüchig oder frevelhaft, sondern nur in ihrer Übersteigerung oder Fehlleitung (**Zuviel Wißbegierde ist ein Fehler**). Worin für den Aufklärer LESSING diese Verzerrung des Wissensdranges bestehen könnte, macht eine Stelle seiner theologischen Streitschrift *Eine Duplik* (1778) deutlich:

> Nicht die Wahrheit, in deren Besitz irgendein Mensch ist oder zu sein vermeinet, sondern die aufrichtige Mühe, die er angewandt hat, hinter die Wahrheit zu kommen, macht den Wert des Menschen. Denn nicht durch den Besitz, sondern durch die Nachforschung der Wahrheit erweitern sich seine Kräfte, worin allein seine immer wachsende Vollkommenheit bestehet. Der Besitz macht ruhig, träge, stolz. –
> Wenn Gott in seiner Rechten alle Wahrheit und in seiner Linken den einzigen immer regen Trieb nach Wahrheit, obschon mit dem Zusatze, mich immer und ewig zu irren, verschlossen hielte und spräche zu mir: ›Wähle!‹ ich fiele ihm mit Demut in seine Linke und sagte: ›Vater, gib! die reine Wahrheit ist ja doch nur für dich allein!‹[24]

Das Verlangen, Wahrheit als ein Allumfassendes in irgendeinem Augenblick ergreifen zu können, ist Illusion, ja Vermessenheit, der Gottheit gleichen zu wollen. Wer die Bescheidung einer nur stückweisen und stets irrenden Vervollkommnung des Wissens nicht annimmt, mag sich blindwütig verrennen, die Conditio humana verfluchen und zu fatalen Mitteln der Grenzüberschreitung greifen (das eben versinnbildlicht der Mythos des Teufelspaktes). Mit Lessing jedenfalls ist die Wissbegierde im *Kern* von der Sünde zum edelsten Trieb erhöht, die Tragödie Faust gebrochen. Der Wissenstrieb, die Formel des neuzeitlichen Fortschritts, konnte von der Aufklärung nicht mehr verteufelt werden.

Goethe könnte Lessings Faustpläne und die zugehörigen Rekonstruktionen, die im Wesentlichen mit Lessings *Theatralischem Nachlass* (1786) greifbar waren, durchaus gekannt und in der Arbeitsperiode nach dem *Urfaust* verwendet haben. Merkwürdiger noch als die Parallelen zu Lessings Dramenplan berühren jene zur oben zitierten Passage der *Duplik*. Der Mensch in ewigem Irrtum, seine Bestimmung in der aufrichtigen Mühe, dem immer regen Trieb, seine Verfehlung in der Trägheit: Leitmotive von Goethes *Faust* aus Lessings Mund.

Als Goethe den Stoff ergriff, war Genieepoche. Faust musste wieder reizen, durchaus als positive Leitfigur wie für den Aufklärer, aber wieder in einer Totalität seines Existenzhungers, wie ihn Marlowe kannte, wie ihn Lessing jedoch zum eindimensionalen Wissensdurst verengt hatte.

> Für die ›Stürmer und Dränger‹ wurde Faust, neben Prometheus, zu einer Identifikationsfigur. In ihm fand man den kühnen einzelnen, dem weder die biblische Offenbarung noch rationale Erkenntnis genügen, den nicht Gottes- noch Höllenfurcht schrecken. Für Tat und Genuß im Diesseits gibt er sein jenseitiges Seelenheil hin. Nicht nur für Goethe, auch für Lenz, Klinger, Maler Müller u. a. verkörpert Faust den Willen zum geistig-sinnlichen Abenteuer in einer eintönigen und reglementierten, überzivilisierten und naturfremden Epoche.[26]

Geschichte des Fauststoffs; Einflüsse auf Goethes »Faust«[25]

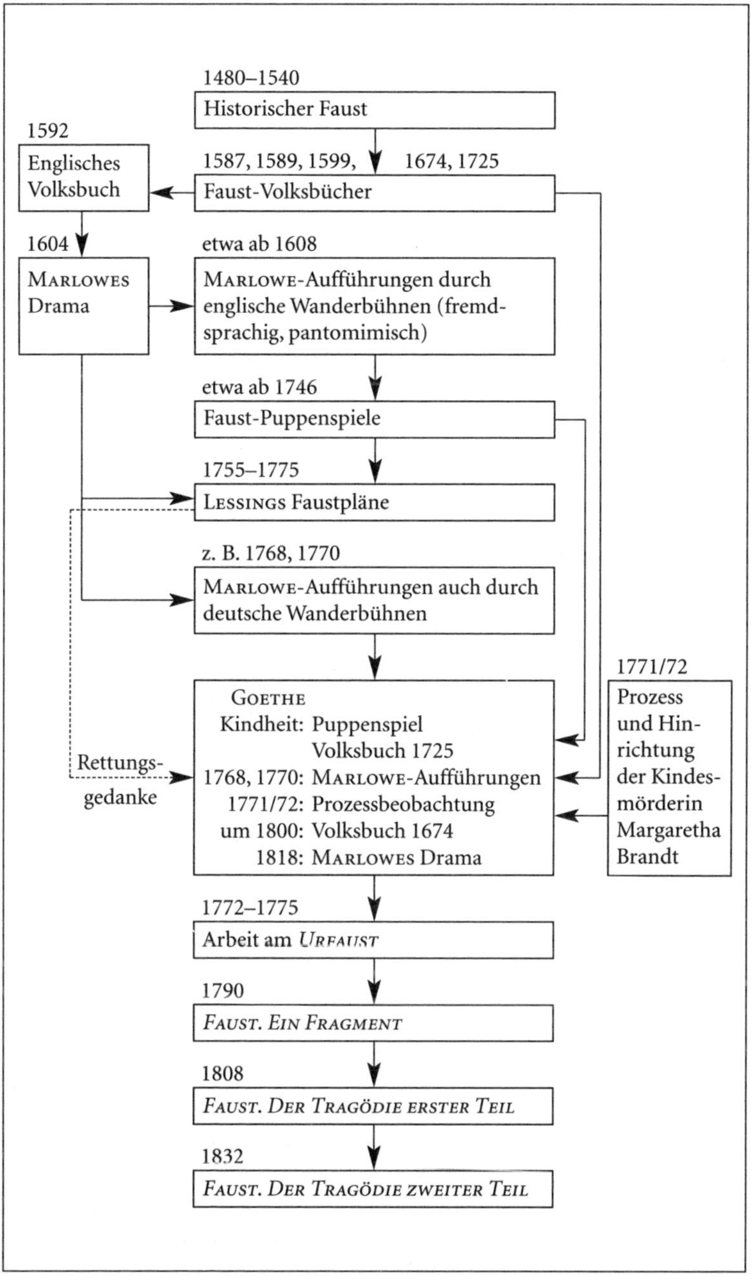

1.4 Die Entstehung von Goethes »Faust«

Sechzig Jahre zieht sich die Entstehung der Faustdichtung hin; von seiner Jugend an bis ins höchste Alter hat GOETHE daran gearbeitet. Dass die Dichtung überhaupt – kurz vor seinem Tode – abgeschlossen wurde, erscheint beinahe symptomatisch für das Phänomen GOETHE: für das Geglückte und Abgerundete seiner Existenz.

Als **Summa Summarum meines Lebens** bezeichnet GOETHE bereits 1788 seinen bis dahin entwickelten *FAUST*.[27] In der Tat konnte der Faust-stoff zur Ausdrucksfunktion seines eigenen Lebensgefühls werden:

Der Titanismus Fausts entspricht dem rebellischen Enthusiasmus des jungen GOETHE; Fausts Abkehr vom unzulänglichen Fakultätswissen spiegelt GOETHES eigene Enttäuschung über das knöcherne Universitätswesen; Fausts magische Experimente finden Widerhall in GOETHES Neugier für hermetische Schriften und **mystisch-kabbalistische Chemie.**[28]

Aber nicht nur der Faustfigur ist (wie dem gleichzeitig entstehenden *WERTHER*) das eigene Herzblut eingeschrieben, sondern zugleich dem Antagonisten und Korrektiv Mephisto, den GOETHE vom mittelalterlichen Klischeeteufel umformt in einen modernen Funktionsträger kritischer und zynischer Weltsicht. Dass Faust und Mephisto **ein und dieselbe Person in dichterischer Rollenverteilung, dialektische Auseinanderlegungen der Dichterpersönlichkeit** sind[29], hat GOETHE Eckermann gegenüber sehr wohl anerkannt und **nicht bloß das düstere, unbefriedigte Streben der Hauptfigur, sondern auch den Hohn und die herbe Ironie des Mephistopheles** als Teile seines **eigenen Wesens** bezeichnet.[30] Früh schon wusste GOETHE um die Einseitigkeit und Gefährdung der Sturm-und-Drang-Mentalität, und so relativiert er Fausts pathetische Schwärmerei durch den nüchternen und harten Weltsinn Mephistos, wie er umgekehrt Mephistos kalten Nihilismus durch Fausts idealistische Überzeugungen ausbalanciert.

Für den klassischen GOETHE konnte auch Helena, die in den Volksbüchern als heidnische Buhlteufelin erscheint, zur Ausdrucksfunktion seines eigenen Wesens werden: Sie wird zur Symbolgestalt seiner Liebe zum Altertum und zum Urphänomen Schönheit überhaupt. Die Verbindung von Helena und Faust verkörpert die Bereitschaft des nachklassischen GOETHE, antike und nordische Tradition, Klassisches und das zunächst bekämpfte Romantische versöhnend zu vermitteln.

Unabhängig von seinem konkreten Motivfundus bot das Faustthema als das Programm einer expansiven Erlebnisentfaltung und Weltexploration die willkommene Formel, Gelebtes und Gedachtes auch in Form neuer Motive einzufügen. Irritierende Erfahrungen von Liebe und Schuld in der Beziehung zu Friederike Brion sowie das bewegende Miterlebnis des Frankfurter Kindsmordprozesses gegen Margarethe Brandt[31] finden ihren Niederschlag in der Gretchentragödie – der eigenmächtigsten und bedeutendsten Hinzufügung im Ersten Teil –; GOETHES Welt- und Menschenbild, die Kategorien von Polarität und Steigerung, sind im Himmelsprolog und in der eigentümlichen Prägung des Paktes verkörpert; andere natur- und weltanschauliche Gedankenzüge (z.B. die Auseinandersetzung mit den geologischen Theorien des Neptunismus und des Vulkanismus und analog mit den gesellschaftlichen Phänomenen Evolution und Revolution) ließen sich in der Klassischen Walpurgisnacht formulieren, und schließlich spiegeln sich die Überzeugungen des alten GOETHE von einer handelnden, aufs Praktische gerichteten Wirksamkeit in Faust, dem Herrscher, dem Staatsdenker und Landgewinner.

Die Faustdichtung wurde somit im Verlauf ihres langwierigen Entstehungsprozesses zum Sammelbecken eines ganzen und vielseitigen Lebens, in das der Wandel der Erlebnisweisen und Lebensalter, der Durchgang der Literaturepochen (Aufklärung, Sturm und Drang, Klassik, Romantik) sowie der Reichtum goethescher Tätigkeiten (Staatsdienst, Theaterleitung), wissenschaftlicher Beschäftigungen (Botanik, Mineralogie, Meteorologie, Farbenlehre), philosophischer Aneignungen (theologische, theosophische, magisch-mystische Schriften) und philologischer Studien (antike Mythologie) ihre Spuren gegraben haben. ***FAUST* ist das repräsentative Produkt, das Symbolwerk dieses Lebens.**[32]

Die Werkgeschichte vollzieht sich als dynamischer Prozess mit veröffentlichten Momentaufnahmen: 1775 (fertig gestellt; aufgefunden erst 1887) – *URFAUST*, der Geniestreich des Fünfundzwanzigjährigen; 1790 – *FAUST. EIN FRAGMENT*, die klassizistisch überformte Arbeitsprobe des Vierzigjährigen; 1808 – *FAUST. DER TRAGÖDIE ERSTER TEIL*, der vom Sechzigjährigen endgültig ad acta gelegte erste Szenenkomplex; 1832 – *FAUST. DER TRAGÖDIE ZWEITER TEIL*, die zwischen dem fünfundsiebzigsten und zweiundachtzigsten Lebensjahr zu Ende geführte Vervollständigung.

Der folgende tabellarische Überblick gibt den Zustand des Ersten Teils in den einzelnen Verfestigungsstadien wieder. Es ist also z.B. nachvollziehbar, welche Teile des endgültigen Werkes bereits in früheren Entwicklungsstufen vorhanden waren oder wie ursprüngliche Motive später ausgeweitet, verknüpft oder anders platziert wurden. Nicht zuletzt mag sich manche Widersprüchlichkeit der Textaussage im Blick auf die Tabelle als Nahtstelle verschiedener Konzeptionsphasen erweisen.

Werkstufen von »Faust I« (aus der Sicht der endgültigen Fassung)[33]

Faust I, 1808		Urfaust, 1775	Fragment, 1790
Szenenfolge	Versfolge		
(1) Zueignung	1–32	–	–
(2) Vorspiel auf dem Theater	33–242	–	–
(3) Prolog im Himmel	243–353	–	–
(4) Nacht. Gotisches Zimmer	354–807	354–597 (Eingangsmonolog, Beschwörungen, Wagner)	354–597
	neu: 598–601 (Hinweis auf Osterspaziergang)	–	–
		602–605 (Charakterisierung Wagners)	602–605
	neu: 606–807 (Monolog über Erdgeistbegegnung und Selbstmordgedanke)	–	–
(5) Vor dem Tor	808–1177	–	–
(6) Studierzimmer (I)	1178–1529 (Beschwörung Mephistos, Selbstvorstellung)	–	–
(7) Studierzimmer (II)	1530–2072 neu: 1530–1669 (Fluch, Pakt)	–	–
		–	1770–1867 (erste Ausformulierung von Vertragsinhalten: **Was der ganzen Menschheit zugeteilt ist** […] Frohlocken Mephistos: **Verachte nur Vernunft und Wissenschaft** […])
		1868–2050 (Schülergespräch,	1868–2050

		Universitätssatire; zusätzlich Quartierfragen u. Ä., später getilgt)	2051–2072 (Aufbruch: kleine und große Welt)
(8) Auerbachs Keller	2073–2336	Prosa (Faust zaubert noch selbst)	2073–2336 (Faust nur Zuschauer)
(9) Hexenküche	2337–2604	–	2337–2604
(10) Straße (I)	2605–2677	2605–2677	2605–2677
(11) Abend. Reinliches Zimmer	2678–2804	2678–2804	2678–2804
(12) Spaziergang	2805–2864	2805–2864 (Szenentitel: Allee)	2805–2864
(13) Der Nachbarin Haus	2865–3024	2865–3024	2865–3024
(14) Straße (II)	3025–3072	3025–3072 (noch eingemeindet in Szene 13)	3025–3072
(15) Garten	3073–3204 neu: 3149–3152 (Hagestolz schwerlich zu bekehren)	3073–3148 3153–3204	3073–3148 3153–3204
(16) Ein Gartenhäuschen	3205–3216	3205–3216	3205–3216
(17) Wald und Höhle	3217–3373	– (aber 3342–3369 – **Flüchtling, Unbehauster; Hölle, mußtest dieses Opfer haben** – an anderer Stelle, vgl. Szene 22)	3217–3373 (aber an anderer Stelle, nach Szene 20, nach der Verführung)
(18) Gretchens Stube	3374–3413	3374–3413	3374–3413
(19) Marthens Garten	3414–3543	3414–3543	3414–3543

Faust I, 1808		*Urfaust*, 1775	*Fragment*, 1790
Szenenfolge	Versfolge		
(20) Am Brunnen	3544–3586	3544–3586	3544–3586
(21) Zwinger	3587–3619	3587–3619	3587–3619
(22) Nacht. Straße vor Gretchens Tür	3620–3775	3620–3645 (Monolog Valentins über Gretchens verlorene Ehre)	–
	neu: 3646–3649 (Valentin stößt auf Faust und Mephisto)	–	–
		3650–3659 **(im Busen nächtig)**	–
	neu: 3660–3775 (Hinweis auf Walpurgis, Mephistos zynische Serenade, Tod Valentins)	–	–
		an 3659 anschließend die jetzigen Verse 3342–3369 (vgl. Szene 17)	
(23) Dom	3776–3834	3776–3834 (hier als Begräbnisfeierlichkeit für die Mutter und an früherer Stelle, vor Szene 22)	3776–3834
(24) Walpurgisnacht	3835–4222	–	–
(25) Walpurgisnachtstraum	4223–4398	–	–
(26) Trüber Tag. Feld	Prosa	Prosa	–
(27) Nacht. Offen Feld	4399–4404	4399–4404	–
(28) Kerker	4405–4612	Prosa (aber keine rettende Stimme von oben)	–

Hieran anschließend sollen Einzelheiten der Werkgeschichte in einer gedrängten Übersicht nachgewiesen und in ihrer Bedeutung kommentiert werden:

Stichworte zur Entstehung der Faustdichtung[34]

1772–1775
Entstehung des *Urfaust.*
In einer Abschrift des Hoffräuleins Luise von Göchhausen 1887 aufgefunden und veröffentlicht.
Scharf gesehene Einzelbilder ohne geschlossenen Zusammenhang. Zwei große Szenengruppen: Gelehrtentragödie (mit anhängiger Universitätssatire) und Gretchentragödie.
Mephistos Erscheinen unvermittelt; keine Paktszene, daher auch keine motivische Verknüpfung zwischen Gelehrten- und Gretchenhandlung. Noch keine Rettung Gretchens.

1775–1786
Zehn Jahre Arbeitsunterbrechung.
Arrivierung Goethes in Weimar, Einbindung in die Staatsgeschäfte.

1786–1788
Flucht aus Weimar: Italienische Reise.
Trotz klassischer Wandlung Entstehung der Fantasietollheit **Hexenküche.** Im Spiegelbild Helenas jedoch Vorzeichen von Fausts Griechenlandsehnsucht.
Entstehung des Dankgebetes in **Wald und Höhle**: innere Ausgeglichenheit, unfaustischer Faust, Geist der Klassik.

1788–1790
1790 Publikation des *Fragments*; erstes Veröffentlichungsstadium überhaupt.
Vorher weitere Überarbeitungen in klassischer Gesinnung: Versglättungen und -umgestaltungen, Versifizierung von **Auerbachs Keller**, Ausschluss noch nicht versifizierter Prosateile (**Trüber Tag. Feld, Kerker**) – daher Abbruch der Gretchenhandlung bereits nach der Domszene. Stilwille wichtiger als inhaltliche Abrundung.
Paktbedingungen noch nicht entwickelt, doch bestimmte Vertragsinhalte festgelegt: **Was der ganzen Menschheit zugeteilt ist**, will Faust durchleben; damit Zurückdrängen des Genie-Subjektivismus (außerordentlicher Einzelner), Ausarbeitung der repräsentativen Funktion, des menschlich Typischen (klassische Gestaltungstendenz).
Fahrt in kleine und große Welt bereits angekündigt, damit Vorausdeutung auf den Zweiten Teil und Verknüpfung der bisherigen Handlungsteile (Auerbach, Gretchen) als Episoden der Weltfahrt.
Weitere Relativierung Gretchens durch das Aphrodisiakum der Hexenküche (siehst **Helenen in jedem Weibe**).

1790–1797
Arbeitsunterbrechung.
Zunehmende Entfremdung des Klassikers von der Formspontaneität (offene Dramenform im Gegensatz zum Organismus-Ideal) und dem nordischen Geisterspuk und Zauberwesen (unter dem Eindruck der Antikeverehrung). Von der Französischen Revolution zutiefst verstört, wurde auch der rebellisch-titanische Geist Fausts suspekt. Zunehmende Bejahung der menschlichen Begrenztheit und Wille zum harmonischen Ausgleich von Individuum und Gesellschaft bringen GOETHE in immer stärkere Diskrepanz zu seiner Sturm-und-Drang-Figur.

1797–1805
Periode des schillerschen Anteils.
SCHILLER liest aus dem ihm bekannten *FRAGMENT* die **Duplizität der menschlichen Natur und das verunglückte Bestreben, das Göttliche und das Physische im Menschen zu vereinigen**, heraus und legt GOETHE nahe, **weil die Fabel ins Grelle und Formlose geht und gehen muß**, dem Ganzen eine **Vernunftidee** zu unterlegen, den Stoff durch eine philosophische Behandlung zu bändigen (Brief vom 23.6.1797). SCHILLER sieht des Weiteren das Erfordernis, dass **Faust in das handelnde Leben geführt werde**, und hat seine Schwierigkeiten, **zwischen dem Spaß und dem Ernst glücklich durchzukommen** sowie mit den Diskrepanzen zwischen metaphysischer Funktion (**idealistische Existenz**) und dem realistischen Charakter Mephistos zurechtzukommen (Brief vom 26.6.1797).
Mit der Lancierung der **zwei Seelen**, der philosophischen Grundierung durch Prolog und Pakt und der späteren Ausarbeitung des Zweiten Teils entspricht GOETHE genau SCHILLERS Anregungen; das Changieren der Gattungsform sowie der Mephistokonzeption bleibt jedoch Eigentümlichkeit des Werkes.

1797–1801
Ausarbeitung des biografischen (**Zueignung**), poetologischen (**Vorspiel auf dem Theater**) und metaphysischen Auftaktes (**Prolog im Himmel**).
Exponierung der weltanschaulichen Rahmenbedingungen durch Himmelsvorspiel, Mephistos Kosmogonie und Paktbedingungen (**Studierzimmer I**, Anfang von **Studierzimmer II**).
Fausts Verzweiflung vertieft (**Nacht** von V. 606 an: Reflexion der Erdgeistbegegnung, Selbstmordgedanke).
Erweiterung des Gesellschaftspanoramas und Pointierung des inneren Konflikts: **zwei Seelen** (**Vor dem Tor**).
Walpurgisnacht als dämonischer Gegenpol zur Himmelsaudienz und als weitere episodische Erlebnisregion Fausts.
Fausts Schuldverstrickung verstärkt durch Valentins Tod (**Nacht** von V. 3660 an).
Profilierung Gretchens als metaphysische Gegenspielerin Mephistos und Erlöserin Fausts (**Kerker** versifiziert; Gretchen **Ist gerettet**).
Charakterdrama endgültig umgegossen zum anhebenden Weltgedicht; der exorbitante Einzelne umgeformt zum idealtypischen Repräsentanten der Menschheit.

1801–1808
1806 Schlussredaktion von *Faust I*, vorher nur letzte Durchsicht und Ordnung.
1808, nach zweijähriger Verzögerung, Publikation.

1800
Bereits vor Abschluss des Ersten Teils Vorgriff auf den Zweiten: Anfang der Helena-Tragödie (bis 8802, nur ohne die beiden ersten Chöre); wohl auch beträchtliche Stücke der letzten, auf Fausts Tod bezüglichen Szenen (**Mitternacht** bis **Grablegung**).
In einem Arbeitsschema (Paralipomenon 1) nachträgliche Abstrahierung des Vorhandenen und Verknüpfung mit dem geplanten Zukünftigen: Gegenstand des Ersten Teils ist **Lebens-Genuß der Person** [...] **in der Dumpfheit Leidenschaft**; für den Zweiten Teil werden **Taten-Genuß, Schönheitsgenuß (Genuß mit Bewußtsein. Schönheit)** und **Schöpfungs-Genuß von innen** notiert, wobei sich Letzteres sowohl auf die Helena-Geburt in der Seele des Dichters Faust als auch auf das schöpfergleiche Beherrschen der Naturgewalten im Kolonisierungswerk beziehen könnte.

1808–1816
Bis 1816 wieder Stillstand des Werkes, dann eine für *Dichtung und Wahrheit* geplante Inhaltsskizze von *Faust II*, 1. bis 4. Akt (Paralipomenon 63), die dem Ersten Teil innerlich bedeutend näher steht als die spätere Ausführung. Der Versuchungsgedanke scheint noch durch (anfängliche Geisterchöre spiegeln **Freuden der Ehre, des Ruhms, der Macht und Herrschaft** vor; Faust erobert am Ende selbst **große Güter**); Fausts Charakter schlägt weiterhin durch (in der Kaiserszene verfällt er **in seine früheren abstrusen Spekulationen und Forderungen an sich selbst**; dem Wunsch des Kaisers nach Zaubermitteln begegnet er unter Hinweis auf **höhere Forderungen und Mittel**).

1816–1824
Weitere Arbeitsstockung.
Wiederaufnahme des Werkes zu einem Gutteil dem Drängen Eckermanns zu verdanken.

1825–1832
Ausarbeitung des Zweiten Teils, Abschluss des Mensch- und Weltenspiels.
1827: Publikation des dritten Aktes unter dem Titel: **Helena. Klassisch-romantische Phantasmagorie. Zwischenspiel zu Faust.**
1831: Abschluss, Versiegelung des Manuskripts, das erst nach Goethes Tod geöffnet werden sollte.
1832: Verpackung doch noch einmal gelöst; Überarbeitung einiger allzu **lakonisch** behandelter Teile.
Tod Goethes. Eckermann und Riemer geben *Faust II* heraus.

Die Werkgeschichte von »Faust II« in der Chronologie der Aktfolge:

1827–1830:	1. Akt (Kaiserhof)
1826–1830:	2. Akt (Klassische Walpurgisnacht)
1800 (bis V. 8802) und 1825/26:	3. Akt (Helena)
1831 (Schlussstein der Baugeschichte):	4. Akt (Bürgerkrieg, Belehnung)
1797–1800 (Skizzen der Todesszenen), schließlich 1825–1831:	5. Akt (Landgewinnung, Verklärung)

Der Entstehungsprozess des Dramas verlief also nicht dergestalt, dass eine frühere Fassung des Werkes durch eine spätere vollständig verdrängt und endgültig abgelöst wurde; vielmehr sind in der Textgestalt verschiedene Entwicklungsstufen gleichzeitig präsent; das Neue lagerte sich unter größtmöglicher Beibehaltung des Alten darum und darüber. Eine solche Baugeschichte gleicht der eines gotischen Domes, **der sich über romanischen Grundmauern erhebt und in seinen Ausbauten die Züge der Renaissance, des Barocks und noch späterer Zeit aufweist.**[35]

Es verwundert nicht, wenn ein solches Bauwerk eine Reihe von Nähten, Brüchen und Lücken aufweist.

Um einige dieser Inkongruenzen zu benennen:

Faust verflucht den dumpfen **Kerker** seines Studierzimmers (398); kurz darauf preist er die freundliche **enge Zelle**, in der es dem **Busen helle** wird (1194 ff.). Die Klage des Gelehrten über mangelnde **Ehr und Herrlichkeit der Welt** (375) widerspricht der sich vor dem Tor zeigenden **Verehrung dieser Menge** (1013). Fausts Glaubenslosigkeit (vgl. 369, 765) schlägt unvermittelt um in Gottvertrauen (vgl. 415, 1185, 1215–23). Die metaphysische Qual der **zwei Seelen** (1112) wird – charakterbrüchig – kontaminiert mit dem banalen Wunsch, durch einen **Zaubermantel** fremde Länder zu bereisen (1122). Mephisto erscheint in den Szenen **Wald und Höhle** (vgl. 3217, 3241–46) sowie **Trüber Tag. Feld** (vgl. Mitte der Prosaszene) als Abgesandter des erhabenen Erdgeistes, während er in der Gesamtkonzeption doch als Sendbote und Stellvertreter des obersten Bösen fungiert. Mephistos Verachtung der Vernunft (vgl. 285) verträgt sich nicht mit deren späterer Lobpreisung (vgl. 1851 f.); sein Frohlocken, Faust werde **Erquickung sich umsonst erflehn** (1865), überkreuzt sich mit seinem eigentlichen Hauptgeschäft, Faust gerade mit **Genuß betrügen** zu wollen (1696).

Man muss sich grundsätzlich von dem Gedanken frei machen, *Faust* sei die konsequente und widerspruchsfreie Verkörperung einer abstrakten Konzeption: **Es hätte auch in der Tat ein schönes Ding werden müssen, wenn ich ein so reiches, buntes und so höchst mannigfaltiges Leben, wie ich es im *Faust* zur Anschauung gebracht, auf die magere Schnur einer einzigen durchgehenden Idee hätte reihen wollen!**[36] Goethe ist zu lebendig, um seine Poesie rational auszuklügeln und durchzukonstruieren, und so scheint er auch gar keinen Wert darauf zu legen, entstehungsbedingte Sperrig- und Widerborstigkeiten seiner Dichtung ängstlich zu beseitigen. Vielmehr hegt er in seiner dichterischen Mutwilligkeit durchaus die Überzeugung: **Je inkommensurabler und für den Verstand unfaßlicher eine poetische Produktion, desto besser.**[37]

Mit diesem Postulat der Inkommensurabilität – Goethe spricht an anderer Stelle auch von der Notwendigkeit für den Leser, **etwas zu supplieren**[38] – nimmt Goethe Theoreme moderner Rezeptionsästhetik (angebahnt in Roman Ingardens Begriff der *Unbestimmtheitsstellen*, fortgeführt in Wolfgang Isers Kategorie der *Leerstellen*) vorweg, und es ist heutzutage Allgemeinplatz, dass gerade die Uneindeutigkeiten und Nichtstimmigkeiten eines Werkes die fruchtbare Gedankentätigkeit des Lesers erst eigentlich aufreizen. Freilich kann die Inkommensurabilität nicht als Freibrief jeglicher Formbeliebigkeit und Aussagebrüchigkeit verstanden werden – dann begäbe sich die Wissenschaft all ihrer Maßstäbe und letztlich ihrer analytischen Aufgabe.

Doch mit Goethes *Faust* ist es anders. Groß steht er da, ein Gigant der Weltliteratur, brillierend in seiner poetischen Strahlkraft, unbedürftig der germanistischen Rechtfertigung. Man hat sich daran gewöhnt, nicht das Werk an der Wissenschaft zu messen, sondern die Wissenschaft an diesem Werk zu überprüfen.

2 Tabellarischer Überblick: Inhalt und Aufbau des Gesamtwerks

Szenen-/Aktfolge	Handlung	Funktion/Thema
(1) Zueignung	Rückbesinnung des Dichters auf Werk- und Lebensgeschichte.	Autobiografische Dimension des Werks.
(2) Vorspiel auf dem Theater	Aufgeschlagene Wanderbühne. Direktor, Dichter und Schauspieler erörtern Vorstellungen vom Publikum und Ansprüche an ein Theaterstück.	Poetologische Dimension: Wesen und Funktion der Dichtung.
(3) Prolog im Himmel	Schöpfungslob der Erzengel. Diskussion zwischen Herrn und Mephisto: Wertig- oder Nichtigkeit des Menschen. Faust als Exemplum, als Prüfstein dieser Meinungen.	Metaphysische Dimension: Weltordnung und Menschenbild. Himmlische Rahmenhandlung des irdischen Geschehens.

Der Tragödie erster Teil

(4) Nacht. Gotisches Zimmer	Faust in unbefriedigtem Erkenntnis- und Erlebnisdrang. Hinwendung zur Magie, Beschwörungen: Makrokosmos-Zeichen, Erdgeist. Stubengelehrter Wagner. Freitodgedanke, bewahrender Osterchor.	Exposition: Fausts Erkenntnis- und Existenzkrise.
(5) Vor dem Tor	Osterspaziergang unter feiernden Bürgern und Bauern. Selbstzufriedenes Behagen im Gegensatz zu Fausts Ungenügen und Widersprüchlichkeit. Ehrung Fausts erinnert nur an eigene Fehler und Begrenztheit. Ausruf der **zwei Seelen**, Anruf forttragender Geister: dubioser Pudel erscheint.	Weitergeführte Exposition: Gesellschaftspanorama, Faust konfrontiert mit anderen Existenzweisen. Überleitung zum Auftritt Mephistos.
(6) Studierzimmer (I)	Fausts eigenmächtige Bibelübersetzung: **Im Anfang war die Tat!** Beschwörung des Pudels; Mephisto als **Geist, der stets verneint**. Fausts Vorschlag eines Bündnisses von Mephisto zunächst vertagt.	Vorstellung, Selbstcharakterisierung Mephistos. Anbahnung des Paktes.

(7) Studierzimmer (II)	Nihilistischer Fluch Fausts; Abschluss von Pakt und Wette. Faust verlangt Lebenstotalität, der Menschheit **Wohl und Weh**, wettet auf ewiges Unbefriedigtsein und Weiterstreben. Rüstung zur Weltfahrt, unterdessen Mephistos Gespräch mit dem Rat suchenden Studenten.	Gedankliche Achse: Pakt und Wette. Menschliches Wesen zwischen Streben und Genuss. Schuldverstrickung: Teufelsbund, schwarze Magie. Universitätssatire.
(8) Auerbachs Keller	Zechende Studenten, derbe Späße. Mephistos Zauberstücke. Faust gelangweilt, angewidert.	Erste Station der Weltfahrt: Trinkgelage.
(9) Hexenküche	Tolldreister Hexenhokuspokus. Hexentrank verjüngt um 30 Jahre, entfacht Leibesbegierde. Erregendes Bild Helenas im Zauberspiegel, Mephistos Hinweis auf Austauschbarkeit des Liebesobjektes.	Zwischenspiel: notwendige Verjüngung des betagten Gelehrten. Sinnlich-anschauliches Theaterspektakel im Sinne des **Vorspiels**. Vorausdeutung auf Helena (Zweiter Teil) und Gretchen.
(10) Straße (I)	Ungehöriges Ansprechen Gretchens, Zurechtweisung. Heftige Begehrlichkeit, Mephisto soll dienstbar werden, sieht Schwierigkeiten wegen Gretchens Unschuld.	Zweite Station der Weltfahrt: Gretchen, Begierde und Liebe. Auftakt.
(11) Abend. Reinliches Zimmer	Faust heimlich in Gretchens Zimmer. Begierde umgeformt in Anrührung, Liebe; Gewissensskrupel. Gretchen, von Faust bewegt, singt Lied vom König in Thule. Verführungskraft des von Mephisto besorgten Schmuckkästchens.	Anbahnung der Beziehung. Prekäres Medium Gold.
(12) Spaziergang	Verdrossenheit Mephistos: Schmuck von Gretchens Mutter der Kirche übergeben. Faust verlangt weitere Dienste: Einspannen der Nachbarin, neue Schmuckgeschenke.	Retardation. Kirchensatire. Treuherzige Frommheit der Mutter.
(13) Der Nachbarin Haus	Gretchens neuer Schmuck wird auf Anraten Marthes vor der Mutter verheimlicht. Mephisto bringt Marthe Kunde vom angeblichen Tod des Gatten, den er mit Faust beeiden will. Verabredung der vier für den Abend.	Fortgang des Verkupplungsplans: Marthe. Gretchens naive Freude am Golde. Gegenbild Marthe: Heuchlerisch-berechnendes Gebaren.

Szenen-/Aktfolge	Handlung	Funktion/Thema
(14) Straße (II)	Faust lehnt Meineid ab. Mephistos sophistische Relativierung anderer Schwüre, z.B. des Liebesschwures. Faust schickt sich fatalistisch in den Lauf der Dinge (**vorzüglich weil ich muß**).	Schuldverstrickung: Meineid, Falschaussage.
(15) Garten	Faust und Gretchen sowie Mephisto und Marthe paarweise promenierend. Lebenssituation Gretchens. Züchtige Scham Gretchens, gerührtes Entzücken und Liebesbekenntnis Fausts. Marthes Versuche, Mephisto in eine Verbindung zu locken.	Beziehungsstiftung. Parallelisierung und Konstrastierung von Unschuld, Einfalt, Liebe und Abgefeimtheit, Berechnung.
(16) Ein Gartenhäuschen	Erster Kuss; Liebesbezeugung Gretchens. Aufstörung durch Mephisto, Trennung mit Hinblick auf sittsame Mutter.	Beziehungsvertiefung.
(17) Wald und Höhle	Kontemplation; Dankgebet an erhabenen Erdgeist. Neues Unbefriedigtsein, taumelnd **von Begierde zu Genuß**. Vorherwissen der zerstörerischen Auswirkung auf Gretchen (**Unmensch ohne Zweck und Ruh**), doch wiederum Fatalismus (**Du, Hölle, mußtest dieses Opfer haben!**).	Einhalt und Scheitelpunkt: Seelenbild des Glückserfüllten und doch wieder Ruhelosen; Umschlag der Gretchenhandlung ins Unheilvolle. Schuldverstrickung: Missachtung der Skrupel.
(18) Gretchens Stube	Gretchen allein am Spinnrad. Melancholische Liebe zu Faust (**Mein Ruh ist hin, / Mein Herz ist schwer**)	Einhalt: Seelenbild Gretchens (Komplement zu Szene 17). Schwermut Vorzeichen des Unheils.
(19) Marthens Garten	Bekümmerung um Fausts Glaubenshaltung (*Gretchenfrage*). Fausts pantheistisches Bekenntnis, Gretchens Skepsis. Ahnungsvoller Schauder angesichts Mephistos. Verabredung zur Liebesnacht; Schlaftrunk für die Mutter.	Beziehungshöhepunkt: Gretchen bereit zur Liebesvereinigung. Kontrastierung von Kirchenfrömmigkeit und freigeistiger Religiosität. Schuldverstrickung: Schlaftrunk tödlich.

(20) Am Brunnen	Lieschen lästert über eine verlassene Geliebte und unehelich Schwangere. Gretchen erkennt ihr eigenes Schicksal.	Indirekter Hinweis auf vollzogene Liebesnacht: Gretchens Schicksal in dem **Bärbelchens** gespiegelt und vorbedeutet. Anbahnung des Leids.
(21) Zwinger	Gretchens verzweifelte Wendung an die **Mater dolorosa** (über den Sohnestod schmerzvolle Maria): **Hilf, rette mich von Schmach und Tod!**	Endgültiger Umschlag von Gretchens Schicksal in Ächtung und Leid. (Gretchen am Ende des Zweiten Teils bei **Mater gloriosa**, Maria im Himmelsglanz.)
(22) Nacht. Straße vor Gretchens Tür	Valentins selbstgerechte Klage über verlorene Ehre der Schwester. Faust in düsterer Stimmung auf dem Weg zu Gretchen. Zusammentreffen mit dem Bruder, Totschlag unter Mephistos Degenführung. Flucht aus der Stadt. Valentin verflucht Schwester öffentlich als **Metze.**	Vertiefung von Gretchens Leid: Ächtung durch den Bruder, weltliche Verdammung. Schuldverstrickung: Fausts Bluttat.
(23) Dom	**Böser Geist** klagt Gretchen der mehrfachen Missetat an. Schreckliche Vision des Jüngsten Gerichts. Ohnmacht.	Tiefpunkt von Gretchens Leid: Vision eines gnadenlosen Rächergottes, religiöse Verdammung.
(24) Walpurgisnacht	Ablenkung Fausts auf dem Blocksberg. Fratzenhafte Natur, dämonische Betriebsamkeit der Hexen und Hexenmeister. Ungezügelte Sinnlichkeit, Triebhaftigkeit. Faust im Geschlechtstanz mit schöner Hexe; Abbruch durch ein der Hexe entfahrendes **rotes Mäuschen** und Vision des gerichteten Gretchen.	Unterbrechung der Gretchenhandlung. Dritte (symbolische) Station der Weltfahrt: geschlechtlicher Rausch. Vereitelung durch Desillusionierung und Gewissensregung. Wieder dramatischer Sinnenschmaus im Geiste des **Vorspiels.**
(25) Walpurgisnachtstraum	**Abgeschmackte Zerstreuung**: dilettantisches Huldigungsspiel (im Spiel) zu Ehren der goldenen Hochzeit des Elfenpaares Oberon und Titania. Satirische Selbstcharakterisierung verschiedener Literaten, Philosophen, Zeittypen.	Zwischenspiel: **Intermezzo** ohne belangvolle Bezüge zur Haupthandlung. Seitensprung der dichterischen Fantasie.

Szenen-/Aktfolge	Handlung	Funktion/Thema
(26) Trüber Tag. Feld	Faust im heillosen Schmerz: Gretchen eingekerkert, Hinrichtung erwartend. Fluchende Anklage Mephistos. Dieser kann **Bande des Rächers** nicht lösen, nur Kerkertür öffnen.	Gretchens Schicksal dem Ende zulaufend. Gewissensqual Fausts, späte Entscheidung zum Beistand.
(27) Nacht. Offen Feld	Faust und Mephisto an der Richtstätte Gretchens vorbeireitend.	Vereindeutigung, Vorausdeutung: bevorstehende Hinrichtung.
(28) Kerker	Gretchen zwischen Wahnsinn und hellsichtigen Eingebungen. Sie hat (vermutlich im Wahnsinn) ihr Kind ertränkt, erwartet Morgen der Hinrichtung. Spürt erkaltete Liebe Fausts, schaudert vor seiner Gefährtenschaft mit Mephisto. Überantwortet sich der Gnade Gottes. Mephisto zieht Faust fort, Gretchen sei **gerichtet**.	Abschluss der Gretchenhandlung: Schuld, Sühne und Rettung der Liebenden. Fausts tiefere Schuldverstrickung: mittelbar verursachter Tod Gretchens und des Kindes.
	Stimme von oben: **Ist gerettet!**	(Kurz-)Epilog: Gnade, Erlösung Gretchens.

Der Tragödie zweiter Teil

1. Akt (Kaiserhof)	Heilschlaf des Vergessens. Regenbogengleichnis (**farbiger Abglanz**): das Absolute nur in Spiegelungen und Gleichnissen erfahrbar.	Prolog: Geistige Wiedergeburt und Beschränkung.
	Herrscherleichtsinn und Reichsverfall. Mephistos Papiergeldinflation. Allegorischer Maskenzug. Gang zu den **Müttern**, Beschwörung von Helena und Paris, tumultuarische Auflösung.	Vierte Station der Weltfahrt: höfische Welt. Politik und Ökonomie. Mittelalterliche und bürgerliche Gesellschaft. Mummenschanz wieder Theaterspektakel im Sinne des **Vorspiels**.

2. Akt (Homunculus und Klassische Walpurgisnacht)	Reprise des Schülergesprächs (Baccalaureus). Homunculus – Wagners künstliches Wesen, reine Geistigkeit – sucht nach Verkörperlichung. Fausts Traum von der Zeugung Helenas, ungebrochenes Streben nach diesem Urbild der Schönheit. Reise nach Griechenland; antike Fabelwesen, Naturgottheiten, Philosophen. Mythisches Fest des Werdens, Preisgesang des Eros.	Fünfte (symbolische) Station der Weltfahrt: Schöpfung des Schönen in der Seele Fausts. Entstehung der Welt und des Lebens. Natur und Geschichte. Evolution und Revolution. Dramatischer Sinnenschmaus im Geiste des **Vorspiels.**
3. Akt (Helena)	Verschränkung der Zeitalter: Faust, mittelalterlicher Burgherr, vermählt sich mit der antiken Helena – im Medium des Reims. Geburt und Ikarusflug Euphorions, des Genius der Poesie. Auflösung der Helena-Erscheinung.	Weiterhin symbolische Region des Schönen, der Kunst. Geistige Vision (ursprünglich **Phantasmagorie**) der Vermittlung von Antike und Abendland, ›klassischem‹ Süden und ›romantischem‹ Norden.
4. Akt (Bürgerkrieg)	Helena und Gretchen als Wolkenvision. Mephistos Verführungsversuch (die **Reiche der Welt und ihre Herrlichkeiten** – nach Matthäus 4 – und **die Schönen im Plural**). Fausts Plan, dem Meer Land abzuzwingen. Kaiser und Gegenkaiser, magisches Eingreifen in die Reichswirren. Belehnung mit einem Küstenstreifen.	Anbahnung der letzten Station. Krieg und Erwerb.
5. Akt (Landgewinnung)	Landgewinnung, Kolonisierung, Reichtum – durch Krieg und Piraterie. Schrankenloses Machtgelüst – Hütte von Philemon und Baucis verdirbt **Weltbesitz** –; Tötung des Paares bei Zwangsumsiedelung. Wunsch, Magie aus dem Dasein zu verbannen. Erblindung durch Anhauch der **Sorge.** Höchster Augenblick in sozialer Vision: **Auf freiem Grund mit freiem Volke.** Fausts Tod. Himmlische Heerscharen übertölpeln Mephisto und entführen Fausts Seele.	Sechste, letzte Station der Weltfahrt: Herrscher- und Unternehmertum. Idylle und Fortschritt. Dubiosität der politisch-technischen Tat. Macht und Verblendung. Abermalige Schuldverstrickung: Eigentumsraub, Tod der Alten. Gesellschaftsutopie.
	Verklärung; aufsteigendes Umarten von Fausts Entelechie (unsterblichem Wesenskern). Gretchens Fürbitte bei der Himmelskönigin (Mater gloriosa) – **Wenn er dich ahnet, folgt er nach.**	Epilog (im Jenseits): Gnade und Erlösung. Erotische Mystik: Verschränkung irdischer und göttlicher Liebe (**Das Ewig-Weibliche / Zieht uns hinan**).

Hinweis: Zu Dramenform und Dramenstruktur siehe auch Kapitel 17.

3 ›Zueignung‹ und ›Vorspiel‹: Die Selbstreflexion des Dramas

Goethe macht mit dieser Dichtung besondere Anstalten; drei Auftakte gehen dem Kerndrama voraus. Bereits dieser Umstand weist den umfassenden Anspruch des Werkes aus, nicht allein die Konstitution von Mensch und Welt zu thematisieren, sondern auch die Konstitution einer solches thematisierenden Literatur selbst.

Die drei Präludien entfalten einen autobiografischen, einen poetologischen sowie einen metaphysischen Verstehenshorizont und erweitern damit den Bedeutungsgehalt, die Aura des Werks. **Zueignung** und **Vorspiel** stehen jenseits der Dramenhandlung: Das Gedicht verkörpert die monologische Metareflexion des Dramatikers, der Theatervorspann die dialogische Metareflexion des Dramas. Der **Prolog im Himmel** hingegen ist Teil der Gesamthandlung und umschließt als himmlische Rahmenhandlung die irdische Binnenhandlung (dieser philosophische Verstehensrahmen wird im folgenden Kapitel behandelt).

1797, also mehr als zwanzig Jahre nach den Anfängen der Faustdichtung geschrieben, dokumentiert die **Zueignung** einen Moment der lebens- und werkgeschichtlichen Rückbesinnung und der Wiederaufnahme des stockenden Dichtungsprozesses. Goethe knüpft das Werk an seine eigene Person – lyrisches Ich und Autor-Ich können hier gleichgesetzt werden – und erinnert sich der jugendlich begonnenen Dichtung, deren freundschaftlicher Aufnahmekreis zerstoben und einem anonymen Publikum gewichen ist, von dem sich der Dichter entfremdet fühlt (vgl. 21 f.). Das Widmungsgedicht ist nicht diesem Leser, sondern den fiktiv angesprochenen Dichtungsfiguren zugeeignet; diese stets sich verflüchtigenden (**schwankenden**), den Autor aber dennoch immer wieder heimsuchenden Gestalten hofft er diesmal endgültig literarisch zu bannen. Bemerkenswerterweise gleicht dieser Dichter einer passiv empfangenden Windharfe (vgl. 27 f.); die Dichtung wird zum Naturlaut. Sowohl der titanische Schöpfungsgestus des Sturm und Drang als auch der bewusste Formwille der Klassik scheinen in diesem Augenblick der Rückbesinnung zu schweigen.

Der Selbstbesinnung des Dramatikers folgt im **Vorspiel** die figural verteilte Auseinandersetzung über Wesen und Funktion der Theaterdichtung. Das Selbstverständnis des Dichters wird konfrontiert mit dem merkantilen Blickwinkel des Theaterunternehmers, der zudem Erwartungen und Gebaren des Publikums ins Gespräch bringt, und mit den wirkungsbezogenen Gesichtspunkten des Schauspielers. Produktion, Rentabilität, Inszenierung und Rezeption des Dramas stehen zur Debatte (vgl. zunächst die Übersicht S. 38).

Betont der Dichter die Würde des Schöpfertums und des Kunstwerks, so scheinen Direktor und Lustige Person sich mit dem oberflächlichen Publikumserfolg zufrieden zu geben. Aber läuft nicht dieser Dichter, der vor der Rohheit der Menge zurückweicht, Gefahr, sich esoterisch vom Menschenleben in seiner Wirrheit, seinem Irrtum und seiner Komik zu entfremden? Und haben nicht die Theatermacher, Direktor und Schauspieler, aus unmittelbarer Erfahrung ebenfalls etwas von der Wesensart und Wirkungsweise der Kunst erfasst, wenn sie auf Realistik und Vitalität pochen, die Leichtigkeit des Spiels und die Heiterkeit der Kunst ins Feld führen oder vom Theater den Sinnenschmaus und das Delectare einklagen? Was im Munde des Intendanten noch recht leichtfertig klingt und durchsichtig auf die Geschäftsinteressen scheint, hat in den durchaus in vielem gleichgerichteten Worten der Lustigen Person bereits den Anklang der Weisheit des Schalks. Dass es gerade die komische und nicht die tragische Schauspielerperson ist, die hier mitdiskutiert, ist ein Zeichen und eine Vorausdeutung auf die Werkstruktur insgesamt: dass dem pathetischen Faust der satirische Mephisto beigesellt, das Ernste im heiteren Spiel gebrochen, die Tragödie mit der Komödie durchsetzt ist.

Goethe lässt alle am Dichtungsprozess Beteiligten zu Wort (bzw. zur Sprache) kommen, und er weiß um die Berechtigung und vor allem um das faktische Vorkommen jeder dieser Ansichten. Die Wahrheit liegt nicht in *einer* Position, sondern in der Resultante, oder besser, im Nebeneinander der Standpunkte. Goethe – selbst Dichter, Theaterdirektor und Liebhaberschauspieler in Weimar, Leser und Theaterbesucher – weiß um alle Ansprüche, und er weiß um die Unmöglichkeit, sie auf nur eine Ansicht zu verkürzen. Was widersprüchlich und unentschieden in ihm selbst liegt, kann, auf Figuren verteilt, nach außen gestellt werden, ohne es gewaltsam zu harmonisieren. Auch die Figuren des **Vorspiels** sind – wie Faust und Mephisto – dialektische Auseinanderlegungen der Dichterpersönlichkeit.

Dass Goethe die partikulare Wahrheit aller Mitredenden anerkennt, erhellt auch daraus, dass das Faustdrama eigentlich allen Charakterisierungen und Kriterien dieses **Vorspiels** entspricht. Es hat die Dignität, die der Dichter verlangt; es verzichtet auf die Stringenz des Gedankens zugunsten der Turbulenz des Lebens und der Präsenz der Sinne, und es hat das Additive und Fragmentarische einer auf Totalität zielenden Dichtung – wie es die anderen reklamieren. Indirekt und in ironischer Brechung kennzeichnet Goethe also im **Vorspiel** das kommende Spiel; halb entschuldigt, halb vertritt er dessen mangelnde Regelkonformität (kein **Ganzes**, 102). Der Charme eines augenzwinkernden Eingeständnisses muss die Kritik entwaffnen.

Dichtungsverständnis im ›Vorspiel‹

Dichter subjekt- und werkbezogen Wert	*Direktor* gewinn- und erfolgsbezogen Geschäft	*Lustige Person* (Schauspieler mit komischer Rolle) wirkungs- und effektbezogen Anklang	*Publikum* (in der Charakterisierung des Direktors) selbst- und vergnügungsbezogen Unterhaltung
Abgrenzung gegen das Massenpublikum (59–62). Rückzug auf die Innerlichkeit des Dichters (63–66).	Freude am Massenandrang, Geschäftserfolg (49–56). Orientierung am Breitenpublikum (37, 95).	Wunsch nach weitem Publikumskreis und großer Resonanz (83 f.).	
Ablehnung des Tageserfolges, Orientierung am überdauernden Wert (67–74).	Wertungskriterium ist Publikumserfolg, nicht Geschlossenheit oder Stimmigkeit (95–103, 109 f.).	Ausrichtung auf den Augenblickserfolg, auf die gegenwärtigen Zuschauer (75–78).	Massengeschmack anspruchslos, Verhalten der Menge banausenhaft (111 f., 123–128).
Aufgabe des Dichters: Formung des disparaten Weltstoffes; im Einzelnen das Exemplarische und Symbolische offenbaren; Vertiefung von Empfindungen und Leidenschaften; Bewussthalten des Bedeutenden und Göttlichen (138–157).	Erfolgsrezept: Handlungs-, Welt- und Lebensfülle (89, 95, 239–242); Anschaulichkeit, Sinnenfreude (90–93); buntes, verwirrendes Potpourri (97–103, 131 f.); drastische Wirkungen, heftige Leidenschaften (223); technischer Aufwand, Bühneneffekte (233–238).	Erfolgsrezept: Lebensnähe; Prallheit des Menschenlebens (167 ff.); Ansprache aller Seelen- und Verstandeskräfte (86 ff.); buntes, verwirrendes Kaleidoskop (170); keine trockene Gedankendichtung: **Viel Irrtum und ein Fünkchen Wahrheit** (171); Humor, Komik, Satire (77, 88).	Erwartungen: Zerstreuung; Unterhaltung; (und vom Theaterbesuch:) Selbstdarstellung; Geselligkeit (113–120).

4 Weltspiel und Menschheitsdrama

GOETHES *FAUST* ist der Versuch einer geistigen Durchdringung des Weltganzen. Das Drama verkündet **poetische Weissagungen über letzte Weltgeheimnisse**[39]: über den Sinn der Schöpfung, den Stellenwert des Bösen, die Bestimmung des Menschen. Diese poetischen Weissagungen kleiden sich in die Bildwelt des christlichen und des antiken Mythos und sie machen sich das Gedankengut verschiedener Philosophen zu Eigen[40], doch sie sind mit keinem dieser auch untereinander nicht kongruenten Weltbilder identisch. GOETHE hat sich die Geschichte des menschlichen Geistes – die kulturellen Traditionen seiner Zeit – anverwandelt und sie seiner persönlichen Weltanschauung dienstbar gemacht.

4.1 Vom Himmel durch die Welt zur Hölle

Der auf eine ganzheitliche Erfassung des Menschenlebens und der Weltläufte gerichtete Anspruch des Werkes formuliert sich zunächst in traditionellen christlichen Vokabeln. Die Erde steht zwischen Himmel und Hölle, der Mensch zwischen Gott und Teufel.

Schon im **Vorspiel** fordert der Theaterdirektor, ein Drama solle **den ganzen Kreis der Schöpfung** ausschreiten, **vom Himmel durch die Welt zur Hölle** führen (240 ff.), und das danach einsetzende Dramengeschehen löst diese Forderung in der Tat ein. Es hebt an im Himmel (**Prolog**), führt Faust durch **die kleine, dann die große Welt** (2052) um dann zwar nicht (wie ursprünglich vielleicht doch geplant, vgl. 1775 und 3365[41]) in der Hölle zu enden, sondern wiederum im Himmel, doch der **greuliche Höllenrachen** (Regieanweisung nach 11 643) war schon aufgesperrt. Auch der erste Dramenteil schließt mit einer Stimme aus dem Himmel (**Ist gerettet!**, 4611), während Gretchen sich schon mitten im **Heulen und Klappen der Hölle** wähnt (4467).

Der Mensch wiederum steht im Spannungsfeld zwischen Gott und Teufel. Faust wird im **Prolog** zum Gegenstand einer Streitfrage zwischen dem Herrn und Mephisto, und sein Unsterbliches im Ausgang des Dramas (**Grablegung**) zum Streitobjekt zwischen Engeln und Satanen. Ähnlich sieht sich am Ende des ersten Teils Gretchen bereits dem Zugriff des Teufels ausgesetzt (vgl. 4601 f.), bevor ihre Seele durch göttlichen Einspruch gerettet wird.

Freilich sind Himmel, Welt und Hölle, Gott und Teufel, wenn diese Begriffe in der Handlungsebene durchaus auch wörtlich genommen werden können, mehr noch symbolische Umschreibungen des auf einen umfassenden Zusammenhang von Mensch und Schöpfung abhebenden Werkcharakters. *Faust* ist ein Weltspiel und Menschheitsdrama.

4.2 Der Mensch als Prüfstein der Schöpfung

Wenn man eine enge Bindung an orthodoxe religiöse Vorstellungen beiseite setzt, hat dieses Weltspiel durchaus den Charakter einer Theodizee: Es behauptet den Sinn der Schöpfung angesichts scheinbar dagegensprechender Widersinnigkeiten.

Das Lob der Schöpfung durch die drei Erzengel steht am Anfang des eigentlichen Dramengeschehens: **Die unbegreiflich hohen Werke / Sind herrlich wie am ersten Tag** (249 f.). Als Gegenstück zu diesem im christlichen Mythos situierten Preisgesang findet sich später in der **Klassischen Walpurgisnacht** eine in den antiken Mythos gekleidete Apotheose der zeugenden, schöpferischen Urkraft: **So herrsche denn Eros, der alles begonnen!** (8479).

Der Mensch wird von Mephisto in den Gesichtskreis des Dramas eingeführt, und zwar als Gegenargument gegen die gepriesene Herrlichkeit der Schöpfung (vgl. 279–286, 294 ff.). An Faust, der vom Herrn gewissermaßen als Demonstrationsobjekt ins Gespräch gebracht wird, soll sich nun Wert oder Unwert des Schöpfungsplans erweisen. Entspricht Faust dem vom Herrn entworfenen Bild des Menschen oder gleicht er Mephistos Menschenbild? In dieser Frage liegt das nur in metaphorischer Verschlüsselung (vgl. 314, 324, 334) benannte Punctum saliens der Scheinwette im Himmel.

Mit einer solchen – an das Buch Hiob (1,6–12 und 2,1–6) gemahnenden – Versuchsanordnung wird die Fausthandlung in einen kosmisch-metaphysischen Rahmen gebettet; die Dichtung nimmt den Theodizee-Charakter an; Faust wird zum Repräsentanten der Menschheit und zum Prüfstein der Weltordnung (zur Lösung des Theodizeeproblems siehe Kap. 9.5, S. 99 f.).

4.3 Weltbilder des Herrn und Mephistos

Im Himmelsprolog wird ein allgemeines Bild der Welt und des Menschen und – durch die Festlegung von Mephistos Rolle – gleichsam ein Weltplan entworfen (zu Letzterem vgl. Kap. 5.2).

Der Herr sieht in der menschlichen Existenz Sinn, Plan, Wachstum und Reifung; als Bild dafür gilt ihm die Metamorphose des Pflanzlichen (vgl. 310 f.). Mephisto hält den Menschen in seiner Zwitterhaftigkeit von Tier und Vernunftwesen für eine unglückliche Fehlkonstruktion; als Bild dafür gilt ihm die Zikade (Grille, Zirpe), die sich bei ihrer Fortbewegung zum

Bild der Welt und des Menschen

Mephisto	*Herr*
Erdenleben **herzlich schlecht** (296), für die Menschen eine einzige Plage, ein Jammertal (280, 297).	Schöpfung schön und wertvoll (345).
Höhere Werte nur Trug; Vernunft nur Maskerade, Bemäntelung niederer Instinkte (284 ff.).	Mensch in seinem Streben stets in Schuld und Irrtum verstrickt, ist sich **des rechten Weges** instinktiv aber bewusst (328 f.).
Menschenleben nur sinnloser Kreislauf, Wiederholung des Ewig-Gleichen ohne Sinn und Fortschritt (281, 287 f.).	Mensch in den polaren Wechselschlag von Tätigkeit und Erschlaffung eingebunden (340), aber dennoch sich steigernd, wachsend: von Verworrenheit zu Klarheit, von der Blüte zur Frucht (308–311).

Höhenflug aufzuschwingen scheint und dennoch immer wieder kläglich auf den Erdboden zurückfällt (vgl. 287–290). Der **Schein des Himmelslichts** (284) dünkt ihm nicht Widerschein des Göttlichen, sondern nur scheinhaft Göttliches: **Er nennt's Vernunft und braucht's allein, / Nur tierischer als jedes Tier zu sein** (285 f.).

Ob der Mensch nun im Sinne Mephistos ein Missgriff oder in seiner Gottesebenbildlichkeit eine Krone der Schöpfung sei, das soll sich am Exemplum Faust erweisen.

4.4 Faust als Repräsentant der Menschheit

In welchem Sinne aber kann Faust als Beispiel der Menschheit gelten? Es ist ja offenkundig, dass dieser rast- und maßlose Mensch eher einen **Übermenschen** (490, dort allerdings ironisch) als einen Durchschnittsmenschen etwa des Osterspazierganges verkörpert und dass er auch nicht so wesensandere Existenzen wie Gretchen oder den Baccalaureus vertreten kann.

Dennoch wird, kurz nachdem Faust ins Gespräch gebracht worden ist, verallgemeinert von *dem* Menschen geredet – allerdings vom *strebenden* (vgl. 317) bzw. *tätigen* Menschen (vgl. 340) oder vom *guten* Menschen *in seinem dunklen Drange* (328, Kursivdruck, R. S.). Diese Charakterisierung wird auch bei Fausts Errettung wieder aufgenommen: **Wer immer strebend sich bemüht, / Den können wir erlösen** (11 936 f.). Dem folgend wäre Faust also nur der Repräsentant des ›strebenden‹ Teils der Menschheit. In der Paktszene jedoch erhebt Faust den Anspruch, das, **was der ganzen Menschheit zugeteilt ist**, ihr gesamtes **Wohl und Weh** zu durchleben und somit sein **eigen Selbst zu ihrem Selbst [zu] erweitern** (1770–74).

Mit Mephistos Hilfe will also Faust Los und Erfahrung der ganzen

Menschheit nachvollziehen und dabei erleben, **was sich sonst nur verstreut in den Erlebnissen der einzelnen findet und im Ganzen nur der Gattung gehört.**[42] In der Tat sprengt zumal der zweite Dichtungsteil die Einheit der Person vollends, die nun nicht mehr als Einzelmensch und psychologische Individualität verstanden werden kann, sondern nur noch als Kunstfigur, anhand derer sich verschiedene Themenkreise und Geistesregionen offenbaren. Faust wird zur **Inkarnation menschlicher Bestimmung im Rahmen einer sinnbildlich gezeigten Realität.**[43]

Vor dem Hintergrund dieser Einsichten lässt sich Fausts Repräsentationsfunktion nunmehr genauer fassen. Faust ist als Einzelmensch eine Inkarnation der Gattung Mensch. Aber er vertritt die Gattung nicht durch einen Mittelwert menschlicher Möglichkeiten, sondern gerade durch die Extremwerte: Faust steht **nicht beispielhaft für den Durchschnitt der Menschen; er ist vielmehr ein Ausnahmemensch, im Sehnen und Wollen, in Verfehlen und Schuld. Doch gerade dadurch, daß er sich an den Grenzen des Menschen bewegt, wird das Wesen des Menschen deutlich.**[44] Faust ist der exemplarische Mensch **in einer außergewöhnlichen, nach innen und außen gesteigerten Grenzlage**; an ihm zeigen sich **die absoluten, nicht mehr zu steigernden Möglichkeiten des Menschen wie auch seine absoluten, nicht mehr überwindbaren Grenzen.**[45]

Somit wäre also Faust letzten Sinnes keine Person, die irgend empirisch vorfindbar sein könnte, sondern ein gedankliches Konstrukt, eine ideelle Zusammenfassung und Steigerung der Conditio humana. Faust repräsentiert die Menschheit nicht als deren statistisches Mittel, sondern als ***Idealtypus* in dem Sinne, daß er alle positiven und negativen Wesensmerkmale des Menschen in sich vereinigt.**[46]

Dennoch bleibt die Faustfigur in einer eigentümlichen, spannungsvollen Schwebe zwischen ihrem gewissermaßen abstrakten Charakter (Idealtypus) und ihrer leibhaftigen Realisierung als Dramenfigur – die gleiche Janusgesichtigkeit, die auch bei Mephisto begegnen wird. Als Idealtypus vertritt Faust die Menschheit, als konkrete Dramenfigur ist er jedoch Prototyp allein des *strebenden* – und zudem instinktiv männlich entworfenen – Teils, also einer im Verlangen, in der Erkenntnis, in Aktivität und Wirksamkeit machtvollen und herausgehobenen Persönlichkeit.

4.5 Polarität und Steigerung, Tätigkeit und Unsterblichkeit

Die Gattungsbestimmung des Menschen begreift GOETHE als ahistorische Conditio humana, nicht als konkreten geschichtlichen Prozess. Insofern hat er auch mit dem *FAUST* ein symbolisches Drama des Menschen, nicht aber eines der Menschheitsgeschichte geschrieben. Dass Faust in diesem Werk nicht in irgendeiner begrenzten Epoche, sondern gleichsam in Jahrtausenden zu Hause ist, darf nämlich nicht darüber hinwegtäuschen, dass sich in allen Regionen der Menschheitsgeschichte ein Gleiches offenbart, kein historisch je Eigentümliches.

Goethe ist – als Naturwissenschaftler wie als Dichter – darauf aus, **höhere Regeln und Gesetze** zu ergründen, und er ist überzeugt, dass sich diese nicht allein der begrifflichen Abstraktion, sondern auch der Wahrnehmung und Anschauung in bestimmten **Urphänomene**[n] offenbaren.[47] Als die fundamentale Gesetzmäßigkeit der Schöpfung erscheinen ihm die **zwei großen Triebräder aller Natur**, die Begriffe **von Polarität und von Steigerung**, d. h. die Prinzipien von **immerwährendem Anziehen und Abstoßen** und von **immerstrebendem Aufsteigen.**[48]

Für diese **ewige Formel des Lebens** findet Goethe immer wieder neue Umschreibungen und Verkörperungen: das **Einatmen** und das **Ausatmen, Systole** und **Diastole**[49], **Ausdehnung und Zusammenziehung**[50], **Entstehen und Vergehen, Schaffen und Vernichten, Geburt und Tod, Freud und Leid**[51] oder **Konzentration** und **Expansion, verselbstigen** und **entselbstigen, Abfallen und Zurückkehren zum Ursprünglichen**[52]. So wie die Menschheit in zwei Geschlechter zerfällt, um sich als Menschheit weiterzuentwickeln, so wie Mann und Frau sich verbinden müssen, damit ein neuer Mensch gezeugt werde, so durchwirken die Prinzipien von Polarität und Steigerung alles Sein: **Das Geeinte zu entzweien, das Entzweite zu einigen, ist das Leben der Natur.**[53]

Auch die Faustdichtung verkörpert diese Weltanschauung Goethes. Denn der Herr beschreibt (im **Prolog**) die menschliche Existenz mit den Kategorien Tätigkeit und Erschlaffung (vgl. 340); einer Polarität, die schließlich im Teufelspakt als Streben und Genuss wiederkehrt (vgl. 1676 und 1696). Dem entspricht die Privatreligion des alten Goethe, die den Anspruch auf Unsterblichkeit aus unermüdlicher Aktivität ableitet:

> **Die Überzeugung unserer Fortdauer entspringt mir aus dem Begriff der Tätigkeit; denn wenn ich bis an mein Ende rastlos wirke, so ist die Natur verpflichtet, mir eine andere Form des Daseins anzuweisen.**[54]
> [Oder, in anderen Worten:] **Die entelechische Monade muß sich nur in rastloser Tätigkeit erhalten; wird ihr diese zur anderen Natur, so kann es ihr in Ewigkeit nicht an Beschäftigung fehlen.**[55]

Der auf Aristoteles zurückgehende Begriff der Entelechie (griech. **was sein Ziel in sich selbst hat**) kommt Goethes persönlicher Konfession näher als die christliche Seelenvorstellung. Ursprünglich fand der Begriff sogar Eingang ins Drama; eine Handschrift vermerkt vor 11 954: **Chor der Engel, über dem Berggipfel, Faustens Entelechie heranbringend.**[56] Entelechie ist aktiver Wesenskern, Wirkmächtigkeit, die sich im Äußeren ausformt und entfaltet und die auf ein Vollendungsziel zustrebt. **Die Griechen**

nannten Entelecheia ein Wesen, das immer in Funktion ist. – Die Funktion ist das Dasein, in Tätigkeit gedacht[57], interpretiert GOETHE in den *MAXIMEN UND REFLEXIONEN.* Diesen Begriff einer seelischen Entität, deren Wesen teleologische Tätigkeit ist, kann GOETHE mit LEIBNIZ' Kategorie der Monade (griech. *Einheit*) verquicken, die ebenfalls eine Ureinheit meint, die sich ihrem inneren Wesen gemäß entwickelt.

Nicht allein im **Prolog** prägt sich GOETHES Tätigkeitsreligion aus. Faust, der die Luther-Übersetzung des Johannes-Evangeliums **Im Anfang war das Wort** umdeutet in die Formel **Im Anfang war die *Tat!*** (1237), der aber erst am Ende seines Weges vom eher passiven Liebesgenuss (Gretchen) und von eher geistigen und ästhetisch-schöpferischen Taten (Mütter, Klassische Walpurgisnacht, Helena) fortschreitet zur realen, technisch-sozialen Tat (Landgewinnung), genießt **den höchsten Augenblick** (11 586) nicht auf dem **Faulbett** (1692) ermatteter Tätigkeit, sondern im Ausblick auf die *Utopie* eines ›freien Volkes auf freiem Grunde‹ (vgl. 11 580) – also auf einen nie endgültig erreichten und gesicherten Zustand: **Das ist der Weisheit letzter Schluß: / Nur der verdient sich Freiheit wie das Leben, / Der täglich sie erobern muß** (11 574 ff.). Schöpfung ist Tat – und Leben ist fortwährende Tat. Faust hat im Lichte dieser Weisheit seine Bestimmung erfüllt. Deshalb heißt es dann von ihm: **Wer immer strebend sich bemüht, / Den können wir erlösen** (11 956 f.), und das abschließende Mysterienspiel versinnbildlicht GOETHES Glauben an die Fortdauer der Entelechie, die in weiteren steigernden Wandlungen neue **Sphären reiner *Tätigkeit*** [Hervorhebung, R.S.] durchläuft (wie sie sich Faust bereits früh vom Freitod ersehnt hat: 705).

Faust hat sich also durch seine ›rastlose‹ Aktivität in sich ausweitenden und steigernden Tätigkeitssphären den Anspruch auf eine **andere Form des Daseins** erwirkt. Es bleibt die Frage, ob Faust sich auch in einem moralischen Sinne höher entwickelt, in ethischer Hinsicht geläutert hat, um damit in einem religiösen Verständnis der Erlösung würdig zu sein.

4.6 Geheilte Schuld und Heilsgarantie

Wer immer strebend sich bemüht, / Den können wir erlösen, / Und hat an ihm die Liebe gar / Von oben teilgenommen, / Begegnet ihm die selige Schar / Mit herzlichem Willkommen (11 936–41). – **In diesen Versen**, sagt GOETHE zu Eckermann, **ist der Schlüssel zu Fausts Rettung enthalten: in Faust selber eine immer höhere und reinere Tätigkeit bis ans Ende, und von oben die ihm zu Hülfe kommende ewige Liebe. Es steht dieses mit unserer religiösen Vorstellung durchaus in Harmonie, nach welcher wir nicht bloß durch eigene Kraft selig werden, sondern durch die hinzukommende göttliche Gnade.**[58]

Goethes Weltanschauung steht mit der christlichen **durchaus in Harmonie**; beide Weltbilder lassen sich in gewissem Maße synchronisieren, doch sie sind nicht identisch. Auch die christlich-legendenhafte Einbettung der **Bergschluchten**-Szene dient nur der symbolischen Einkleidung von Goethes eigenem Glauben: **Übrigens werden Sie zugeben, [...] daß ich, bei so übersinnlichen, kaum zu ahnenden Dingen, mich sehr leicht im Vagen hätte verlieren können, wenn ich nicht meinen poetischen Intentionen durch die scharf umrissenen christlich-kirchlichen Figuren und Vorstellungen eine wohltätig beschränkende Form und Festigkeit gegeben hätte.**[59]

Schon im **Prolog** beginnt die eigentümliche goethesche Ingebrauchnahme des christlichen Mythos. Mit Bedacht wird die menschliche Existenz nicht etwa zwischen die Gegensätze Gut und Böse, Tugend und Sünde, sondern, wie gesagt, zwischen die Polaritäten Tätigkeit und Trägheit gespannt (vgl. 340 f.). **Das Böse, die Negation Gottes durch menschliche Selbstsucht, wird durch die Sünde der ›unbedingten Ruh‹ ersetzt** (vgl. 341 f.).[60] Begleitend wird allerdings auch die Polarität von Streben und Irrtum ins Spiel gebracht (vgl. 317), wobei die Kategorie Irrtum durchaus einen Anklang von moralischer Verfehlung, von Schuld einbegreifen kann. Doch eine solche Schuld wird von vornherein entschuldigt: als Irrtum, nicht als böser Wille.

Und das mit gutem Grund: Vom moralischen Standpunkt aus ist es nämlich unmöglich, Faust als positive Symbolfigur aufzufassen. Um es einmal krass auszudrücken: Faust – das ist Todverschuldung an Gretchen, ihrer Mutter, ihrem Bruder, ihrem Kind, an den Menschenopfern des Dammbaus (vgl. 11 127), an Philemon und Baucis (vgl. 11 275 und 11 316 ff.); das ist Meineid (Marthes Mann) und Mädchenverführung; Größenwahn und Machtgier (vgl. 11 131–34 und 11 241 f.); Kriegsraub; Piraterie und Zwangsenteignung (vgl. 11 184–88 und 11 275 ff.); das ist Gotteslästerung (1604 ff.) und schwarze Magie (Teufelsbund). Und dieser Faust macht keine eigentliche Entwicklung durch; der Mann, der in seiner Jugend sehenden Auges Gretchens Idylle zerschlägt (**Du, Hölle, mußtest dieses Opfer haben!**, 3361), zertrümmert am Ende seiner Lebensbahn die Idylle von Philemon und Baucis – sittliche Läuterung, menschliche Höherentwicklung ist das nicht.

Auch vom christlichen Standpunkt aus ist Fausts Weg bis zu den letzten Augenblicken eher der eines Gottesabtrünnigen als der eines Gottessuchers. Hatte sich der aufgeklärte und freigeistige Gelehrte des Eingangsmonologs verächtlich von der Theologie abgewendet, Hölle und Teufel für Ammenmärchen gehalten (vgl. 354–369 und 714 f.) und ein leidenschaftliches Bekenntnis zur Diesseitigkeit abgelegt (**Das Drüben kann mich wenig**

kümmern, 1660), so wiederholt auch der vor dem Tod stehende Greis die Absage an jegliche religiöse Spekulation und den Aufruf, im Hier und Jetzt sich praktisch zu verwirklichen:

> **Nach drüben ist die Aussicht uns verrannt;**
> **Tor, wer dorthin die Augen blinzelnd richtet,**
> **Sich über Wolken seinesgleichen dichtet!**
> **Er stehe fest und sehe hier sich um;**
> **Dem Tüchtigen ist diese Welt nicht stumm.**
> **Was braucht er in die Ewigkeit zu schweifen!** (11 442–47)

Im Lichte christlicher Dogmatik ist Faust ein Verstockter, der sich dem Glauben verschließt und der bis zuletzt schwere Schuld auf sich häuft. Nicht die Erlösung, eher die Verwerfung durch Gott hätte dieser sündige Mensch zu gewärtigen – wenn nicht die göttliche Gnade wiederum auch ihn umfasste. Der Abstand von GOETHES Heilsglauben zur christlichen Doktrin jedenfalls wird spürbar in der Empörung eines orthodoxen Kritikers, der Gretchens Verklärung gegen die Haltung von Faust wie folgt ausspielt:

> **Gretchen wird den biblischen Weg zur Rettung durch Gericht zur Gnade geführt; ihr Gott ist der biblische Gott, der dem bußfertigen Sünder Gnade schenkt. Faust dagegen, der sich bewußt gegen Gott entschieden hat, wird unter dem ganzen Aufwand eines scheinchristlichen Himmels für gerettet erklärt, ohne Gericht, ohne Verantwortung, ohne persönliche Entscheidung für Gott, ohne Glauben; auch ohne Buße, ohne Sündenerkenntnis und -bekenntnis. Er wird für erlöst erklärt, ohne daß das für den Dichter oder den Leser glaubhaft wäre.**[61]

Aber dieser moralische Missetäter und religiöse Renegat findet bei GOETHE Rechtfertigung vor der unergründlichen Konstitution des Seins. Hartnäckiger kann ein Glaube an das voraussetzungslose Heil der Weltordnung nicht sein. Hatte LESSING den Makel des Frevelhaften vom Wissenstrieb genommen (**die Gottheit hat dem Menschen nicht den edelsten der Triebe gegeben, um ihn ewig unglücklich zu machen**, vgl. S. 17), so nimmt GOETHE ihn von jeglicher Lebensäußerung der rastlos strebenden und tätigen Monade: Die Gottheit hat dem Menschen nicht die kraftvolle und zielstrebige Entelechie eingepflanzt, um ihn auf ewig zu verderben.

Alle ethische Paradoxie hinnehmend, lässt also GOETHE seinen Faust nicht zur Hölle fahren. Im Gegenteil: Die Eingangsworte des Herrn – **Ein guter Mensch in seinem dunklen Drange / Ist sich des rechten Weges wohl bewußt** (328 f.) – sowie die sinnbildlich dargestellte Erlösung im Schlussteil verbieten es aus der Perspektive des Dramas, Faust als abzulehnende oder zu verdammende, als negative Symbolfigur anzusehen. Eine solche *Verurteilung der Faustfigur*, die ja eine Repräsentanz des Menschengeschlechts darstellt, wäre *gleichbedeutend mit einer negativen Eschatologie*, d. h. mit der Preisgabe einer allgemeinen Erlösungshoffnung. Das kann GOETHE, dem die Vorstellung der Erbsünde – also einer vorgängig negativen Definition des Menschseins – zuwider ist, dessen Trennung vom Christentum durch seine Auffassung von der heilen Natur des Menschen und vom selbst zu erringenden Heil vollzogen wird, unmöglich zugestehen.

Es bleibt für den heutigen Interpreten – und für die Schüler – eine ernste Frage, ob denn dem Faust die zynische Moral abzuziehen sei, der rastlos strebende – oder gar der ›große‹, ›faustische‹, ›deutsche‹ – Mensch dürfe oder müsse die Schuld, das Menschenopfer eben einkalkulieren – indessen scheint GOETHE andersherum zu denken. **Alles Vergängliche / Ist nur ein Gleichnis** (12 104 f.), und so steht auch Fausts Schicksal letztlich nur gleichnishaft für eine *dem Wollen und der moralischen Beurteilung entzogene* Beschaffenheit des Universums und des Menschenloses. Wie immer diese baugesetzliche Dichotomie und dieser Pulsschlag der Natur auch umschrieben sein mögen (vgl. Kap. 4.5); jedenfalls haben ebenso am Menschen polare Kräfte wie **Licht und Finsternis, Geist und Materie**[62] Anteil: **Unsere Zustände schreiben wir bald Gott, bald dem Teufel zu, und fehlen ein- wie das anderemal: in uns selbst liegt das Rätsel, die wir Ausgeburt zweier Welten sind.**[63] GOETHES jugendliche Kosmogonie – von der Forschung griffig als Luzifer-Mythos bezeichnet[64] – hat eben diese naturgesetzliche und moralisch nicht auszuräumende Zwiespältigkeit expliziert; im Faustdrama wird sie entwickelt: **Zwei Seelen wohnen, ach! in meiner Brust** (1112). Es entspricht nun GOETHES Zuversicht und Glauben an eine letzte Harmonie der Welt, dass diese Zwiespältigkeit nicht zur Verderbnis des Menschen eingerichtet sein kann. Diese Überzeugung, die wiederum bereits im Luzifer-Mythos zum Ausdruck kommt, gipfelt in der früh (in der Shakespeare-Rede) geäußerten Ansicht: **das, was wir bös nennen, ist nur die andere Seite des Guten, die so notwendig zu seiner Existenz und in das Ganze gehört, als Zona torrida** [die heiße Zone] **brennen und Lappland einfrieren muß, daß es einen gemäßigten Himmelsstrich gebe**[65], und sie wiederholt sich in der Religionstheorie der späten *WANDERJAHRE*, die eine hohe Stufe der Religion darin sieht, die **Sünde selbst und Verbrechen nicht als Hindernisse, sondern als Fördernisse des Heiligen zu verehren.**[66]

Auch im Drama laufen alle Äußerungen des Herrn (im **Prolog**) letzten Sinnes auf die zukunftsgewisse Garantie hinaus, *dass der Mensch nicht verloren gehen kann.* Er wird vom Samen zu **Blüt und Frucht** (311), von Verworrenheit zur Klarheit (vgl. 308 f.), vom Irrtum zum rechten Weg finden (vgl. 328 f.). Zwar spricht der göttliche Hausvater nur von dem ›guten‹ Menschen (vgl. 328); wenn man sich jedoch vergegenwärtigt, dass Faust mit all seiner sittlichen Hypothek dazugerechnet wird und dass neben den faustähnlichen ›strebenden‹ Monaden auch die – sich ebenfalls moralisch belastenden – ›liebenden‹ Wesen wie Gretchen erlöst werden (siehe Kap. 10.1, 10.2), scheint eine solche Generalisierung der Heilsgarantie GOETHES Glauben viel mehr als jede Spezifizierung widerzuspiegeln. Dass Mephisto auf einen anderen Ausgang spekuliert, ist nur subjektive Illusion; die schmähliche Groteske seiner Überlistung in der **Grablegung** offenbart dies endgültig. In dieser Garantie besteht die **göttliche Gnade**, die **von oben [...] zu Hülfe kommende ewige Liebe** (siehe S. 44).

Das moralische Problem hingegen ist eliminiert, in Naturgesetz aufgehoben. Wie wenig bedeutsam GOETHE dieses Problem nimmt, zeigt allein der Umstand, dass Faust (im Eingang des Zweiten Teils) von allen bösen Erinnerungen und Gewissensqualen in Bezug auf Gretchen durch einen *Heilschlaf des Vergessens* erlöst wird. Die Haltung des Luftgeistes Ariel und der Elfen entspricht da völlig GOETHES moralischer Indifferenz: gleich, **Ob er heilig, ob er böse, / Jammert sie der Unglücksmann. / [...] / Entfernt des Vorwurfs bittre Pfeile, / Sein Innres reinigt von erlebtem Graus** (4619–25). Schon hier wird Faust eine Gnade **von oben** zuteil wie später bei seiner Grablegung. Gegen Eckermann erläutert GOETHE die ganz in seiner **bisherigen milden Art** geschriebene Heilschlafszene: **Es ist, als wäre alles in dem Mantel der Versöhnung eingehüllt.** [...] **Es ist alles Mitleid und das tiefste Erbarmen. Da wird kein Gericht gehalten und da ist keine Frage, ob er es verdient oder nicht verdient habe, wie es etwa von Menschenrichtern geschehen könnte.**[67] Schön zeigt sich GOETHES Konzilianz, die den Widerspruch begütigt und keine Tragik im absoluten Sinne zulässt.

Die Konzeption des Faustdramas ist somit überhaupt erst recht zu begreifen, wenn man sich vom moralischen Gut-und-Böse-Schema löst. Es ist in der Logik des Werkes völlig konsequent, wenn Faust am Ende der **Schuld** als einer der vier ihn bedrängenden allegorischen Weiber keinen Zutritt lässt – man muss da nicht, wie es vielfach geschieht, zur Umformulierung in ökonomische Schulden greifen. Faust ist weder Vorbild noch abschreckendes Beispiel, sondern **ein Mensch mit zweigeteiltem Willen und zwiespältigem** – und es wäre hinzuzusetzen: zwielichtigem – **Wesen.**[68] Der Protagonist verkörpert eine **ethisch indifferente, eine außermoralische Existenz**[69] – nämlich eine wertfrei betrachtete Repräsentanz des Menschlichen, die so widersprüchlich wie das Leben und so vieldeutig wie die Wirklichkeit selbst beschaffen sein muss.

5 Das göttliche und das mephistophelische Prinzip

Die wichtigste Folgerung aus GOETHES Weltanschauung der Polarität besteht darin, **daß alles, was wir in der Welt und im Leben negativ nennen, gerechtfertigt erscheint. Die Vorstellung selbst, daß Gegensatz, Widerstreit, Dualismus an sich negativ seien, wird dadurch aufgehoben.**[70] Fehlte dem Herzschlag des Universums die Systole oder die Diastole, so würde das Leben, das Sein selbst stillstehen.

Im Faustdrama ist dieses dialektische Spiel von Kraft und Gegenkraft in den Figuren des Herrn und Mephistos personifiziert – und auch als Widerspiegelung in den **zwei Seelen** Fausts (1112), denn der Mensch ist **Ausgeburt zweier Welten** (vgl. S. 47).

5.1 Dimensionen und Funktion des mephistophelischen Prinzips

Dass Mephisto als ein allgemeines Prinzip und nicht als Person aufzufassen ist, zeigt die Vielfalt von Funktionsbeschreibungen – sei es aus des Herrn, aus Fausts oder aus Mephistos eigenem Munde –, die sich nicht auf *eine* Formel komprimieren und die sich auch nicht mit der Vorstellung Mephistos als eines psychologischen Charakters vereinen lassen. Vielmehr wird das mephistophelische Prinzip des Widerspruchs, des Widerparts, der Negation auf mehreren systematischen Ebenen eingekreist.

Dieses Prinzip lässt sich nach traditionell kirchlicher Vorstellung identifizieren mit dem **Teufel** (343, 353, 1381, 1408) und der **Hölle** (1397), oder in einer allgemeineren ethischen Sichtweise vertritt es das **Böse** (1336, 1343) und die **Sünde** (1342). Das Prinzip entfaltet sich in philosophischer Hinsicht als Verneinung (vgl. 338, 1338), in naturphilosophischer oder ontologischer Betrachtungsweise als das **Chaos** (1384, 8027), die **Zerstörung** (1343) bzw. die **Vernichtung** (11 550) und letztlich als das **Nichts** (1363) bzw. das **Ewig-Leere** (11 603). In einer Dimension des Natürlichen steht es für den **Körper** (1355), das Stoffliche, Materielle, und für die **Finsternis** (1350), die freilich auch eine symbolische Dimension verkörpert. Das göttliche Prinzip ist die These zu dieser Antithese; der Herr ist Schöpfergott im Himmel (**Prolog**), er vertritt das Gute und Rechte (vgl. 328 f.) sowie die **Liebe** (347, 1185, 11 964); er bedeutet Bejahung und Ordnung (z.B. des Planetensystems: 245, der Naturgesetze: 310 f.), das **Werdende** (346), das Sein (das **Etwas**: 1364, die Schöpfung: vgl. 243–270) und schließlich den Geist (**Vernunft**: 285) und das **Licht** (1351).

Polarität im Weltgeschehen und Menschenleben

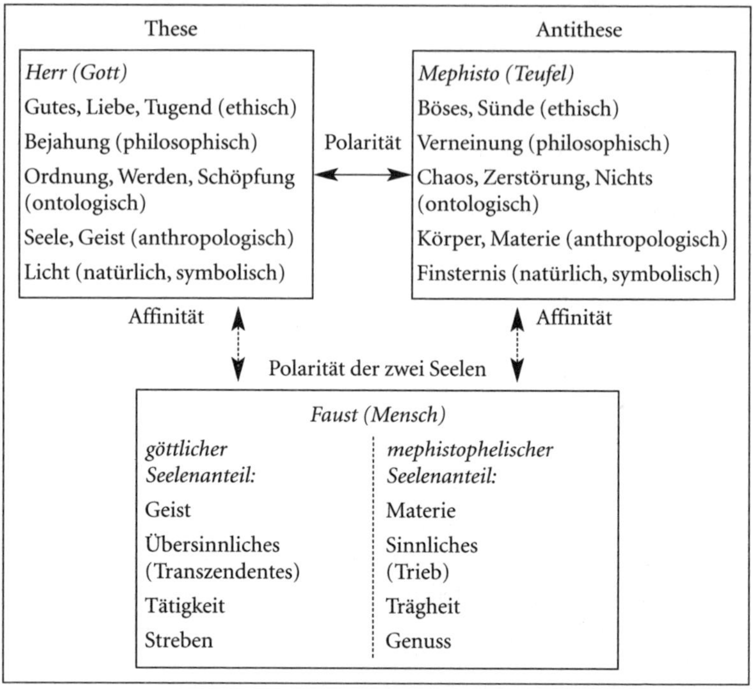

Es entspricht nun Goethes zutiefst harmonischer und humanistischer Weltauffassung, dass göttliches und mephistophelisches Prinzip nicht im unproduktiven und richtungslosen Widerstreit verharren, sondern in sich ein Moment der Steigerung tragen, letztlich einem höheren Heil zustreben. Das Mephistophelische ist nämlich kein wirklich widergöttliches Prinzip, Mephisto kein Gegen-, sondern ein Mitspieler des Herrn. Dass Mephisto nur ein **dialektisches Moment des Negativen in einer im ganzen positiven und letzten Endes heilen Welt**[71] verkörpert, zeigen die Verhältnisse im Himmelsstaat: Mephisto ist kein eigentlicher Widersacher des Herrn, sondern dessen Untertan und Erfüllungsgehilfe.

5.2 Mephisto als Werkzeug des Herrn und als Schrittmacher des Menschen

Im Weltmodell dualistischer Religionen, etwa des Manichäismus, sind Gott und Teufel rivalisierende Urmächte grundsätzlich gleicher Potenz und Chance; beide antithetischen Personalprinzipien sind weder voneinander abhängig noch genetisch voneinander abzuleiten. Das Christentum lehnt diese Auffassung ab, beharrt sowohl auf der Allmächtigkeit und alleinigen Schöpferkraft Gottes (was keine unabhängige Gegenmacht zulässt) als auch darauf, **daß Gott ganz und gar nicht das Böse und die Sünde will und wirkt, sondern ihr feind ist und sie überwindet.** Der ›Teufel‹ existiert demnach nicht als selbstständige Urmacht, aber auch nicht als von Gott eingesetzte Wesenheit. Das Christentum muss mit der Aporie leben: **Damit muß freilich die Frage nach dem Möglichkeitsgrund des Bösen und der Sünde in der Schöpfung Gottes als schlechterdings nicht beantwortbar offenbleiben.**[72]

Eindeutig hingegen sind die Beziehungen bei GOETHE, der zwar die dualistische Kosmogonie ablehnt, aber das Böse durchaus als Gegensetzung in Gott miteinbegreift (in den *WANDERJAHREN* hatte er den Gedanken gewagt, die **Sünde selbst und das Verbrechen nicht als Hindernisse, sondern als Fördernisse des Heiligen zu verehren**, vgl. S. 47; in der Autobiografie zitiert er den Satz **Nemo contra deum nisi deus ipse**[73] –, ›Niemand gegen Gott, es sei denn Gott selbst‹). Mephisto tritt dem Herrn nicht als souveräner, gleichwertiger und ebenbürtiger Gegenspieler entgegen, sondern fungiert als dessen Werkzeug, das den Weltplan nicht durchkreuzen kann. Er erscheint **unter dem Gesinde** (274), als Angestellter also des Herrschers, für den er als **Teufel schaffen** (343) – d.h. wirken und arbeiten – muss. Seine Aufgabe ist es, **des Menschen Tätigkeit** aufzureizen (340–343). Nicht den ganzheitlichen Zusammenhang des Kosmos überschaut er (**Von Sonn' und Welten weiß ich nichts zu sagen**, 279), sondern allein das Menschen- und Erdenleben (vgl. 280, 295): Sein Gesichtskreis ist beschränkt.

Der **Prolog** charakterisiert Mephisto also als ein Werkzeug Gottes und einen Schrittmacher des Menschen. Wenn Mephisto von sich sagt, er sei **ein Teil von jener Kraft, / Die stets das Böse will und stets das Gute schafft** (1335 f.), so spricht er von eben dieser produktiven und notwendigen Funktion im Weltplan (vgl. auch die ähnliche, allerdings verschlüsselte Charakterisierung 7134–37). Es ist eine Funktion wider Willen; eine objektive Funktion, die sich gegenläufig zur subjektiven Intention durchsetzt: das zeigt Mephistos Gebundenheit und Fremdsteuerung (zum Ineinandergreifen von Absicht und gegenteiligem Resultat vgl. Kap. 8.2).

Schon diese Selbstcharakterisierung macht übrigens klar, dass Mephisto nicht sinnvoll als psychologische Figur betrachtet werden kann. Denn diese Person wäre sich der Vergeblichkeit all ihrer subjektiven Anstrengungen (**das Böse**) von vornherein bewusst, und es wäre nicht zu erklären, woher sie noch das Motiv und die Kraft nähme, in diesem Vollbewusstsein der Aussichtslosigkeit ihre Ziele überhaupt noch zu verfolgen (es sei denn, es wäre eine sisyphosähnliche Figur, die den camusschen Kampf mit dem absurden Schicksal aufnimmt).

5.3 Fausts ›zwei Seelen‹

Der Mensch ist **zugleich unbedingt und beschränkt**[74]; das göttliche und das mephistophelische Prinzip wirken in den Menschen hinein. Faust, die idealtypische Verkörperung der Menschheit, beklagt die **geeinte Zwienatur** (11 962) des Menschen mit den berühmten Worten: **Zwei Seelen wohnen, ach! in meiner Brust** (1112); worin diese zwei Seelen allerdings bestehen, das wird nur metaphorisch umschrieben: **Die eine hält, in derber Liebeslust, / Sich an die Welt mit klammernden Organen; / Die andere hebt gewaltsam sich vom Dust / Zu den Gefilden hoher Ahnen** (1114–17). Diese Selbstcharakterisierung entspricht der Fremdcharakterisierung durch Mephisto (im **Prolog**): **Vom Himmel fordert er die schönsten Sterne, / Und von der Erde jede höchste Lust** (304 f.).

Man wird nicht fehlgehen, die eine Seele, die so deutlich mit sexuellen Konnotationen umschrieben wird (**derbe Liebeslust, klammernde Organe, höchste Lust**), als die sinnlich-triebhafte Seite des Menschen zu übersetzen. Die andere Seele wird man mit der geistig-transzendenten Wesenskomponente des Menschen beschreiben dürfen. Mephisto, der Faust mit Lust **Staub** (334) fressen lassen will, versucht ihn auf das Sinnliche zu reduzieren und den Seelenanteil, der sich vom **Dust** erheben möchte, zu paralysieren.

Von Goethe darum gebeten, **mir meine eigenen Träume als ein wahrer Prophet zu erzählen und zu deuten**[75], hat Schiller im Werkzustand des *Fragments* die **Duplizität der menschlichen Natur und das verunglückte Bestreben, das Göttliche und Physische im Menschen zu vereinigen**[76], als latentes Thema erspürt. Hellsichtig hat Schiller vorformuliert, was Goethe erst später in Fausts Ausruf von den **zwei Seelen** oder in Mephistos Spott auf die missglückte Zwitternatur des Menschen (**Er nennt's Vernunft und braucht's allein, / Nur tierischer als jedes Tier zu sein**, 285 f.) fixiert hat. Diese Duplizität ist in der Geistesgeschichte mannigfaltig umschrieben worden; Goethe selbst hat in einem Vortragsentwurf des Jahres 1805 die **Dualität der Erscheinung** u. a. mit folgenden Begriffspaaren umkreist: **Licht und Finsternis, / Leib und Seele, / Zwei Seelen, / Geist und Materie, / Gott und die Welt, /** [...] **Sinnlichkeit und Vernunft.**[77] Die **zwei Seelen** mit Geist und Materie zu übersetzen ist also vom Dichter her autorisiert.

In einem Schaubild (siehe S. 50) wurde der Pulsschlag des Makrokosmos – das Oszillieren des Göttlichen und des Mephistophelischen – und dessen Resonanz im Mikrokosmos Mensch aufgezeichnet. Neben der kreatürlichen und der spirituellen Wesenskomponente ist im Schaubild allerdings hinzugefügt, was nach dem Orientierungsrahmen des **Prologs** speziell im Faustdrama als gottgewünschter Seelenanteil – Tätigkeit, Streben – und als dessen Entgegensetzung – Ermattung, Genuss – gilt. Freilich muss man sich stets vor Augen halten, dass beide Seelenbereiche notwendig und berechtigt sind, und man muss sich mit GOETHE davor hüten, das Körperliche und Triebhafte des Menschen zu verteufeln (auch wenn es hier mephistophelisch genannt wird).

Mephisto selber beglaubigt übrigens das im Schaubild gegebene Weltmodell, das den Mikrokosmos im Spannungsfeld der makrokosmischen Pole ansiedelt: **Er** [Gott] **findet sich in einem ew'gen Glanze, / Uns** [die mephistophelische Schar] **hat er in die Finsternis gebracht, / Und euch** [den Menschen] **taugt einzig Tag und Nacht** (1782 ff.).

6 Der Allerhalter und das Ewig-Weibliche

Wenn das Weltgedicht von dem **verunglückten Bestreben, das Göttliche und das Physische im Menschen zu vereinigen**, handelt, wenn es von der Bestimmung des Menschen und seinem Aufgehobensein im Sinn der Schöpfung redet, so hat es im Kern mit religiösen Fragen zu tun. In der Tat reiben sich GOETHE wie Faust allenthalben an den Maßgaben, wie sie die christliche Weltdeutung vorgibt. Diese religiöse Problemstellung wurde bislang in ihrem abstrakten – mythologischen und kosmogonischen – Horizont entworfen, sie muss aber auch in ihrer konkreten Ausprägung untersucht werden, um die weiteren Deutungsaspekte angemessen zuordnen zu können. So sei also die Gretchenfrage gestellt: an die Figur und an den Dichter; an Faust, aber auch an das Drama selbst.

Dass Faust ein Gottesleugner sei (vgl. S. 45 f.), ist nur eine Seite der widersprüchlichen Wahrheit, die nunmehr in ihrer Vielseitigkeit zur Sprache kommen soll:

In seiner Jugend hat Faust sich mit **Beten und Fasten** gequält, **an Hoffnung reich, im Glauben fest** (1025 f., vgl. auch 774). Kein demütiges und geduldiges Gottesverhältnis konnte Faust aufbauen; in seinem verzweifelten Hochmut versuchte er vielmehr, Gott zur Funktion seines betenden Willens zu machen: das Ende der Pest suchte Faust **vom Herrn des Himmels zu erzwingen** (1028 f.). Vielleicht ein Hinweis auf den Grund der scheiternden Gottesbeziehung; ein Kräfteringen deutet sich an, das später in Fausts titanischem Selbstgefühl gipfelt, **daß Manneswürde nicht vor Götterhöhe weicht** (713). In den Dogmen und Riten des Kirchenglaubens jedenfalls kann der spätere Faust sich nicht aufgehoben fühlen: **Die Botschaft hör ich wohl, allein mir fehlt der Glaube** (765). Die Kirchenfrömmigkeit anderer, etwa Gretchens, wird jedoch durchaus respektiert (**Will niemand sein Gefühl und seine Kirche rauben**, 3420).

Im Eingangsmonolog hat keine religiöse Lehre mehr Bestand vor der kritischen Vernunft des Universitätsprofessors. Die Hölle, also die Sanktionsdrohung, die das Anarchische und Aggressive im Menschen in Schach und ihn im Aufsichtskreis der Kirche gefangen halten soll, ist für Faust nur ein Projektionsbild innerer Gewissensängste; er bebt nicht **vor jener dunkeln Höhle [...], / In der sich Phantasie zu eigner Qual verdammt** (714). Die Gefahr des Todes besteht darin, **ins Nichts dahin zu fließen** (719), nicht aber in ewiger Pein. Bereits hier klingt die besprochene moralische Indifferenz der Faustfigur an (**Mich plagen keine Skrupel noch Zweifel,**

368). In der Paktszene äußert sich diese rebellische Unerschrockenheit in einem radikalen Bekenntnis zur Diesseitigkeit (vgl. 1660–70), das am Lebensende erneut bekräftigt wird (vgl. 11442–47 und S. 46). Ein **Tor** sei, wer **sich über Wolken seinesgleichen dichtet** (11 443 f.). Die Religionskritik, etwa Feuerbachs und Freuds, vorwegnehmend, erscheint nicht der Mensch als Ebenbild Gottes, sondern umgekehrt, erscheinen die Götter anthropomorph, als Personifikationen menschlicher Nöte und Sehnsüchte. So wäre denn Faust der gänzlich Ungläubige, der Atheist.

Doch er zeigt auch andere Züge. Sein trotziges Selbstwertgefühl dem Erdgeist gegenüber beruht ja gerade auf dem stolzen Bewusstsein seiner Gottesebenbildlichkeit; zweimal sagt er es sich selbst vor: **Ich Ebenbild der Gottheit!** (516, auch 614). Dieses Selbstverständnis – wie auch der Sehnsuchtsruf nach **der lebendigen Natur, / Da Gott den Menschen schuf hinein** (414) oder das verzweifelte Gefühl, **der Gottverhaßte** zu sein (3356) – setzt freilich einen Schöpfergott voraus, von dem Faust bei anderer Gelegenheit nichts wissen will. Dass der Gelehrte den Bürgern des Osterspaziergangs – das Lob seiner medizinischen Leistungen abwehrend – empfiehlt, **vor jenem droben steht gebückt, / Der helfen lehrt und Hülfe schickt** (1009 f.), mag man als konventionelle Geste beiseite setzen, aber ernst zu nehmen ist Fausts religiöse Stimmung nach diesem Rundgang. Faust fühlt sich besänftigt, die Nacht weckt in ihm **die beßre Seele**; es **reget sich die Menschenliebe, / Die Liebe Gottes regt sich nun** (1181–85). Kurz vor dem erwähnten absoluten Bekenntnis zum Irdischen lernt er **das Überirdische schätzen**, sehnt er sich **nach Offenbarung, / Die nirgends würd'ger und schöner brennt / Als in dem Neuen Testament** (1216–19). In Fausts Empfinden wird ein Göttliches vorausgesetzt, das sich in seiner personhaft gedachten Geistigkeit mitteilen, offenbaren kann.

Wie ein furchtbarer Widerruf dieser glaubensinnigen Kontemplation wirkt dann der nihilistische Fluch, den Faust wenig später ausstößt – gleichsam als geistige Tabula rasa –, bevor er in den Teufelspakt einwilligt (dieser Widerruf wird übrigens am Lebensende selbst wieder zurückgenommen, vgl. 11 408 f.). Alle irdischen Werte und die Kardinaltugenden Glaube, Liebe, Hoffnung werden verachtet und verdammt (vgl. 1583–1606). Der Mann, der eben noch ehrfürchtig zum **heilige[n] Original** (1222) griff, steigert sich nunmehr in wüste Blasphemie. Das stolze Imago Dei verzerrt seine Züge zum Ebenbild des Teufels.

Wenn Faust, der Hölle und Teufel für Aberglauben hält, sich mit dem leibhaftigen Teufel verbindet, so ist dies ein Zug der Werkstruktur, der mit dem Changieren der symbolischen und der konkreten Existenz Mephistos zusammenhängt (vgl. S. 26 und Kap. 11), muss also nicht als Inkonsequenz in Fausts Weltanschauung erörtert werden. Als einen Ausschlag in die andere, wieder gläubige, Lebenshaltung ist freilich Fausts Antwort auf die ›Gretchenfrage‹ – **Glaubst du an Gott?** (3426) – anzusehen. Faust glaubt nicht dergestalt, wie **Priester und Weise** (3427) den Glauben verkünden, aber die Imposanz des Kosmos und der Enthusiasmus der Seele sind ihm Ausdruck der Allgegenwart des **Allumfasser**[s] und **Allerhalter**[s] (3438 f.). Gefühlsgewissheit ist entscheidend, nicht Buchstabengläubigkeit: **Gefühl ist alles; / Name ist Schall und Rauch** (3456 f.). Im Sinne von Gretchens Kirchenfrömmigkeit wäre also Faust ungläubig, doch im Sinne der leidenschaftlichen Naturfrömmigkeit des Sturm und Drang ist Faust tiefreligiös. Als großes pantheistisches Glaubensbekenntnis wird dieser Gefühlsausbruch häufig bezeichnet[77a]; es ist freilich mehr und anderes als das: Gott ist nicht allein Gott-Natur, der Schöpfer identisch mit der Schöpfung, sondern er ist auch Umfasser und Erhalter, also überweltlicher und selbsttätiger Gott im Sinne einer theistischen, personifizierten Gottesvorstellung. Und dieser Gott ist zugleich innerweltliche Transzendenz, ist das, was das Begrenztheitsgefühl der Seele sprengt, was Individuation und Isolation auf ein Unendliches hin übersteigt: **Nenn's Glück! Herz! Liebe! Gott!** (3454).

Noch ein Mal – im Auftakt zum Zweiten Teil – setzt Faust sich ins Verhältnis zum Numinosen, von dem er im Dramenausgang (wie erwähnt) gänzlich den Blick abwendet (vgl. 11 442–47). Das Sonnenlicht – Ausdruck des **ewigen Lichts** (4697) – kann in seinem **Flammenübermaß** (4708) vom menschlichen Auge nicht ertragen werden; nur in seinen Spiegelungen, im Regenbogen, ist es dem Menschen zugänglich. Faust begreift den gleichnishaften Sinn des Natur-, des Urphänomens. Die Vergeblichkeit seines einstigen Forschungstitanismus, als er der Gottheit das Geheimnis des Weltgrundes abzutrotzen trachtete (**Daß ich erkenne, was die Welt / Im Innersten zusammenhält,** 382 f.), wird ihm offenbar. Faust entsagt: **So bleibe denn die Sonne mir im Rücken!** (4715). Das Göttliche ist in der Sprache unsagbar (das hat er Gretchen beteuert) und es ist der Erkenntnis unfassbar. Dennoch bleibt der Mensch nicht allein mit seiner transzendenten Sehnsucht. Das Göttliche spiegelt und verkörpert, vermittelt und bekundet sich. In Zeichen und Gleichnissen ist dem aufmerkenden Geist wahrnehmbar, was in seinem Sein und in seiner Unmittelbarkeit die menschlichen Kategorien übersteigt. Den Regenbogen erlebt Faust als ein solches Sinnbild des Göttlichen – das sich darin abspiegelt – und der notwendigen Bescheidung des menschlichen Erkenntnisstrebens: **Am farbigen Abglanz haben wir das Leben** (4727). Goethe schreibt **Leben**, nicht **Wahrheit**, nicht **Gott**. Dennoch geht es nicht um ein banales, unmetaphysisch gedachtes Dasein, sondern um das ›ewige Licht‹ (vgl. 4697). Wenn es in den letzten Versen des Dramas heißt **Alles Vergängliche / Ist nur ein Gleichnis** (12 104 f.), so ist ein Gleiches ausgesprochen. Die gesamte menschliche Existenz ist selbst Emanation des Göttlichen, gehört selbst zu den Zeichen, in denen das Absolute sich reduziert und vergegenständlicht. Auch im Regenbogengleichnis spricht Faust nicht als Gottesleugner, sondern als ein Ehrfürchtiger vor Gott.

Im Ganzen des Dramas gesehen erscheint also Fausts religiöse Haltung widersprüchlich oder schwankend. Es gibt atheistische, pantheistische und theistische Äußerungen. Diese Widersprüche können gedeutet werden als Ausdruck seelischen Zwiespalts; die ›eine Seele‹ (vgl. 1112), die **beßre Seele** (1181) ringt mit der anderen, die mit Mephisto die Sinnlosigkeit und Nichtigkeit des Daseins erlebt. Für manchen Interpreten ist selbst Fausts blasphemisches Wüten nur Ausdruck seines verzweifelten Gottesverlangens, nur **negativer Ausdruck seiner Gottessehnsucht**; Faust wird zum **Gottessucher außerhalb der Kirche.**[78] Im Deutungsraster des Luzifer-Mythos (vgl. Kap. 4.6) sind Fausts religiöse Schwankungen Pendelschläge des ›Abfallens und Zurückkehrens zum Ursprünglichen‹, die sich im mentalen Bereich äußern. Es darf jedoch auch nicht darüber hinweginterpretiert werden, dass diese Unstimmigkeiten zu einem Gutteil entstehungsgeschichtlich bedingt sind: biografisch veränderte Denkweisen und Faustkonzepte GOETHES haben Eingang ins Werk gefunden, ohne sich einer glättenden Auslegung zu fügen.

Die Religiosität der Faustfigur ist jedoch nicht identisch mit der des Faustdramas. Prolog und Epilog im Himmel sind Sinnbilder eines Göttlichen, das Faust umfasst und erhebt. Gegen Eckermann hatte GOETHE die **göttliche Gnade** als **zu Hülfe kommende ewige Liebe** beschrieben (vgl. S. 44); auch im Drama erscheint die erlösende **ewige Liebe** expressis verbis (11 964). Faust setzt die **Liebe Gottes** zweimal mit der **Menschenliebe** gleich (1184 f., 3454). Gottesliebe verkörpert sich in Menschenliebe, in Nächstenliebe. Nächstenliebe überhöht sich in Geschlechterliebe. Aus männlicher Sicht ist die Frau Sinnbild dieser Liebe; im *FAUST* ist es Gretchen. Gretchen wird in diesem Drama zur himmelziehenden, erlösenden Wesenskraft. Ihre zeitliche Liebe ist Abglanz der ewigen Liebe; ihre irdische Liebe wächst in die himmlische über. Gretchen bittet für Faust und darf ihn nach sich ziehen: **Wenn er dich ahnet, folgt er nach** (12 095). Und Faust ›ahnt‹ Gretchen, trägt den Funken derjenigen Liebe in sich, die sie verkörpert und die er mit ihr und an ihr erfahren hat. Der Anfang der Szene **Hochgebirg** ist ein Vorklang der Verklärungsszene **Bergschluchten.** Faust erlebt im Wolkenbild eine Gretchenerscheinung – und dieses Wolkenbild löst sich im Gegensatz zu dem Helenas nicht auf, sondern erhebt sich in den Äther und **zieht das Beste** von Fausts **Innern mit sich fort** (10 066). Gretchen repräsentiert das **Beste** seiner Seelenkräfte, eben die **beßre Seele**, die Faust im Studierzimmer mit der Menschenliebe und der **Liebe Gottes** gleichgesetzt hatte (1181–85).

Die ewige Liebe offenbart sich für GOETHE aber nicht allein in der menschlichen Seele. Erotische Menschenliebe ist ein besonderer, leib-seelischer Ausdruck der umfassenderen schaffenden, gestaltenden, umwandelnden Kraft: des Eros. Die Klassische Walpurgisnacht ist ein symbolischer Lobgesang auf diese Kräfte der Entstehung, der Belebung und der produktiven Metamorphose: **So herrsche denn Eros, der alles begonnen!** (8479). Zur christlichen Vorstellung – Gott ist Liebe – tritt eine heidnische, antike: Gott ist Eros. Die Chiffre *Eros* umschreibt aber im Grunde die pantheistische Glaubensweise, Spinozas **Deus sive natura:** die Natur selbst ist Gott. Das Sein ist **der Gottheit lebendiges Kleid** (509); die gesetzmäßige Ordnung und schöne Erhabenheit des Universums sind Offenbarung des Göttlichen. Die Naturanschauung war für GOETHE immer der eigentliche Gottesbeweis. Doch GOETHE umgeht ein schroffes Entweder-oder; neben dem in das All verschlungenen oder nur als All existierenden Gott gibt es für ihn auch den Schöpfer und Erhalter, gibt es Vorsehung, gibt es einen Ursprung für das sittliche Bestreben im Menschen. GOETHE versucht nicht, sich vorzustellen, wie das zusammengeht.

Das Ewig-Weibliche / Zieht uns hinan (12 110 f.). So lauten die beiden letzten Verse des Welt- und Menschenspiels, die in der Tat wie ein Orakel von den letzten Dingen anmuten. Das Dunkel um dieses rätselhafte **Ewig-Weibliche** löst sich im Lichte der vorangegangenen Ausführungen durchaus auf. Es ist Liebe, die verklärt und erlöst. Die ewige Liebe, die göttliche Liebe erscheint im ersten Begriffsbestandteil, die geschlechtliche Liebe im zweiten. Die ›weibliche‹, die irdische Liebe ist Abglanz, Ausdruck und Gleichnis der göttlichen Liebe. **Glück! Herz! Liebe!** sind neben der Natur Offenbarungen des Absoluten, wie es schon der enthusiastische Faust ausgerufen hatte (3454). Gott ist für GOETHE das Ewig-Weibliche und der ewig-schaffende Eros, Gott ist für GOETHE Gott-Liebe und Gott-Natur.

7 Gelehrtentragödie

7.1 Eingangsmonolog: Fausts Erkenntnis- und Existenzkrise

Faust, den schon Mephisto als den ewig Unbefriedigten gekennzeichnet hat (vgl. 307), umreißt im großen Eingangsmonolog (vgl. 354–521) seine Lebenslage, die Angriffspunkt für Mephisto und Ausgangspunkt für die eigentliche Dramenhandlung ist. Faust befindet sich in einer umfassenden Erkenntnis- und Existenzkrise.

Fausts Erkenntnis- und Existenzkrise

- ungestillter Wissens- und Erkenntnisdrang
  (hat die vier Hauptfakultäten der Renaissance-Zeit studiert, doch muss erkennen, **daß wir nichts wissen können!**, 364);
- ohne Bezug zur lebendigen Natur und zum vitalen Weltgeschehen
  (vgl. 402–417, 455–459);
- ohne Glauben und traditionelle Weltanschauung
  (fürchtet weder **Hölle noch Teufel**, 369; **Die Botschaft hör' ich wohl, allein mir fehlt der Glaube**, 765);
- ohne Illusionen und Menschheitshoffnungen
  (**Bilde mir nichts ein, ich könnte was lehren, / Die Menschen zu bessern und zu bekehren**, 372 f.);
- ohne Freude und Lebenslust
  (**ist mir auch alle Freud entrissen**, 370);
- ohne Vermögen und Ansehen
  (**Auch habe ich weder Gut noch Geld, / Noch Ehr und Herrlichkeit der Welt**, 374 f.).

Zu den Widersprüchlichkeiten in der Darstellung bzw. den Selbstäußerungen der Faustfigur vgl. S. 28.

Dagegen steht Fausts Sehnsucht. Faust will die Grenzen des Menschseins durchbrechen, will die gottgleiche All-Einsicht und All-Wahrheit, will die Unio mystica mit der göttlichen Natur, will die Totalität des Lebens und der Gattung Mensch erfahren. Faust will das Unendliche im Endlichen, will als Begrenzter das Unbegrenzte, will in der Bedingtheit das Unbedingte. Das ist wahrhaftiger Titanismus, das ist aber auch Hybris, und es ist das Programm einer Tragödie.

7.2 Tragödie der Erkenntnis

Schon der Faust des Volksbuches wollte **alle Gruend am Himmel vnd auf Erden erforschen** (vgl. S. 15) und rüttelte an den Schranken des menschlichen Erkenntnisvermögens. GOETHES Faust hat studiert, was seinerzeit zu studieren war, um enttäuscht zu erfahren, dass die tiefere Erkenntnissehnsucht auf dem Wege der Wissenschaft nicht zu befriedigen ist. Es ist nicht nur die taktische Bescheidenheitsgeste des Sokrates (**Ich weiß, daß ich nichts weiß**), sondern ein verzweifelter Skeptizismus und Agnostizismus, der Faust ergriffen hat: er sieht, **daß wir nichts wissen können!** (364).

Nicht Faust kann **nichts wissen**, sondern **wir**, die Menschheit in genere. Fausts Erkenntnisstreben stößt nicht an individuelle, sondern an naturgesetzte Grenzen. Es ist ja auch keineswegs die rationale Einzelerkenntnis oder die enzyklopädische Gelehrsamkeit, nach der es Faust zutiefst verlangt, sondern es ist die metaphysische Offenbarung, **daß ich erkenne, was die Welt / Im Innersten zusammenhält** (382 f.). **Er will nicht praktischen Nutzen und Vermehrung des Wissens von der Natur, sondern Vertiefung des Wissens um den göttlichen Charakter der Natur, nicht Vielwisserei, Poly-Historie, sondern Ganzheitserkenntnis, Pan-Sophie.**[78a] Faust geht es nicht um Wissen und Weisheit als Selbstzweck oder als instrumentale Fertigkeit, sondern letztlich um Erkenntnis mit *Sinn stiftender, gefühlsbeseelender und Heil bringender Bedeutung.* Er sucht den **Spiegel ew'ger Wahrheit** (615), muss aber ernüchtert feststellen, dass der einseitig ausgerichtete Wissenschaftler nur **an schalem Zeuge klebt** (603); er sucht **das geistige Band**, doch hält er nur **die Teile in seiner Hand** (1936–39).

Faust leidet – modern ausgedrückt – an der Spezialisierung, Partikularisierung und Atomisierung der Wissenschaft. Das **Herz** (365, 544 f.) mit seinen Bedürfnissen bleibt unbefriedigt, unberücksichtigt. Das Geheimnis des Weltgrundes, der ganzheitliche Seinszusammenhang, der Sinn des Lebens bleiben außer Betracht. **Denn unser Wissen ist Stückwerk** (Paulus, 1. Korintherbrief 13,9). Letzten Sinnes ist es überhaupt *keine wissenschaftliche Erkenntnis*, nach der sich Faust inbrünstig sehnt, sondern es ist *mystische Erfahrung oder religiöse Erleuchtung.* Dennoch hält der Gelehrte an dem selbstbewusst forschenden Geist eines Wissenschaftlers fest und ergibt sich nicht in eine irrationale Bereitschaft oder gläubige Grundhaltung, die allein vielleicht ermöglichen könnten, wonach seine Seele dürstet: *die unmittelbare Wesensschau des Seins oder die Intuition des Göttlichen.* Mit den Mitteln der Ratio, des Systems und der Methode aber ist eine transzendente Erkenntnissehnsucht nicht zu erfüllen. Die Wissenschaft kann eine religiöse Funktion nicht übernehmen.

Die Gelehrtentragödie im Faustdrama ist – soweit sie Tragödie der Erkenntnis ist – mit ihrer Exposition und einigen sprunghaften Rückbezügen auch zugleich zu Ende. Sie entwickelt sich nicht, jedenfalls nicht stetig. Fausts Scheitern an den Grenzen menschlicher, rationaler Erkenntnis macht diese Tragödie aus, doch das ist ein Stadium, eine Situation, keine Handlung. Anders als der Faust des Volksbuches, der in der Tat seine Beziehung zu Mephisto dazu benutzt, über Himmel und Hölle, über Mensch, Erde und Gestirne mehr zu erfahren, zu erkunden, zu erforschen; der Mephisto auf die Nerven geht mit seinem unermüdlichen Wissensdrang, ist von Erkenntnisgelüsten bei GOETHES Faust späterhin kaum noch etwas zu verspüren.

Eigentlich haben nur drei Situationen noch Bezug zur Erkenntnisproblematik – aber nur diskontinuierlich:

Im Eingang der Szene **Wald und Höhle** dankt Faust dem Erdgeist recht unvermittelt (ohne dass dessen Urheberschaft vom Dramenverlauf her plausibel wäre) für die gewährte Teilhabe am Leben der Natur – für die erwünschte Wesensschau **in ihre tiefe Brust** (3223) – wie für die Selbstergründung: **und meiner eignen Brust / Geheime tiefe Wunder öffnen sich** (3233 f.). Ein Zur-Ruhe-Kommen in der Kontemplation, ein Ausgleich der unruhigen Seelenkräfte, ein Augenblick der Erfüllung und Befriedigung – der eigentlich schon Mephisto mit dem Wettkontrakt auf den Plan rufen müsste (**Werd ich zum Augenblicke sagen: / Verweile doch! du bist so schön!**, 1699 f.). Anscheinend ist Faust jenes Sinn stiftende und gefühlsbeseelende Erkenntnis-Erlebnis zuteil geworden, dessen Unerreichbarkeit zunächst seine Verzweiflung ausmachte. Doch diese denkwürdige Situation wird vom Drama nicht akzentuiert und nicht weiter gewürdigt. Mit der Besinnung auf Mephisto, an den Faust sein Schicksal geschmiedet hat, sind diese **Gaben** des Erdgeistes wieder **zu Nichts** verwandelt (3245 f.).

Am Anfang des zweiten Dramenteils wiederum erscheint Faust am Höhepunkt geistiger Weltergründung. Die Naturanschauung, die blendende Sonne und der beschaubare Regenbogen, führen ihn zu der Einsicht, dass das Absolute nur in relativer Erscheinung zutage tritt, dass ein letztes und göttliches Sein sich nur in Spiegelungen und Gleichnissen bekundet. Faust nimmt diese Einsicht ruhig an, die doch seine titanische Erkenntnisleidenschaft des Anfangs als grundsätzlichen Irrweg brandmarkt. Gänzlich untragisch entsagt der Gelehrte seinen Ansprüchen, die seine Tragödie ausmachten. GOETHE umgeht die Tragödie im absoluten Sinne. So sehr liebt er – jedenfalls im späteren Alter – denjenigen denn doch nicht, **der Unmögliches begehrt** (7488); es sind Schwärmer und Spekulierer, die an den Erfordernissen des Tages vorbeileben; es fehlt ihnen am **greiflich Tüchtighaften** (8250). Wenn Faust angesichts der Regenbogenerscheinung entsagt, so ist dies jedoch kein reiner Verlust und ersatzloser Verzicht; keine **bloße Resignation, die auf den direkten Besitz des Göttlichen verzichtet**, sondern gewissermaßen eine produktive Resignation, aus der **jene Goethesche Bejahung** spricht, **der das göttliche Wesen in der Erscheinungs-**

fülle gleichnishaft offenbar wird und die, noch in der Abgewandtheit vom Licht, seiner Mächtigkeit im Spiegelbilde inne wird.[79]

Am Ende des Dramas wird diese hier noch von der Gewissheit eines überirdischen Glanzes getragene Entsagung weitergetrieben und pragmatisch verflacht. Der Verzicht auf unmittelbare Heil bringende Erkenntnis – **Nach drüben ist die Aussicht uns verrannt** – wird nicht mehr durch die dankbare Annahme der zeichenhaften Offenbarungen des Numinosen ausgewogen, sondern durch eine geradezu barsche Absage an jegliches religiöse Gefühl verschärft: **Dem Tüchtigen ist diese Welt nicht stumm. / Was braucht er in die Ewigkeit zu schweifen** (11 442–47; vgl. auch S. 46).

Der Praktiker, Kolonisator und Staatsmann des Dramenendes hat kein Verständnis mehr für den Gelehrten, Magier und Mystiker des Dramenanfangs. Die Tragödie der Erkenntnis schießt im Eingangsmonolog jäh auf, ist in der Waldeshöhle für einen Moment stillgelegt, wird mit dem Regenbogengleichnis überwunden und vom greisen Küstenherrscher verleugnet.

7.3 Tragödie des Lebenshungers

Die Gelehrtentragödie ist nicht allein Tragödie der Erkenntnis. Sie ist auch Tragödie der Naturferne, der Erlebnisarmut, der Lebensverkümmerung und des daraus resultierenden Glücksverlangens und Existenzhungers. *Faust ersehnt neue Erfahrungs- und Erlebnisstufen, nicht nur neue Erkenntnisstufen.*

Mit Fug darf man unterstellen, dass Faust ähnlich lebt wie Wagner, der – in seine Studierzelle, in sein **Museum gebannt** – die Welt **kaum durch ein Fernglas, nur von weiten** kennen lernt (530 ff.). Auch Faust sitzt in seinem **Mauerloch** (399) und kennt nichts anderes als **in Worten** [zu] **kramen** (385). Von der **lebendigen Natur** (414) ist er getrennt, **in die Welt** wusste er sich **nie [...] zu schicken** (2058), die **Lebensregung** ist gehemmt (413), **alle Freud entrissen** (370). Die trockne Existenzform des Geistesmenschen entfernt von **des Lebens Bächen, des Lebens Quelle** (1200 f.); die **welke Brust** (458) schmachtet vergebens nach sinnlich-beglückenden Erfahrungen: **Wo faß ich dich, unendliche Natur? / Euch Brüste, wo?** (455 f.). Die Genugtuungen der Weisheit können für die Erlebnisdefizite von Leib und Seele nicht entschädigen.

Faust ist der Natur als dem allgemeinen Lebensgrund und -raum entfremdet, aber auch der Natur in sich selbst. Das Natürlich-Kreatürliche, die mephistophelische Seele ist eingepfercht. Aber Faust hat es satt, weiter in dieser geistigen Vereinseitigung und Verkümmerung seines ganzheitlichen Menschseins zu leben. Er sucht nicht allein den Sinn des Lebens, sondern auch vitale Erfüllung im Leben.

Fausts Glücksverlangen nimmt zunächst die Form von Allumfassungs-

und Verschmelzungssehnsüchten gegenüber der Natur an. Er möchte **um Bergeshöhle mit Geistern schweben** (394) und **durch die Adern der Natur [...] fließen** (619); er lechzt danach, in des Mondes **Tau gesund** sich zu **baden** (397) und der Sonne **ew'ges Licht zu trinken** (1086). Sehnt sich Faust als geistiger Mensch nach der existenzerhellenden Erkenntnis, so ersehnt er als fühlendes Wesen die existenzerlösende Vereinigung, die Unio mystica mit der göttlichen Natur (siehe auch Mephistos hübsche Karikatur dieser Haltung, 3282–92). Dieses mystisch-ekstatische Glücksverlangen setzt seine Hoffnung schließlich auf Magie; mit der Enttäuschung am Makrokosmoszeichen und der schroffen Zurückweisung durch den Erdgeist endet es scheiternd in der Tragödie.

Fausts Glücksverlangen ist jedoch nicht nur seraphisch, sondern auch luziferisch grundiert; es zielt nicht nur auf eine übersinnliche Entgrenzungs- und Vergehenswonne, sondern zugleich auf eine sinnliche Ergreifens- und Vereinigungslust. Nicht von ungefähr wird nämlich die ersehnte Natur mit erotischen Konnotationen versehen; die **Brüste** der Natur will Faust fassen (456). Als Schlüsselwort des Sturm und Drang meint *Natur* nicht etwa bloß ein Botanisch-Vegetatives, sondern zugleich die menschliche Vitalkraft, die das Korsett sinnenfeindlicher Konvention und Zivilisation sprengen soll. Naturhaftes Leben heißt auch sinnliches Dasein. Mithin ist es richtig, wenn Mephisto im **Prolog** von Faust behauptet, er fordere **von der Erde jede höchste Lust** (305); es ist jedenfalls richtig als lauerndes Verlangen vor der umfassenden Existenzkrise und als explizites Programm, nachdem der Teufelsbund den prekären **neuen Lebenslauf** (2072) eröffnet hat: **Des Denkens Faden ist zerrissen, / Mir ekelt lange vor allem Wissen. / Laß in den Tiefen der Sinnlichkeit / Uns glühende Leidenschaften stillen!** (1748–52).

Mephisto weiß um Fausts sinnliches Lebensdefizit, er weiß, dass die blutleere Existenz des Büchermenschen **der Erde Freuden überspringt** (1859), und gründet darauf seine Hoffnungen, Faust bereits mit einigen Standardsituationen menschlicher Lustbarkeit auf den Geschmack und in das demoralisierende **Faulbett** (1692) bringen zu können. Faust jedoch hat ein problematisches Verhältnis zum Genuss, zur Lust: er fordert sie, doch er entwertet sie zugleich (vgl. Kap. 8.4). Allein diese Paradoxie, die den erfüllten Augenblick ersehnt und gleichzeitig fürchtet, zersetzt Fausts triebhaftes und weltliches Glücksverlangen tragisch. Vollends führt die Lebensbegierde des weltlosen Gelehrten jedoch in die Tragödie, wenn er bei seinem Versuch, **der Erde Weh, der Erde Glück zu tragen** (465), auch die moralische Bürde des Irdischen auf sich nimmt: Schuld und Verbrechen (vgl. S. 45).

Die Gelehrtentragödie zerfällt also zunächst in die Tragödie der Erkenntnis und die des Glücksverlangens und Lebenshungers. Die Tragödie der Erkenntnis existiert, wie gezeigt, nur in Rudimenten. Die Tragödie des Lebenshungers hingegen ist identisch mit dem gesamten übrigen Drama, jedenfalls der irdischen Binnenhandlung. Denn die Weltfahrt wird arrangiert, damit Faust erfahre, **was das Leben sei** (1543), damit sein Existenzversäumnis kompensiert werde. Die ›kleine Welt‹ (vgl. 2052) des ersten Dramenteils ist die Sphäre der Leidenschaft, des Triebes, der dumpfen Begehrlichkeit; die **große Welt** (2052) des zweiten Teils ist die Region anderer Genüsse und Selbsterweiterungen; es ist die Sphäre des gesellschaftlichen Lebens und der Kunst und es ist das Feld der Verantwortung und der groß angelegten Menschheitsoperationen. Das Resultat ist in den Augen GOETHES eine Tragödie; die Gattungsbezeichnung bleibt, auch wenn dieses Ganze in Fausts symbolische Himmelfahrt mündet. Es wird sich noch zeigen, dass man GOETHE darin Recht geben, aber auch widersprechen kann (vgl. Kap. 15).

7.4 Tragödie des Titanismus

Faust verzweifelt an der Unmöglichkeit einer Heil stiftenden Erkenntnis und an dem der Natur um und in sich entfremdeten Dasein. So weit ist er Opfer seiner wachen Sinne und seines geschärften Verstandes, die ihm sagen, was er leidet. Doch Faust ist zugleich Täter, der seine Lebenskrise selbst mit heraufbeschwört. Sein Selbstbewusstsein übersteigert sich zu Größenwahn; er verkennt die grundsätzlichen Beschränkungen und notwendigen Bescheidungen des Menschseins. Die Gelehrtentragödie enthält damit eine dritte Komponente: den Titanismus und die Hybris.

In gewissem Sinne leidet Faust tatsächlich **nicht an irgendeiner Form des Daseins, sondern an der Existenz selbst**[80], an der begrenzten und bedingten Seinsform des Menschen überhaupt. Im Grunde ist er darauf aus, **den Schranken des Irdischen und Individuellen zu entkommen**[81], diese Grenzen zu sprengen oder zu überfliegen. Doch **zu des Geistes Flügeln** wird sich dem Menschen **kein körperlicher Flügel […] gesellen** (1090 f.). Wer die Sphäre der irdischen Gebundenheit übersteigen, wer das ›ewige Licht‹ (vgl. 1086 und 4697) nicht nur im Regenbogenabglanz verehren, sondern handfest ergreifen möchte, der wird scheitern und das Schicksal des Ikarus erleiden. An Fausts Sohn Euphorion wird dieses Schicksal sinnfällig vorgeführt (vgl. 9717–22, 9737–40, 9821 f., 9897–9902); an Faust selbst ist es zu dechiffrieren.

Die Selbstüberhebung und Vermessenheit Fausts offenbart sich in seinem Verhältnis zum unbedingten und unbeschränkten Sein, zur Gottheit. Faust, das ist beileibe nicht nur Gottes **Knecht** (299), sondern auch ein dezidierter Aufrührer und Himmelsstürmer, eine Gestalt, die GOETHE **hochbewußt zwischen Prometheus und Luzifer angesiedelt hat.**[82]

Bereits in der Glaubenshaltung zeigt Faust Züge der Auflehnung und des Empörertums – blasphemische und atheistische Tendenzen –; daneben stehen freilich tiefreligiöse Gefühle, vor allem die emphatische Naturfrömmigkeit, aber auch der Glaube an einen Schöpfergott (vgl. Kap. 6). Von diesem heißt es im Schöpfungsbericht: **Gott schuf den Menschen zu seinem Bilde, zum Bilde Gottes schuf er ihn; und schuf sie als Mann und Frau**, und er übertrug ihm die Herrschaft über die Erde und alle Kreatur (1. Mose 27 f.). Der hohe Begriff, den Faust von sich hegt, gründet gerade in dieser Attestierung von Gottesebenbildlichkeit, die er dem vermeintlich niederrangigen Erdgeist entgegenhält: **Ich Ebenbild der Gottheit!** (516 und 614). Das **Ewig-Weibliche** (12 110) – die in der Menschenliebe sich abspiegelnde Gottesliebe (vgl. Kap. 6 und S. 103) – und die zur Naturbeherrschung befähigende **Vernunft** – als **Schein des Himmelslichts** (284 f.), als Widerschein des göttlichen Logos – könnten es sein, die solche Gottesebenbildlichkeit stiften. Aber Faust gibt sich nicht mit dieser *Gottesebenbildlichkeit* zufrieden; es ist *Gottesebenbürtigkeit*, nach der es ihn gelüstet. Faust sucht nicht nur *Gottnähe*, sondern er trachtet nach *Gottgleichheit*. Darin bestehen seine Anmaßung und Vermessenheit und seine selbst geschaffene Tragik.

Dem Titanen Prometheus gleich, liegt Faust im Kräfteringen mit der Gottheit. Selbst sein Beten war Versuch der Machtausübung über Gott (**Dacht ich das Ende jener Pest / Vom Herrn des Himmels zu erzwingen**, 1028 f.); sein Freitod noch soll der Beweis sein, **daß Manneswürde nicht der Götterhöhe weicht** (713). Auch seine Sehnsucht nach Vereinigung mit dem All-Einen gilt weniger dem bloßen Hingeben an Gott als dem frevelhaften Ausgriff nach göttlichem Selbstgefühl, nach schaffender Götterlust: Der Erdensohn soll **abgestreift** (617) werden um **schaffend, Götterleben zu genießen** (620). Ein verräterisches Frohlocken entfährt Faust, als er für einen illusionären Moment – in der vom Makrokosmos-Zeichen ausgelösten Euphorie – sein hyperbolisches Selbstgefühl befriedigt sieht: **Bin ich ein Gott? Mir wird so licht!** (439). Der Erdgeist freilich belehrt Faust eines Besseren. **Den Göttern gleich ich nicht! zu tief ist es gefühlt** (652). Es täuscht sich aber, wer glaubt, Faust habe diese Lektion wirklich verarbeitet und die Tragödie des Titanismus finde damit ihr Ende.

Bereits im Kontrakt mit dem Teufel bricht sich Fausts Titanismus wieder Bahn. Zunächst lästert und zerschlägt er in einem maßlosen Fluch die humanen Werte und das Werk des Schöpfers (vgl. 1583–1606): **Du hast sie zerstört, / Die schöne Welt, / Mit mächtiger Faust; / [...] / Ein Halbgott hat sie zerschlagen!** (1607–1612), um dann in einem titanischen Pathos der Verneinung die Möglichkeit auch nur *eines* befriedigenden und sinnvollen Augenblicks auf Erden abzustreiten (vgl. 1692–1706; siehe Kap. 8.3 und 8.4).

Schließlich jedoch, im Resultat des Teufelsbündnisses, lässt sich Faust noch einmal auf diese Welt ein: **Und was der ganzen Menschheit zugeteilt ist, / Will ich in meinem innern Selbst genießen, / Mit meinem Geist das Höchst' und Tiefste greifen, / Ihr Wohl und Weh auf meinen Busen häufen** (1770–73). Mit einem unmäßigen Selbst- und Kraftbewusstsein will Faust als Einzelperson das Los der Menschheitsgattung am eigenen Leibe erfahren – ein Totalitätsanspruch, wie er nur einem Gott anstünde. Selbst Mephisto schwindelt es vor der Prätention dieses **Übermenschen** (480): **Glaub unsereinem, dieses Ganze / Ist nur für einen Gott gemacht!** (1780). Psychologisch betrachtet scheint auch in Fausts Explikation der Paktbedingungen sein titanisches Wesen durch. Werkstrukturell gesehen wird hier freilich durch Fausts Mund kundgetan, welches Programm der Dramatiker mit seiner Figur verwirklichen möchte: einen Idealtypus schaffen, der denn auch nur funktionieren kann, wenn die Einheit der Person, also die psychologische Ebene, gesprengt wird (vgl. Kap. 4.4).

Fausts Titanismus äußert sich gleichermaßen in der anfänglich maßlosen Begierde nach Gretchens Leib (das verjüngende Aphrodisiakum der Hexenküche macht da nur wett, was Fausts Vitalkraft durch das Alter verloren hatte). Dass Gretchen seine metaphysische Unersättlichkeit nicht befriedigen kann, dass Faust über ihr Schicksal kompromiss- und rücksichtslos hinwegschreitet: das muss wiederum Fausts **Halbgott**-Natur (1612) angelastet werden, die sich damit nicht nur mit dem Frevel gegen die Gottheit, sondern auch mit der Schuld gegen das Menschliche belädt.

Gigantisch schließlich setzt sich Fausts zweifelhafte Größenlust in seinen Landgewinnungsplänen durch. Wie hätte der frühe Faust des schwärmerischen pantheistischen Bekenntnisses (vgl. 3432–58) auf das Naturschauspiel des Meeres reagiert? Hätte er nicht in dieser mythischen Einförmigkeit ein Gleichnis des Ewigen, in diesem urgesetzlichen Auf und Ab – wie der Erdgeist (vgl. 501–509) – ein Sinnbild des polaren Lebenspulses gesehen, wäre er nicht wie der Wanderer in Philemons Hütte niedergefallen: **Und nun laßt hervor mich treten, / Schaun das grenzenlose Meer; / Laßt mich knieen, laßt mich beten, / Mich bedrängt die Brust so sehr?** (11 075–78). Dem späten Faust aber wird das ewige Wellenspiel – zum Ärgernis! Ein **Übermut** dünkt es ihn, **und das verdroß mich** (10 202). Kein Gefühl für Naturschönheit, für Naturerhabenheit: **Zwecklose Kraft unbändiger Elemente! / Da wagt mein Geist, sich selbst zu überfliegen; / Hier möcht' ich kämpfen, dies möcht' ich besiegen** (10 219 ff.)

Es ist das alte Ringen mit der Gottheit, das hier im Kampf mit der Urgewalt neu anhebt. Es ist der alte Wunsch, schaffendes Götterleben zu genießen, die Natur zu modeln, wie es eigentlich nur dem Göttlichen zusteht: **Da faßt' ich schnell im Geiste Plan auf Plan: / Erlange dir das köstliche Ge-**

nießen, / Das herrische Meer vom Ufer auszuschließen (10 227 ff.). Aber ist es nicht ein Schlag ins Gesicht der pantheistischen Gottheit, wenn Faust sich vermisst ihren wundersamen Mechanismus zu stören, die ewigen Elementargewalten zu überwinden und in ein künstliches Joch zu zwängen? (Um es recht zu verstehen: Das Fortschrittlich-Moderne und Sozial-Utopische dieses Ansinnens wird an anderer Stelle zu erörtern sein, siehe S. 95 und Kap. 13). Fausts Naturenthusiasmus und -frömmigkeit des Anfangs sind am Ende verkehrt zur kalten Stirn des großräumigen Landschaftsingenieurs. Die Gigantomachie, die sich früher in marternder Spekulation und Introspektion äußerte, findet dann eine Sprache, die unser Zeitalter versteht, kennt und – fürchtet.

Mehr noch hat die Menschheit einen rücksichtslosen Größenwahn fürchten gelernt, der Faust durchdringt, als er zum Küstenherrscher herangewachsen ist und nach der Weltherrschaft greift. Toleriert werden da Helfer und Helfershelfer, die wenig Zimperlichkeit an sich haben: **Man hat Gewalt, so hat man Recht. / Man fragt ums Was, und nicht ums Wie. / [...] / Krieg, Handel und Piraterie, / Dreieinig sind sie, nicht zu trennen** (11 184–88); aber auch das eigene Ethos, **gerecht zu sein**, muss da **ermüden** (11 271 f.). Ein kleines Gütchen zweier Alten ist dem Herrscher ein Dorn im Auge, der zum Wüten anstachelt: **Die wenig Bäume, nicht mein eigen, / Verderben mir den Weltbesitz** (11 241 f.). Diese maßlose Herrsch- und Besitzsucht, was ist sie anderes als die gewaltige und in Gewalt umschlagende Selbstvergottung, anderes als schrankenlose Selbstsucht, die in ihrem Wahn der Allmacht – des **allgewaltigen Willens** (11 255) – gestört ist?

Mephisto hat es dem Schüler ins Stammbuch geschrieben: **Eritis sicut Deus, scientes bonum et malum** (2048) – **Ihr werdet sein wie Gott und wissen, was gut und böse ist** (1. Mose 3,5 – im hebräischen Urtext hat der Doppelausdruck übrigens weniger den Sinn moralischer Unterscheidungsfähigkeit, sondern bedeutet *alles*). Das Streben nach Gottgleichheit ist Teufelsverführung, es ist in der christlichen Mythologie der Urgrund von Engelssturz und Sündenfall. Fausts Streben nach dem Absoluten endet in der Absolutsetzung des Ich und im Absolutismus einer selbstherrlichen Machtausübung. Die Verheißung der Gottesebenbildlichkeit hat er sich umgedeutet zur Ebenbürtigkeit; das Gebot **füllet die Erde und machet sie euch untertan** (1. Mose 1,28) hat er sich ausgelegt als ein Herrschertum ohne Skrupel und Verantwortung. Der utopische Zweck – das ›freie Volk auf freiem Grund‹ (vgl. 11 580) – wird durch solche Mittel in gleicher Weise desavouiert wie spätere – ähnlich lautende – Gesellschaftsvisionen, die vermeinten, ihre Brüderlichkeit nur mit Diktatur und Terror durchsetzen zu können.

Selbstredend ist Fausts Titanismus das Erbgut der euphorischen Genievorstellung des Sturm und Drang. GOETHE spürte es bald, welche Gefährdung dieser Überhöhung des Menschenbildes innewohnt: dass gerechtfertigtes Selbstbewusstsein und Selbstwertgefühl des Menschen umschlagen können in fatale Selbstsucht, Selbstherrlichkeit und Selbstüberhebung. Wenn sich der titanische Mensch tatsächlich als der **kleine Gott der Welt** (281) etabliert, dann geht er buchstäblich über Leichen und die Seele der Natur. Pervertiert zum Größenwahn, führt der kraftgenialische Titanismus in die Tragödie.

7.5 Lösungsversuche: Magie, Freitodgedanke

Die Wissenschaft hat Fausts Existenzkrise nicht zu lösen vermocht, ja sie hat diese erst eigentlich ins Bewusstsein gehoben. Um das existenziell beherrschende Gefühl der Einschränkung, Beengtheit und Einkerkerung zu durchbrechen, hat Faust sich **der Magie ergeben** (377).

Magie ist im Faustdrama das Symbol für einen prekären Ausbruchs- und Entgrenzungsversuch. In dieser Funktion ist das stofflich antiquierte Motiv der Magie durchaus nicht überholt und sehr wohl der Aktualisierung fähig; auch heute gibt es fatale Wege der Grenzüberschreitung und Bewusstseinserweiterung: Drogen, Sekten, Okkultismus.

Aber nicht nur in ihrer symbolischen Funktion, sondern auch als konkretes Handlungsmoment spielt Magie im Drama eine beträchtliche Rolle. Magie beruht auf der Vorstellung, durch Verrichtungen, Hilfsmittel oder Beschwörungen übernatürliche Einwirkungsmöglichkeiten zu erlangen. Spirituelle Magie bündelt durch Konzentration übersinnliche Energien und Kräfte im Magier; dämonische Magie ruft Geister, die sie sich dienstbar macht. Je nachdem, ob Magie zum Nutzen oder Schaden des Menschen eingesetzt wird, ob der Magier gute oder böse Geister beschwört, ob der magische Vorgang durch die einfühlende Anwendung göttlicher Wirkkräfte oder durch die Verpflichtung teuflischer Mächte bewerkstelligt wird, hat man in der Geschichte von weißer oder schwarzer Magie gesprochen.[83] Fausts magische Handlungen beginnen mit der spirituellen Konzentration auf das Makrokosmoszeichen und setzen sich fort in den Beschwörungen des Erdgeistes und Mephistos (des Pudels Kern). Mit dessen Hilfe expandieren die magischen Möglichkeiten: vom Zaubermantel zum Verjüngungstrunk, von der Beschwörung zur Wiedererweckung Helenas, von den Gespensterheeren für den Kaiser zu den Piratensöldnern in eigenen Diensten. Der Übergang von der noch relativ unverfänglichen weißen Magie (Makrokosmoszeichen, Erdgeist) zur verhängnisvollen schwarzen Magie (Ruf nach dem Zaubermantel, Teufelsbund) vollzieht sich in Faust gleitend, fast unmerklich. Dieses Verhängnisvolle wird Faust am Lebensende bewusst – **Könnt' ich Magie von meinem Pfad entfernen, / Die Zauber-**

sprüche ganz und gar verlernen (11 404 f.) –, doch aus den schuldhaften Verstrickungen kann erst die **ewige Liebe** (11 964) erlösen.

Fausts Titanismus verbietet es ihm, seine absoluten Existenzansprüche zu relativieren, Entbehrungen auf sich zu nehmen oder als Herausforderung zu betrachten, sich zu bescheiden und zu entsagen. Magie ist für Faust der Versuch herbeizuzwingen, was das Menschsein nicht eigentlich hergibt; die Lebenskrise, die mental nicht bewältigt wird, instrumental zu lösen.

Das erste magische Experiment richtet sich auf das Makrokosmoszeichen, das Faust in einer Handschrift des Nostradamus findet (vgl. 418–459). Es handelt sich um eine **Zusammenfassung und Poetisierung Paracelsisch-Böhmischer Träume**, ein Zeichen, **das die Grundzüge der gesamten Weltharmonik in sich vereinigt.**[84] Das Weltgeheimnis, die Mysterien des Lebens sind hier symbolisch verdichtet und sollen sich dem schauenden Auge unmittelbar offenbaren. Modellhaft und schematisch ist dargestellt, welche Wechselbeziehungen und Verflochtenheiten den Kosmos durchdringen – etwa in Form ineinander geschachtelter Kreise und Vielecke, wobei Verbindungslinien die Querverbindungen der aufeinander einwirkenden oder miteinander verbundenen Entitäten kennzeichnen.

> **Das schönste pansophische Werk sind Keplers *HARMONICES MUNDI LIBRI QUINQUE*, 1619 (eine Übersetzung schuf Max Caspar unter dem Titel *WELTHARMONIK*, München 1939). Kepler verbindet darin Planetenbahnen, stereometrische Körper, musikalische Harmonien, ja die Sphärenharmonie, die er glaubte errechnen zu können, er weist weiter auf die Ordnungen der Kirche (Dreieinigkeit usw.) und auf die der Dichtung (Versformen usw.) und findet eine alles verbindende einheitliche Grundharmonik; indem er sie erkennt, schwingt er sich ein in Gottes Gedanken und preist ihn in überschwenglich-seligem Dank.**[85]

Für einen kurzen Moment gerät Faust in Ekstase, scheint er die ersehnte Erleuchtung zu finden – **Bin ich ein Gott? Mir wird so licht!** (439) –, doch sofort spürt er auch das Trügerische der Illusion. **Ein Schauspiel nur** (454) begegnet ihm – lediglich ein Zeichen, nicht das Seiende selbst; das Signifiant, aber nicht das Signifié (um mit Saussure zu sprechen). Es ist bloße bildhafte Teilnahme, keine sinnenhafte Teilhabe an der Weltharmonik: Faust fällt zurück in sein Ungenügen.

Das Zeichen des Erdgeistes wird zum Ausgangspunkt des zweiten magischen Experiments: der Beschwörung des Erdgeistes (vgl. 460–521). **Der Erdgeist ist Goethes eigene mythische Schöpfung. [...] Paracelsus spricht vom ›archeus terrae‹, Giordano Bruno von der ›anima terrae‹, ähnlich die für die pansophische Mystik sehr bezeichnenden Bücher, die unter dem Namen Basilius Valentinus erschienen. Doch konnte das alles kaum mehr**

als den Namen liefern.[86] Diesen Geist des Erdenlebens vermag der im Irdischen befangene Faust herbeizuziehen, im Gegensatz zum Weltgeist, den man sich analog als die dem Makrokosmoszeichen zugehörige Wesenheit vorstellen könnte. Der Erdgeist ist verantwortlich für **Lebensfluten** und **Tatensturm** (501), für alle irdischen Erscheinungen (**wirke der Gottheit lebendiges Kleid,** 509) und auch für das menschliche Dasein in seiner Polarität von Systole und Diastole (**Geburt und Grab, / Ein ewiges Meer, / Ein wechselnd Weben,** 504 ff.). Faust fühlt sich gewappnet, mit diesem Erdgeist zu verkehren, mit dessen Hilfe sich **in die Welt zu wagen** und **der Erde Weh, der Erde Glück zu tragen** (464 f.). Doch auch in dieser Begegnung scheitert Faust: **Du gleichst dem Geist, den du begreifst, / Nicht mir!** (512 f.), weist ihn der **Welt- und Tatengenius**[87] zurück. Faust, der sich ein **Ebenbild der Gottheit** (516) dünkt, also durch den Funken des **Himmelslichts** (284) über den rein irdisch gebundenen Erdgeist erhaben, muss erfahren, dass er noch nicht einmal das Erdenleben begreift (geschweige denn das Kosmische und Transzendente), dass er selbst vom Irdischen noch unzureichende Begriffe hat, ein fälschliches Bild hegt. Und wenn es denn stimmt, dass Faust bislang weltfern existiert und noch niemals recht erfahren hat, **was das Leben sei** (1543, vgl. auch S. 62), so ist diese Zurechtweisung unmittelbar verständlich (und bedarf nicht der tiefsinnigen und verkomplizierenden Kommentare, wie sie vielfach begegnen).

Am Tiefpunkt seiner Lebenskrise, nach dem Scheitern auch der magischen Experimente, denkt Faust schließlich an den Freitod (vgl. 690–784). Dieser hätte für ihn weniger den Sinn einer Verzweiflungstat, die etwas – seine Qual – beendet, als wiederum den eines Experiments, das neue Erfahrungsmöglichkeiten eröffnet. Faust hofft, dadurch **auf neuer Bahn den Äther zu durchdringen, / Zu neuen Sphären reiner Tätigkeit** (704 f.) – ganz gemäß GOETHES Überzeugung, die entelechische Monade werde auch nach dem Abstreifen der Erdenreste gesteigerte Formen der Aktivität vollziehen (vgl. Kap. 4.5). Die Gefahr des Todes liegt nicht in der Hölle, die Faust als Fantasiegespinst ansieht (vgl. 714 f.), sondern darin, **ins Nichts dahin zu fließen** (719). Wie im **Prolog** ist auch in Fausts Jenseitsvorstellungen die Dichotomie von Himmel und Hölle in die Polarität von Tätigkeit und Nichts (Ermattung, Stillstand) umgedeutet.

Faust lässt vom Todesgedanken ab, als ein Osterchor in ihm rührende Erinnerungen an einen verloren gegangenen Glauben erweckt. Wenn der Gesang auch aus einer nahe gelegenen Kirche erschallen mag; in seiner Funktion ist er ein erster Eingriff der ›von oben‹ zu Hilfe kommenden Gnade (vgl. S. 44). Die christliche Botschaft des geistlichen Gesanges ist wiederum durchsetzt von GOETHES Schaffens- und Tätigkeitsreligion: Der Auferstandene ist **in Werdelust / Schaffender Freude nah** (789 f.); die Jünger sind die **tätig ihn Preisenden**, aber auch die **Liebe Beweisenden** (801 f.) – wie Gretchen.

Nach dem Scheitern des Lösungsversuches (weiße) Magie und dem Verwerfen des Ausbruchsversuches Freitod ist Faust innerlich bereit, das letzte Experiment einzugehen: den Teufelsbund. Mit dem unlauteren Mittel dieser schwarzen Magie nimmt Fausts Streben dämonische Züge an, verstrickt es sich in Schuld und Verbrechen (vgl. S. 45). Aber diese Magie hat auch eine andere Seite:

> Sie erweitert sich im zweiten Teile zu einer überteuflischen Daseinsbewältigung, für die Goethe mit dem Gang zu den Müttern, der klassischen Walpurgisnacht als dem Weg zu Helena und mit Faust-Helena-Euphorion eigene Mythen erfindet [...]. Die so verstandene Magie, durch die sich Faust die Welt als Ganzes aneignet [...], ist mit ihrer Aufhebung der Räume und Zeiten nicht mehr Zauberei, sondern selbstverständliches Lebenselement für eine Seele, die sich im Unmöglichen ansiedeln will. Unter Geistern wird Faust selbst zur Geisterexistenz, die unersättlich mit magischen Mitteln Natur und Schönheit und Geschichte in sich hineinzieht [...], *Magie* wird hier zum Organ *höherer Erfahrungen des Geistes*, bei denen der Teufel in zunehmendem Maße in die Rolle des bloßen Vermittlers hinabgedrückt wird.[88]

Magie, das überlieferte Handlungsmotiv, wird also von GOETHE einerseits im herkömmlichen Sinne aufgenommen, andererseits aber seinem auf Totalität zielenden Mensch- und Weltenspiel dienstbar gemacht. Im Drameneingang erscheint – neben der christlich grundierten Weltordnung des **Prologs** und ihr widerstrebend – ein als Geisterwelt geschauter Kosmos. Das Zauberwesen bleibt in dem Zwielicht, das ihm immer schon anhaftet: Es entfesselt das Dämonische, gefährdet die moralische Integrität. Zugleich aber sind Magie und Teufelsbund poetische Mittel, um das idealtypische Konzept von Menschsein und Welterfahrung als dramatische Fabel vorstellen zu können. Zur Symbolik eines prekären Ausbruchs- und Entgrenzungsversuches tritt der werklogische Mechanismus einer an Faust demonstrierten Seinserweiterung und Erfahrungsverdichtung.

8 Pakt und Wette

8.1 Die Wette der Rahmen- und die Wette der Binnenhandlung

Das Schlüsselmotiv der traditionellen Faustfabel ist der Teufelspakt: Mephisto steht Faust 24 Jahre mit Auskünften und Zaubereien zu Diensten; danach fällt Faust mit Leib und Seele dem Teufel zum Opfer.

Goethe fügt diesem statischen Modell ein dynamisches Moment hinzu: eine Wette, und diese Wette der irdischen Binnenhandlung (zwischen Faust und Mephisto) wird umspannt von einer Wette der himmlischen Rahmenhandlung (zwischen Mephisto und dem Herrn). Hat die eine Wette das spezielle Seelenheil des Individuums Faust zum Gegenstand, so weitet die andere den Horizont aus auf den Wert des Menschen und der Schöpfung überhaupt, der am Exemplum Faust in Frage steht (vgl. die Kap. 4.2–4.4).

Bei der himmlischen Audienz des Herrn sucht Mephisto eine Wette abzuschließen, dass er das göttliche Menschenbild an Faust widerlegen werde (**Was wettet Ihr? den sollt Ihr noch verlieren**, 312). Mit überlegener Großmut lässt der Herr seinem **Gesellen** (342) den Glauben, eine Wette auszutragen, obgleich die Voraussage des Weltenlenkers, Mephisto werde am Ende **beschämt** dastehen (327), kraft seiner Allwissenheit als zukunftsgewiss anzusehen ist und somit die Wette zur Scheinwette absinken lässt. Das Menschenbild des Herrn wäre widerlegt, die Scheinwette für Mephisto gewonnen, wenn es gelänge, die **Tätigkeit** (340) bzw. das ›Streben‹ (vgl. 317) des exemplarischen Menschen Faust lahm zu legen.

Auch die Wette zwischen Faust und Mephisto bezieht sich auf die Streitfrage der unentwegten oder irgendeinmal ermattenden Tätigkeit. Gelingt es Mephisto, Faust im **Faulbett** (1692) des Genusses (vgl. 1696) einzuwiegen, ihn in Selbstgefallen (vgl. 1695) und Augenblicksgenügsamkeit (vgl. 1699 f.) stillzustellen, so hat er den Wettstreit für sich entschieden.

Somit besteht Übereinstimmung zwischen der Wette der himmlischen Rahmen- und jener der irdischen Binnenhandlung: Der Herr weiß um den ›dunklen Drang‹, der von mephistophelischen Abwegen auf den ›rechten Weg‹ zurückfinden werde (vgl. 328 f.), und auch Faust setzt bei seiner Wette auf das Unterpfand seines **hohen Streben**[s] (1676).

8.2 Die scheinbare Diskrepanz zwischen Mephistos objektiver und subjektiver Rolle

Es besteht also eine Beziehung zwischen den Kategorien der irdischen Wette – Streben und Genuss – und denen der himmlischen Scheinwette – nämlich Tätigkeit und Trägheit (›Erschlaffung‹). Mephistos eigene Vorsätze und Aktivitäten zielen auf die Paralyse der menschlichen Tätigkeit im Genuss. Andererseits ist er kein gleichwertiger Gegenspieler des Herrn, sondern dessen Werkzeug, und der Herr bestimmt ihn gerade zum Schrittmacher des Menschen, zum Anreizer seiner Tätigkeit (vgl. 340–344 und Kap. 5.2). Mephistos Wille und des Herrn Geheiß, subjektive Intention und objektive Funktion Mephistos scheinen demnach im diametralen Widerspruch zu stehen.

Diese scheinbare Diskrepanz würde sich auflösen, wenn sich gerade der Genuss als Anreiz zu weiterem tätigen Streben erwiese.

Faust ist unbefriedigt, weil er vom Himmel **die schönsten Sterne, / Und von der Erde jede höchste Lust** (304 f.) fordert, weil **zwei Seelen** (1112) in ihm wohnen, von denen weder die eine noch die andere zum Ziel ihrer Wünsche gelangt. Die religiöse Erkenntnissehnsucht und das mystische Entgrenzungsverlangen bleiben unerfüllt und auch das triebhafte und weltliche Glücksverlangen kommt nicht zu seinem Recht (vgl. Kap. 7.2 und 7.3).

Mephisto, der nur die sinnliche Seite des Menschen ernst nimmt (vgl. 284 ff.), spekuliert darauf, dass er mit einem einmal befriedigten Triebleben auch Fausts strebende Unruhe befriedet haben werde. Wenn jedoch der Mensch in der Tat eine **geeinte Zwienatur** (11 962) von seraphischen und luziferischen Seelenanteilen darstellt, so wird kreatürliche Triebbefriedigung allein seine Menschlichkeit nicht erfüllen; die polare Vereinseitigung wird ein Ungenügen oder rasche Sättigung und Überdruss herbeiführen. Solange beide Seelen unbefriedigt durcheinander schreien, ist die Ursache des Unbefriedigtseins gar nicht richtig herauszuhören; sollte jedoch eine Seele gesättigt sein, meldet sich die andere umso vernehmlicher zu Wort.

Wenn also Fausts Überzeugung vom höheren Streben, das sich durch keinen Genuss wird einwiegen lassen, richtig ist, dann löst sich die scheinbare Diskrepanz zwischen Mephistos subjektiver und objektiver Rolle auf, dann erfüllt Mephisto – der nur die sinnliche Seite des Menschen sieht –, indem er subjektiv *seine* Zwecke verfolgt, objektiv doch die des Weltenlenkers. Das ist der tiefere Sinn der von Mephisto paradoxerweise selbst vorgetragenen Einsicht, er sei **ein Teil von jener Kraft, / Die stets das Böse will und stets das Gute schafft** (1335 f.). Mephisto ist ein ungewollter Anwalt des Herrn, die Verführungen des Teufels sind in Wahrheit die Führung Gottes.

8.3 Teufelsbund und Titanenwette

Die Abmachungen zwischen Faust und Mephisto erscheinen unübersichtlich und vieldeutig; sie provozieren Meinungsverschiedenheiten der Interpreten. Zunächst also kommt es darauf an, Ordnung in die Vereinbarung zu bringen, die sich erst in mehreren Schüben herausbildet und die größtenteils nur metaphorisch umschrieben wird. Die rhetorische Verschlüsselung des Vertrages muss aufgelöst und förmlich auf den (Paragraphen-) Punkt gebracht werden.

Der von Faust angefügten Wette geht ein von Mephisto formulierter Pakt voraus:

> **Ich will mich *hier* zu deinem Dienst verbinden,**
> **Auf deinen Wink nicht rasten und nicht ruhn,**
> **Wenn wir uns *drüben* wiederfinden,**
> **So sollst du mir das gleiche tun.** (1656–59)

Faust stimmt dieser traditionellen Seelenverschreibung indirekt zu, indem er die ›egoistische Bedingung‹ des Teufels (vgl. 1651, 1654) – also seinen eigenen Nachteil – unbeeindruckt in Kauf nimmt (**Das Drüben kann mich wenig kümmern**, 1660). Schon in seiner Freitodüberlegung hat Faust die Hölle als erdichtetes Fantasiegespinst verachtet (vgl. 714 f.), und auch jetzt fällt ihm nicht ein, sich ängstigende Begriffe vom Jenseits zu machen. Faust geht den Teufelspakt also bedingungslos, ohne Wenn und Aber, ein und besiegelt dieses **Bündnis** (1741) mit seiner Blutunterschrift (vgl. 1737).

Allerdings zweifelt Faust sofort am Sinn des Paktes – **Was willst du armer Teufel geben? / Ward eines Menschen Geist, in seinem hohen Streben, / Von deinesgleichen je gefaßt?** (1675 ff.) – und konfrontiert Mephisto mit einer Flut paradoxer und absurder Wünsche, die von seinem ewigen Unbefriedigtsein künden (diese Passage – eine der dunkelsten des Dramas – wird im folgenden Kap. 8.4 behandelt). Mephisto zeigt sich gelassen und verspricht – weil er Faust missversteht oder jedenfalls nicht eigentlich begreift – ›solche Schätze‹ (vgl. 1689), nicht ohne jedoch Fausts Wunschrichtung in unkompliziertere Bahnen, auf das Feld des sinnlichen Genusses, zu lenken (**Doch, guter Freund, die Zeit kommt auch heran, / Wo wir was Guts in Ruhe schmausen mögen**, 1690 f.).

Das ist das Stichwort, woraufhin Faust von sich aus – also als freiwillige Zusatzklausel zum bereits verabredeten Pakt – die Wette ins Spiel bringt, indem er ausruft:

> **Werd ich beruhigt je mich auf ein Faulbett legen,**
> **So sei es gleich um mich getan!**
> **Kannst du mich schmeichelnd je belügen,**
> **Daß ich mir selbst gefallen mag,**

Kannst du mich mit Genuß betrügen –
Das sei für mich der letzte Tag!
Die Wette biet ich! (1692–98)

Faust bietet die Verkürzung von Mephistos Diesseitsdienst und den sofortigen Eintritt seines eigenen Jenseitsdienstes an – und wettet zugleich, dass es zu einem solchen vorzeitigen Umschlag der Dienstverpflichtung nicht kommen werde.

Man sollte allerdings hellhörig werden, bevor man Fausts Wettposition – wie üblich – idealisiert. Fragwürdig sind die als implizite Voraussetzung mitgegebenen Wertungen: Genuss wäre Betrug; Selbstgefallen wäre Lüge, also Selbstbetrug. In dieser Wertungsperspektive *gibt es kein authentisches Genügen an sich selbst und keine legitime Befriedigung durch Genuss.* Beruhigung und Ruhe sind sträflicher Stillstand, Zufriedenheit mit sich selbst oder mit einem Genussmoment ist gleichbedeutend mit Faulheit des Geistes oder des Leibes. Wahrlich ein gewaltsames Menschenbild! *Faust hegt eine radikale, aber damit auch einseitig überspannte Auffassung von der menschlichen Natur.* Figur und Autor, Faust und Goethe sind in dieser Radikalsicht nicht gleichzusetzen, denn sie widerspricht dem Grundgedanken der Polarität: Es ist dem Menschen gemäß, im Wechsel von Anspannung und Entspannung, von Tätigkeit und Genuss, von Streben und Ruhe zu leben, nicht aber in der Verabsolutierung einer unausgesetzten Rastlosigkeit (**Nur rastlos betätigt sich der Mann**, 1759) und der strikten Verachtung einer innehaltenden Genugtuung. Auch der Herr verurteilt nicht die partielle, sondern nur die ***unbedingte* Ruh** (341; Hervorhebung, R.S.). Ja, es muss der zunächst befremdlich anmutende Satz ins Auge gefasst werden, der im Laufe des Dramas noch oft von Bedeutung sein wird (bei Gretchen, S. 87; bei Helena, S. 94; bei der Sozialutopie, S. 99; vgl. auch S. 79): Fausts Abwertung des Genusses und der Genugtuung auf Erden ist nicht identisch mit dem ›rechten Weg‹ des Herrn (vgl. 329); *ein Verlieren der Wette ist also nicht gleichzusetzen mit dem Verlust des Seelenheils.*

Faust jedenfalls ist sich im Wortsinne todsicher, dass er nur als ein ewig Unruhiger und Unbefriedigter existieren wird: Sollte es anders sein, so wird *er* nicht mehr sein. Aus dem verzweifelten Stolz spricht wieder Fausts maßloser Titanismus: Mit seinem Leben wollte Faust bezahlen, müsste er sein düsteres Welt- und Selbstbild durch nur eine abweichende Erfahrung korrigieren. Ist das Erdendasein lebenswert, so sei es verwirkt; irdische Seligkeit sei der Tod. **Faust verpflichtet sich, nur noch als ein Verzweifelter leben zu wollen! Er schneidet sich selbst den Rückweg ab und nistet sich in seinen Wahn fest ein; jede Verwandlung seines Wesens soll ihn das Leben kosten.**[89] Das relative Glück des Menschen anzunehmen, die dem Menschen einzig gewährte – nämlich beschränkte und vergängliche – Daseinserfüllung anzuerkennen, macht sich Faust durch die Wette unmöglich. Er verdammt sich selbst zu einem Schicksal, an dem er recht eigentlich leidet. Es fällt schwer, darin den gutzuheißenden Ausdruck eines idealen Strebens zu erkennen, das im Irdischen des Göttlichen habhaft werden will (zu dieser affirmativen Lesart der Wette siehe das nächste Kapitel 8.4).

Mit den oben wiedergegebenen Worten (1692–98) ist der Wettvertrag abgeschlossen; die Vertragsparteien schlagen ein (vgl. 1698). *Nach* dieser handschlaglichen Besiegelung fügt Faust eine weitere rechtsfähige Auslegung an:

Werd ich zum Augenblicke sagen:
Verweile doch! du bist so schön!
[...]
Dann mag die Totenglocke schallen
[...]
Es sei die Zeit für mich vorbei! (1699–1706)

Diese Umschreibung sagt nichts Neues und anderes: Sollte Faust in nur *einem* Lebensaugenblick Erfüllung finden, so soll sein Leben beendet sein. Strittig könnte allenfalls sein, ob Faust seine Wette nur dann verliert, wenn er seine Genugtuung auch *ausspricht* (**zum Augenblicke *sagen***), oder auch dann, wenn er sie nur innerlich empfindet. Dem Verlauf der Abmachung entsprechend gilt bereits Letzteres. In den Schlussszenen des Dramas wird dieses Auslegungsproblem zwar nicht relevant, da Faust die folgenschweren Worte dann ohnehin (abgewandelt) ausspricht, doch in den vielleicht auch schon vorher erfüllten Augenblicken der Waldeshöhle (vgl. S. 61) oder der Helenabegegnung (vgl. S. 94) hätte Mephisto mit dieser Vertragssituation argumentieren können. Mit einem Tröpfchen Blut wird der Pakt und Wette umschließende Vertrag schließlich förmlich ratifiziert.

In einem weiteren anhängigen Auslegungsschub nimmt nun Faust zusätzliche Umschreibungen von Mephistos Bündnisverpflichtungen vor. Obgleich er dessen Dienstbarkeit zunächst mit seinen paradoxen Wünschen abgewertet und ad absurdum geführt hat (vgl. 1675–1687), benennt er jetzt doch noch präziser, was er von Mephisto erwartet: dieser soll ihn **ins Rollen der Begebenheit** (1755) führen, er soll ihn der Menschheit **Wohl und Weh** (1773) durchleben lassen, er soll ihn in die **Tiefen der Sinnlichkeit** (1750) geleiten. Höhen und Tiefen des Menschenschicksals will Faust erleben; **was der ganzen Menschheit zugeteilt ist**, will er in seinem **innern Selbst genießen** (1770 f.). Faust, der weltferne Gelehrte, will also tatsächlich erfahren, **was das Leben sei** (1543). Diesen Gedanken greift Mephisto auf und verspricht: **Wir sehn die kleine, dann die große Welt** (2052). Das Programm der beiden Dramenteile ist damit im Groben bezeichnet.

Doch wohl gemerkt: Wenn Faust auch das Wort **genießen** (1771) benutzt, so ist damit nicht die Erwartung von befriedigendem Genuss gemeint (die Vokabel bedeutet hier: erfahren, durchleben). Mephistos Dienste können in Fausts Augen niemals Befriedigung, nur die Ambivalenz von Glück und Leid erwirken: **Du hörest ja, von Freud' ist nicht die Rede. / Dem Taumel weih ich mich, dem schmerzlichsten Genuß, / Verliebtem Haß, erquickendem Verdruß** (1765 ff.).

Vertragswerk zwischen Faust und Mephisto: Pakt und Wette

Grundabmachung

§ (1):
Mephisto ist Fausts Diener auf Erden;
Faust hingegen Mephistos Diener im Jenseits (1656–59).

§ (2):
Mephistos Dienst besteht darin, Faust ins **Rollen der Begebenheit** einzuführen, ihn der Menschheit **Wohl und Weh** erfahren zu lassen (1755, 1773).
Fausts Dienst ist unbestimmt, er interessiert Faust nicht (1666); auf analoge Bündnisverträge des Teufels wird jedoch verwiesen.

Freiwillige Zusatzklausel

§ (3)
Wird Fausts ›hohes Streben‹ (1676) jemals zum Stillstand gebracht, findet Faust in irgendeinem Augenblick Genugtuung an sich selbst oder Befriedigung im Genuss, so ist Fausts Leben *sogleich* verwirkt und sein Dienst nach § (1 f.) tritt in Kraft (1692–97).

Appendix
Faust wettet, dass § (3) niemals eintreten werde; Mephisto wettet dagegen.

8.4 ›Speise, die nicht sättigt …‹ – Lebensverachtung oder Gottessehnsucht?

Der Wette und dem Zweifel an einem vollends erfüllten und befriedigenden Augenblick geht ein eigenartiger Fragenkatalog Fausts voraus:

> **Was willst du armer Teufel geben? / Ward eines Menschen Geist, in seinem hohen Streben, / Von deinesgleichen je gefaßt? / Doch hast du Speise, die nicht sättigt, hast / Du rotes Gold, das ohne Rast, / Quecksilber gleich, dir in der Hand zerrinnt, / Ein Spiel, bei dem man nie gewinnt, / Ein Mädchen, das an meiner Brust / Mit Äugeln schon dem Nachbar sich verbindet, / Der Ehre schöne Götterlust, / Die, wie ein Meteor, verschwindet? / Zeig mir die Frucht, die fault, eh man sie bricht, / Und Bäume, die sich täglich neu begrünen! (1675–87)**

Die Passage legt mehrere Fährten einer möglichen Deutung aus, die sich dann aber überkreuzen und verknäueln. Einhelligkeit, ja selbst innere Widerspruchsfreiheit der Interpretation wird hier schwerlich zu erzielen sein.

Ein *erstes verwirrendes Faktum* dieser Äußerung besteht darin, dass diese ›Wünsche‹ eine verschiedene Struktur und unterschiedlichen Gehalt haben, dass sie also nicht auf einen Nenner zu bringen sind. Die meisten ›Wünsche‹ laufen auf eine Paradoxie hinaus (nicht sättigende Speise, zerrinnendes Gold, nicht zu gewinnendes Spiel, vor der Reife faulende Früchte, täglich sich begrünende Bäume), wobei die ersten vier ›Güter‹ einen Bezug zu menschlichem Genuss haben, das letzte jedoch des eigentlich Wünschenswerten entleert ist und nur einer launigen Idee entsprungen zu sein scheint (es sei denn, man veranschlagt hier ästhetischen Genuss). Zwei weitere ›Wünsche‹ beschreiben jedoch keinen paradoxen, sondern schlichtweg einen vergänglichen und hinfälligen Gewinn: eine untreue Geliebte, eine zerfallende Ehre. Es ist nicht unmöglich, solche ›Güter‹ zu erlangen, aber es ist absurd, sie zu wünschen.

Das *zweite verwirrende Moment* ist der Umstand, dass Faust diese ›Wünsche‹ zum Ausdruck seines ›hohen Strebens‹ (vgl. 1676) deklariert: sie sollen den Horizont Mephistos übersteigen, sollen fern seiner armseligen Teufelsdienste stehen. Wieso aber sollen eine untreue Geliebte und vergehende Ehre Ausdruck eines hohen Strebens sein, und wieso sollte dies Mephistos Wirken übersteigen? Das Gegenteil ist der Fall: Dem Werteverneiner Mephisto muss gerade die zu Nichtigkeit zerfallende Liebe und Ehre lieb sein! Und die Naturunmöglichkeiten (Paradoxien) vermöchte der Zauberteufel, der einen Tisch zur Weinquelle und einen Mantel zum Flugzeug wandelt, allenfalls auch noch zu bewerkstelligen.

Das *dritte verwirrende Element* stellt die ungerührte Reaktion Mephistos dar, der ›solche Schätze‹ (vgl. 1689) ohne Umschweife zusichert. Hätte Faust mit seiner Meinung vom hohen, dem Teufel unzugänglichen Streben Recht, so müsste Mephisto verlegener oder ausweichender reagieren; ist umgekehrt Mephistos Reaktion angemessen, hätte es mit Fausts hohem Streben nur wenig auf sich.

Das *vierte – und grundlegende – Verwirrmoment* liegt aber in der grammatisch-logischen Form der Äußerung beschlossen. Der gedankliche Bezug zwischen der abwertenden Frage **Was willst du armer Teufel geben?** und der entgegensetzenden Fortführung **Doch hast du …?** ist nämlich nicht eindeutig. Eindeutig wäre er, wenn die Fortführung lautete: **Oder hast du (etwa) …?** Dann wäre klar, dass die folgenden merkwürdigen Güter tatsächlich Wünsche Fausts wären, dass ›hohes Streben‹ und diese Wünsche für Faust identisch sind und dass er davon ausgeht, dass diese Wünsche Mephistos Möglichkeiten übersteigen. Eindeutig wäre die gedankliche Fügung aber auch dann, wenn die entgegensetzende Fortführung **Doch hast du …?** selbst wiederum fortgesetzt würde, etwa: **…, so will ich meine abwertende Meinung über deine Dienste korrigieren.** Wiederum wäre klar, dass es eindeutig um Fausts strebende Wünsche ginge.

Möglich sind aber auch ganz andere Fortführungen:

a) Lautet das Unausgesprochene: **…, so will ich mangels anderer Möglichkeiten mit diesen sinnlosen Gütern meine Verzweiflung betäuben**, so wären diese Wünsche nicht die dem ›hohen Streben‹ entsprechenden, sondern lediglich Ablenkungs- und Betäubungswünsche.

b) Lautet das Hinzuzudenkende aber: … – *das* **wollte ich dir glauben, denn nur solche nichtigen ›Güter‹ vermagst du und vermag das Erdenleben überhaupt zu gewähren**, so würde überraschend ein ganz anderer – und eigentlich plausibler – Sinn des absurden ›Wunschkataloges‹ zutage treten. Er stellt kein wirkliches Ansinnen gegenüber Mephisto dar, sondern eine rhetorische Provokation des Teufels: Seine möglichen Leistungen werden von vornherein sarkastisch abgewertet und ad absurdum geführt.

Da die logische Struktur der Gesamtäußerung also brüchig bzw. unvollständig ist, muss deren Sinn in einem gewissen Auslegungsdunkel verbleiben. Was Faust da scheinbar einfordert, liefe auf Nichtigkeit hinaus: auf Gewinn, der zugleich zerrinnt, auf Werte, die sich als hinfällig erweisen. So hat es für manchen Interpreten den Anschein, als beherrsche Faust das Verlangen **zu begehren, was nach dem Urteil der Vernunft weder erreichbar noch wünschenswert ist.**[90] Letztlich können aber diese provokativen Fragen nicht eigentlich Wünsche – gar die dem ›hohen Streben‹ gemäßen – sein, sondern allenfalls Betäubungswünsche, im Grunde aber *nur eine in Wunschfassung gebrachte Verhöhnung jeglichen Wünschens.*

Damit aber rückt diese Passage in einen unmittelbaren Bezug zum vorher ausgestoßenen nihilistischen Fluch (vgl. 1587–1606), der z. T. ähnliche Werte aufruft und verachtet (Besitz, Ruhm, Weib). Mit seinem provokativen Fragenkatalog setzt Faust im Grunde diesen titanischen Fluch fort, indem er nicht eigentlich Sehnsuchtsziele benennt, sondern sarkastisch das Ergebnis jeglichen ernsthaften Wünschens vorwegnimmt: Es liefe nicht auf Erfüllung hinaus, sondern auf Nichtigkeit und Sinnlosigkeit. **Diese paradoxen Fragen spiegeln das wider, was an Paradoxie in der Welt ist, wie sie von Faust erfahren, erlebt worden ist. Daher glaubt er nicht nur nicht, Erfüllung seiner Wünsche erlangen zu können, er weiß sogar um die Unmöglichkeit.**[91]

Im Lichte dieser Deutungsansicht mündet der Sinn der absurden Wunschliste durchaus bruchlos in den Gehalt der Wette, der sie vorangeht. Faust leugnet prinzipiell die Möglichkeit eines auf Erden erfüllbaren Wünschens und Sehnens: den seligen Augenblick.

In dieser pessimistischen Haltung liegt etwas zutiefst Problematisches (es wurde bereits angedeutet, vgl. S. 75 f.). Dennoch – und das ist das Schwierige, aber auch Faszinierende – lässt sich diese Weltsicht fast unentscheidbar sowohl kritisch als auch affirmativ lesen.

Zweifelhaft erscheint Fausts Lebenseinstellung, wenn man darin einzig das Nachklingen des nihilistischen Fluchs gewahrt: Indem Faust auf der Unmöglichkeit irdischer Erfüllung beharrt, *entwertet er im Grunde das gesamte irdische und menschliche Dasein.* **Wenn das unendliche Wollen das endliche Sein übergeht, wird dem Irdischen der Wert, festgehalten zu wer-**

den, abgesprochen.[92] Faust scheint dann in der Tat **ein Leben aus der Verneinung und in der Verneinung** zu führen, **ein Leben des bloßen Protestes, begleitet von Mephisto als dem Geist, der stets verneint.**[93] Es wäre Fausts titanischer Protest gegen die seinem Empfinden nach unzulängliche und unwürdige Konstitution des Menschen: Faust will kein Mensch in diesem kläglichen Sinne sein, er will sich nicht mit dem bescheiden, was irgend Menschen glücklich machen könnte. Mit leidenschaftlichem Trotz versperrt sich Faust einer möglichen Seligkeit auf Erden; er wettet **aus Lebensverachtung auf sein dauerndes Ungenügen.**[94] Das kann nicht das Leitgefühl des **rechten Weges** (329) sein, von dem der Herr im **Prolog** spricht, das kann nur das Signum des zugestandenen Irrweges (vgl. 317) sein. Für Faust jedenfalls enthält die **Aussicht auf den vollendeten Augenblick** [...] **soviel Verlockung wie Schrecken. Faust fürchtet ihn so sehr, wie er ihn ersehnt. Er könnte nur gewinnen, indem er zugleich verlöre, was ihm das Gefühl seines Wertes gibt**[95] – sein titanisches Selbstbild des ewig Unruhigen und ewig Unbefriedigten.

Fausts leidendes Verhältnis zur Welt, das zunächst so kritisch beleuchtet wurde, kann in einem anderen Licht durchaus hehr und würdig erscheinen. Gerade weil neben den luziferischen die seraphischen, neben den mephistophelischen die göttlichen Seelenanteile in Faust so mächtig wirken, greift seine unendliche Sehnsucht über jeden endlichen Glücksmoment hinaus. Was Mephisto zu bieten hat – materielle und physische Genüsse –, wird Fausts zwei Seelen schon gar nicht befriedigen (vgl. Kap. 8.2), aber auch alle anderen dem Menschen zugänglichen Erfahrungen genügen nicht Fausts Allumfassungs-, Allverschmelzungs- und Allerkenntnissehnsüchten. Das **faustische Streben** ist in dem Wunsch zu sehen, **unmittelbar und jetzt schon in jenes andere** [jenseitige] **Reich einzudringen und im Erdendasein bereits die Gottesfülle zu besitzen;** dass **ein Verzicht auf die transzendente Fülle und Glorie im Hier und Jetzt zu leisten ist, wird aufs Entschiedenste verneint.** Deshalb kommt es zu dem absurden Wunschkatalog: **Er malt sich aus, wie die Gaben beschaffen sein müßten, die ihn fesseln könnten – völlige Widersprüche müßten sie sein, da Faust den Genuß zugleich begehrt und verwirft; begehrt, weil er das Göttliche im Irdischen erleben will, verwirft, weil Irdisches nicht göttlich sein kann.**[96] Mit anderen Worten: Was Faust mit seiner Wette im Kern anzweifelt, **das ist die Möglichkeit, auf dieser Erde die Gegenwart Gottes als Einheit von Augenblick und Ewigkeit zu besitzen.** [...] **Fausts Zweifel gilt der Theophanie, der möglichen Gegenwart Gottes hier auf Erden.**[97]

Mithin lässt es sich gegensätzlich auslegen, wenn Faust den Sinn des Wünschens auf Erden bestreitet, wenn er die Möglichkeit eines einzigen seligen Augenblicks auf dieser Welt verleugnet und wenn er den Genuss zugleich ersehnt und entwertet. Es kann ein fragwürdiges Pathos der Verneinung sein, das sich aus hybriden Erwartungen und aus oppositionellem Titanentrotz speist. Es kann aber auch ein Wissen um die Unvollkommenheit alles Irdisch-Menschlichen sein, das sich aus dem hohen Streben und der metaphysischen Sehnsucht nährt. So wären es denn eine verfehlte Lebenseinstellung und eine fatale Lebensverachtung – oder ein verletztes Vollkommenheitsstreben und eine nie zur Ruhe gelangende Gottessehnsucht.

8.5 Zu einer Strittigkeit der Paktszene: Pakt und Wette – oder Wette statt Pakt? (Exkurs)

Es ist eine weit verbreitete Ansicht, dass nicht Pakt und Wette gälten, sondern dass die Wette den Pakt abgelöst habe. Man möchte nicht wahrhaben, dass die Wette nur davon handelt, *wann* Faust seine Seele verliert, und nicht davon, *ob* er sie überhaupt verliert. Es widerspricht in der Tat dem gesunden Menschenverstand, wenn Faust sich durch den freiwilligen Zusatz der Wette lediglich mögliche Nachteile (vorzeitigen Tod und Jenseitsdienst), jedoch keinen möglichen Vorteil (Befreiung vom Jenseitsdienst) einhandelt. Dies aber zeigt gerade Fausts titanische Geringschätzung von Mephistos Möglichkeiten, denn er nimmt mit stolzer **Manneswürde** (713) die sofortige Vernichtung als Preis für die Widerlegung seiner emphatisch vorgetragenen Selbsteinschätzung – als ewig Unbefriedigter – in Kauf. Die Wette ist somit Ausdruck von Fausts titanischem Überlegenheitsgefühl über Mephisto, das ein besorgtes Aufrechnen von Vor- und Nachteilen verbietet.

Von der Frage des taktischen Verhandlungsgeschicks abgesehen, rührt das Unbehagen vieler Interpreten am Verhältnis von Pakt und Wette von der Spannungs- und Bewegungslosigkeit der Paktbedingungen her, die jeglichen Freiheits- und Bewegungsspielraum des Protagonisten ausschließen.[98] Diese starre Mechanik wäre aufgehoben, wenn nicht zugleich Pakt und Wette, sondern wenn allein die Wette gelten würde. Und genau diese Geltungsablösung wird daher unterstellt: Der Pakt **ist in eine Wette umgewandelt bzw. in ihr aufgegangen,**[99] oder: **Faust hat den Vertrag nur im Hinblick auf seine Wette unterzeichnet. Die Wette ist Vorbedingung für seine Bereitschaft zum Paktieren mit Mephisto, und wenn der in der Wette bedingte Fall nicht eintritt, so ist Fausts Bindung auf Grund seiner schriftlichen Verpflichtung null und nichtig.**[100]

Allerdings ist hier mehr der Wunsch als die Argumentationskraft der Vater des Gedankens. Das Hauptargument, Goethe könne nicht schlichtweg einen **zeitlichen Automatismus** über Fausts Heil entscheiden lassen, er müsse diesem die **Freiheit des Selbstseins** einräumen[101], wird insofern gegenstandslos, als auch die Wette als Zusatz zum Pakt dessen starre Mechanik durch ein dynamisches Moment belebt. So oder so wird Mephisto angestachelt, seine Sache nicht lieblos, sondern engagiert zu betreiben; so oder so stehen seine Verführungskünste im Wettstreit mit Fausts höheren Seelenkräften, denn auch ein verkürzter Prozess (Gewinn der Wette) läge unzweifelhaft in Mephistos Interesse. In Bezug auf Fausts Erdentage ändern also beide Verstehensmodelle nichts; lediglich über das Jenseits wäre im Fall des fortbestehenden Paktes bereits früher ein Wort gesprochen – aber nur aus beschränkter und unbefugter Perspektive, die der Herr später anstandslos übergeht und aufhebt (vgl. S. 100).

Das zweite Argument für die Außerkraftsetzung des Paktes durch die Wette bezieht sich auf den Wortlaut des Paktes: **Wenn wir uns *drüben* wiederfinden** [...] (1658). Dieses **wenn** kann nämlich temporal (*dann, wenn*) oder auch konditional (*falls*) verstanden werden. Im ersten Fall wäre Fausts Dienst an Mephisto eindeutig festgeschrieben; er beginnt mit dem Todestag. Im zweiten Fall könnte sich Mephisto – der freilich ein temporales **wenn** meint – selbst überlistet haben: falls sich Fausts Seele und Mephisto im Jenseits – aus welchen Gründen auch immer – nicht wiederfänden, wäre Faust seines Dienstes ledig. Für die genannten Autoren gilt nun: **Mit der Einführung der Wette wird dieses ›wenn‹ konditional**[102], oder in knapper Formulierung: der **Termin** wird zur **Bedingung.**[103]

Wenn auch der Ausgang des Dramas in diesem Sinne zu verlaufen scheint – himmlische Heerscharen entführen Fausts Unsterbliches, verhindern also das Zusammentreffen mit Mephisto –, so hat dies doch andere Gründe als eine solche spitzfindige Kasuistik (die, sollte sie so handlungstragend sein, ja an irgendeiner Stelle des Dramas explizit zur Sprache gebracht werden müsste, was nicht geschieht). Fausts Seelenheil geht zwar in der Tat deshalb nicht verloren, weil er die Wette – gegen Mephisto, nicht aber gegen seinen eigenen Nihilismus (vgl. Kap. 9.5) – gewinnt – aber völlig unabhängig von der Tatsache, dass er dem Pakt nach mit dem Tode sein Heil verloren hätte. Denn der Pakt wird durch die göttliche Gnade gegenstandslos, aber diese Gnade hat ihr Unterpfand in Fausts fortwährendem Streben, das ihm eben auch den Wettgewinn gegen mephistophelische Versuchungsmomente sichert (vgl. auch S. 44). *Würde allein die Wette gelten, hätte Faust aus eigener Kraft – bereits im Irdischen – seine Erlösung erworben; die göttliche Gnade wäre nicht vonnöten.* Das Mysterium der Gnade ist aber für Faust (wie für GOETHE) unabdingbar, um den Menschen *trotz seiner Verstrickung in Irrtum und Schuld* freizusprechen.

Zuletzt müssen den zitierten (und anderweitig nachgesprochenen) Forschungsmeinungen noch einige sehr konkrete Textdetails vorgehalten werden. All diese Auffassungen ignorieren schlichtweg das Gewicht des Wortes **gleich** in der Wettformel (**So sei es *gleich* um mich getan**, 1693; Hervorhebung R.S.), das doch *nur* in Bezug zum bereits bestehenden Pakt seinen Sinn hätte (*So sei es sofort, also vorzeitig, um mich getan*), sonst aber durch ein *dann* hätte ersetzt werden müssen (*So sei es dann um mich getan*). Des Weiteren gibt Mephisto selbst in Fausts Todesmoment die Wette verloren (**Der mir so kräftig widerstand, / Die Zeit wird Herr**, 11 591 f.), behauptet aber *trotzdem* sein klar **erworbenes Recht** (11 833) in Form des **blutgeschriebnen Titel**[s] (11 613) – ein deutliches Indiz dafür, dass (zugegeben: nur aus seiner Sicht) Pakt und Wette gelten. Aber nicht zuletzt spricht auch Faust nach Abschluss all der Vereinbarungen, nach der Blutunterschrift, noch von einem **Bündnis** (1741) – und *Bündnis* ist ein anderes Wort für *Pakt*, aber kein Synonym für eine Wette.

9 Die Stationen der Weltfahrt und der Ausgang der Wette

9.1 Erste Station: Flache Unbedeutendheit des Trinkgelages

Was es heißt, wenn Menschen ›mit Genuss betrogen‹ werden (vgl. 1696), zeigt Auerbachs Keller. Dieses Gewölbe ist ein Vorhof **jener dunkeln Höhle** (714), in der Satan residiert; hier ist erreicht, was Mephisto an Faust erreichen will: dass der Mensch sich **tierischer als jedes Tier** (286) gebärdet.

Die **Bestialität** (2297) ist in der Tat das Signum dieser **lustige[n] Gesellschaft** (2159), die sich mit Zank und Zote, mit Rohheit und Rüpelhaftigkeit dem schalen Biervergnügen hingibt. Diesen Menschen ist nichts mehr heilig: das **Heil'ge Röm'sche Reich** (2090) wird ebenso verhöhnt wie die Religion in Gestalt des ›fettwänstigen Doktor Luther‹ (vgl. 2128 f.) und die Liebe in ihrer Gleichsetzung mit Rattengift (vgl. 2130 ff.). Keinerlei **Lieb im Leibe** (2132) haben diese Studiosi mehr, die das zutiefst sadistische und in Bezug auf die Liebe roh zynische Rattenlied **jauchzend** (2133) goutieren.

Dass die gesamte Sphäre ins Animalische abgesunken ist, zeigt auch die durchgehende Tiermetaphorik.[104] Sie meldet sich bei den so genannten **Biernamen: *Frosch* bedeutet Fuchs im ersten, *Brander* Brandfuchs im zweiten Semester**[105], in dem Verlangen nach **Sauerei** (2078), in der Titulierung Froschs als **Schwein** (2081) sowie in der boshaften Identifizierung Siebels mit der **geschwollnen Ratte** (2156) und schließlich in der Flohsymbolik bei der Beschreibung höfischer Günstlingswirtschaft (vgl. 2210–40). Der Zechrunde im Weinkeller **ist ganz kannibalisch wohl, / Als wie fünfhundert Säuen** (2293 f.), und es scheint in der Tat die Herde Säue zu sein, in welche die Teufel fahren, als Christus sie aus dem Leib zweier Besessener vertreibt (Matthäus 8, 31 f.).

Dass der Gebieter des Animalischen, der **Herr der Ratten und der Mäuse, / Der Fliegen, Frösche, Wanzen, Läuse** (1516 f.), die studentischen Trinkkumpane bereits in den Klauen hält, wird ihnen freilich nicht bewusst: **Den Teufel spürt das Völkchen nie, / Und wenn er sie beim Kragen hätte** (2181 f.). Der Verlust an Menschlichkeit bleibt unbemerkt; stattdessen **genießen sie in Verblendung ihren eigenen Schaden, werden** [sie] **mit Genuß betrogen.**[106]

Auerbachs Keller ist nun Mephistos erster Versuch, Faust in **der Erde Freuden** (1859) zu verwickeln. Der scheitert gründlich. Animalische Lustbarkeit dieser Art kann Faust nicht animieren; er bleibt innerlich unbeteiligt. Im *Urfaust* führte er noch selbst die Zauberstückchen aus, die nunmehr – den Grad seiner Reserviertheit unterstreichend – sein teuflischer Mentor zum Besten gibt. Neben dem Eingangsgruß hat Faust nur einen Satz für diese ihn langweilende und wahrscheinlich anwidernde Trinkbrüderschaft übrig: **Ich hätte Lust, nun abzufahren** (2296).

9.2 Zweite Station: Begier zu Gretchens süßem Leib

Vorbemerkung: Die Gretchentragödie wird zunächst nur eingeschränkt als Gretchenepisode in Fausts Weltfahrt betrachtet; ihre weiter reichende Bedeutung wird im anschließenden Kapitel (10) behandelt.

Die Begegnung Fausts mit Gretchen steht unter dem Vorzeichen der unmittelbar vorausgehenden, leise gesprochenen Prophezeiung Mephistos: **Du siehst, mit diesem Trank im Leibe, / Bald Helenen in jedem Weibe** (2603 f.). Faust stünde also unter der Wirkung eines Aphrodisiakums, das ihm unterschiedslos jede Frau begehrenswert macht. Gretchen wäre ein beliebiges, austauschbares Sexualobjekt. Das Ungestüme in Fausts Liebesverlangen scheint diesen Eindruck durchaus zu bestätigen: **Hätt ich nur sieben Stunden Ruh, / Brauchte den Teufel nicht dazu, / So ein Geschöpfchen zu verführen** (2642 ff.).

Im Kalkül Mephistos ist Gretchen in der Tat die Erstbeste, Fausts **Lüsternheit** (2740) zu wecken und zu befriedigen. Was Faust vom Pakt verlangt hat – **glühende Leidenschaften** in den **Tiefen der Sinnlichkeit** zu stillen (1750 f.) –, soll ihm mit Gretchen geboten werden, nachdem Faust die vermeintlichen Freuden einer Biertischgesellschaft gleichgültig verschmäht hat. Doch schon sehr bald – in Gretchens Kammer eingedrungen – überströmen Faust rührende Empfindungen; ihn ergreift ein geradezu religiöser Schauder, und die blanke Begierde wandelt sich zu Liebe: **Mich drang's, so grade zu genießen, / Und fühle mich in Liebestraum zerfließen!** (2722 f.). Obwohl die Einmündung des triebhaften Begehrens in ein liebendes Verlangen schon frühzeitig moralische Skrupel weckt – **Bring die Begier zu ihrem süßen Leib / Nicht wieder vor die halb verrückten Sinnen!** (3328 f.; vgl. auch 2730, 3348–60) –, schlagen diese sich nicht in der Konsequenz eines entsprechend verantwortlichen Handelns nieder. Ein unerklärliches ›Muss‹ regiert Faust: **Du, Hölle, mußtest dieses Opfer haben! / […] Was muß geschehen, mag's gleich geschehen!** (3361 ff.). Die Liebesverbindung ohne soziale Einbettung führt in die Katastrophe.

Fausts Triebhaftigkeit unterliegt mithin dem Signum eines rätselhaften Fatalismus, dem übrigens gleichfalls Gretchen unterworfen ist (**Weiß nicht, was mich nach deinem Willen treibt,** 3518). **Auf dem Weg zu Gretchen, und damit zum sinnlichen Genuß, ist Faust von Schuldgefühl, von Erkenntnis seiner Unmenschlichkeit, Gottverhaßtheit, Abhängigkeit vom**

Teufel erfüllt, zugleich finster entschlossen, den Weg der Zerstörung bis zu Ende zu gehen, der schon eine eigene Notwendigkeit angenommen hat.[107]

Allgemein psychologisch betrachtet mag Fausts destruktive Unbeirrtheit dunkel erscheinen; sie liegt aber durchaus in der Konsequenz seines Selbstbewusstseins als ewig Unbefriedigter und seines Bündnisprogramms mit Mephisto. Faust muss demgemäß ahnen, dass auch Gretchen ihm den vollends erfüllten Augenblick nicht schenken wird, doch wenn er der Erde **Wohl und Weh** (1773), wenn er die Erfahrung der Menschheitsgattung an sich selbst durchleiden will, so muss er die Gewalt des Geschlechtlichen erleben, und zwar in der Macht ihrer Durchsetzungskraft und ihrer möglichen Zerstörungsfolgen. Der **Menschheit ganzer Jammer** (4406) überfällt denn auch Faust am Ende der Liebesbeziehung. Ein Zurückschrecken in der Anfangssituation wäre gleichzusetzen mit dem Abbruch seines letzten, aus der Verzweiflung genährten Lebensexperimentes: des Paktes, des magisch erweiterten **neuen Lebenslauf**[s] (2072).

Ist Mephistos zu unterstellender Plan, Faust im **Faulbett** (1692) des erotischen Genusses einzuschläfern, gelungen? Merkwürdigerweise offenbart Faust bereits vor der ersten Liebesnacht, dass ihm die Vereinigung mit Gretchen nicht Genüge tun wird: **So tauml ich von Begierde zu Genuß, / Und im Genuß verschmacht ich nach Begierde** (3249 f.). Ursprünglich stellten diese Worte – im *Fragment*, wo die gesamte Szene **Wald und Höhle** der Szene **Am Brunnen** folgt (vgl. die Tabelle der Werkstufen, S. 22 f.) – eine Verarbeitung der bereits genossenen körperlichen Vereinigung dar. Nunmehr erscheint dieses vorwegnehmende Ungenügen recht unvermittelt; es entspricht jedoch der dann tatsächlich eintretenden Reaktion. Nach der Liebesnacht ist Fausts Seele verdüstert und **nächtig** (3654); Mitleid, Reue und Schuldgefühle regen sich, doch die **Lippen sind kalt** (4493). So erbarmungslos es klingt: Mit der Jungfernschaft ist auch das Liebesband zerrissen.

Fausts Ungenügen an seiner Liebe zu Gretchen, an Gretchens Liebe zu ihm wird vom Dramentext nicht erklärt. Eine sozialpsychologische Deutung – die Gretchens Tragödie als bürgerliches Trauerspiel liest (vgl. Kap. 10.3) – fällt nicht schwer: Faust hat Gretchens kleinbürgerliche Persönlichkeit und Lebensweise von vornherein idealisiert und damit nicht eigentlich wahrgenommen, sondern verkannt. Die **Einfalt** wird zum **heil'gen Wert** (3102 f.), die **Hütte** zum **Himmelreich** (2708) verklärt. In Wirklichkeit aber verträgt sich Fausts freigeistig-vagabundierende Existenzweise nicht mit Gretchens rechtschaffener Enge; bei näherer Bekanntschaft weicht der Ernüchterung, was sich nur der Verklärung verdankt, die Schwärmerei schlägt um in Überdruss: **Das ist der Lauf der Welt** (3204).

Interpretiert man Fausts Untreueverhalten jedoch von den Antrittsgesetzen seiner Identität und seiner auf Identitätswahrung zielenden Wette, so erfüllt sich darin nur das Verhängnis seines ewigen Unbefriedigtseins und Weiterstrebens. Im nihilistischen Fluch wie im absurden Wunschkatalog hat Faust **Weib und Kind** (1598) und mögliche Geliebte (vgl. 1682 f.) als trügerische Glücksmomente abgewertet – und abgewehrt. Sollte Faust den seligen Augenblick, der ihn mit der unselig beschränkten Existenzweise als Mensch versöhnt, bereits im Schoß eines schlichten Kleinbürgermädchens und gar einer gewöhnlichen Ehe finden – wie banal und kläglich endete sein Lebenskreis im Blickwinkel seiner Titanenprätention! (Und, nicht gering zu schätzen: Wie trivial endete das Drama mit all seinen aufwendigen philosophischen Präliminarien!) Wenn die Gretchentragödie in GOETHES Faustdrama fast überhand nimmt, so erscheint dies biografisch begründet – GOETHE verarbeitet im *URFAUST* eigenes Untreueverhalten, wie dies Thomas Mann recht eingehend und eingängig schildert[108] –; von den Prämissen der Faustpersönlichkeit und der Dramenkonzeption her muss aber Gretchen Episode bleiben, so grausam Faust auch über ihr Schicksal hinwegschreitet.

Bereits an Gretchen wird damit aber auch das potenziell Unmenschliche von Fausts Persönlichkeitsgesetz offenbar. Wenn Faust sein Selbstwertgefühl an sein ewiges Unbefriedigtsein knüpft, so ist er in der Tat der **Unmensch ohne Zweck und Ruh** (3349), der sich gegen eine Öffnung für ein Liebeserlebnis und gegen die Hingabe an einen geliebten Menschen sperrt. Als seine Leidenschaft für Gretchen verblasst ist, als Gretchen der allgemeinen Ächtung verfällt, lässt er es überdies an den elementarsten Gesten der Unterstützung und des Trostes fehlen (von der sozialen Rettung durch Heirat ganz zu schweigen). Er lässt Gretchen allein in ihrer Verzweiflung, zerstreut sich in der Walpurgisnacht und wird von seinem Gewissen nur zu dem verspäteten Versuch einer Befreiung Gretchens aus dem Kerker aufgerüttelt. Allein von Fausts Verhalten gegen Gretchen beurteilt, erweist sich Fausts ›hohes Streben‹ (vgl. 1676) also eindeutig als inhuman und keineswegs als Gott – und damit der Humanität – zugewendet. Die Gretchentragödie verschiebt somit die Gewichte merklich zugunsten einer kritischen Deutung Fausts: als eines Titanen, der aus Vermessenheit und Lebensverachtung das menschliche Dasein verkennt und menschliche Werte kaltsinnig übergeht (vgl. Kap. 7.4 sowie S. 75 f. und S. 79 f.).

Die Gretchenepisode und Mephistos Strategie können schließlich nach einem noch anderen Gedankenmodell gelesen werden. Nicht nur im Faulbett eines libertinären erotischen Genusses könnte Fausts strebende Grundhaltung gebrochen werden, sondern auch in dem einer trägen Ehe. Bezeichnenderweise lenkt nämlich Mephisto Fausts gerade durch das Helenabild erweckte Geschlechtslust umgehend in die Bahnen einer Heiratsempfehlung – **Ich weiß dir so ein Schätzchen auszuspüren, / Und selig, wer das gute Schicksal hat, / Als Bräutgam sie heim zu führen!** (2445 ff.) – und wiederholt dieses Betreiben auch Gretchen gegenüber: **Ihr wäret wert, gleich in die Eh zu treten** (2943). Eine konventionell bindende Ehesituation mit einer saturierten Zufriedenheit könnte durchaus ebenso in Mephistos Konzept passen wie das Befriedigungsmoment einer verantwortungslosen, anarchischen Sexualität (die freilich a priori mehr seinem traditionellen Sündenressort zugehörte). Die sich überraschend aber abzeichnende authentische Liebe zwischen Faust und Gretchen hätte einen solchen Plan Mephistos durchkreuzt; sie hätte vielleicht nicht in eine behäbig-belanglose Alltagsgemeinschaft geführt, sondern bereits in einen gemeinsamen ›rechten Weg‹ (vgl. 329): nicht den faustischen des ›dunklen Dranges‹ (vgl. 328), wohl aber den Gretchen gemäßen **der Liebe holden Schranken** (347, siehe auch Kap 10.1). Echte, erfüllte Liebe wäre bereits die Erlösung beider, wenn auch um den Preis einer Korrektur von Fausts Selbst- und Weltbild und der verlorenen irdischen Wette. Da Mephisto – der Liebesfeind – bei der Verbindung Fausts mit Gretchen – jedenfalls sub specie aeternitatis – nichts gewinnen kann, muss er die Voraussetzungen schaffen, die diese Liebe vereiteln: die Schuldverstrickung. Sie beginnt mit dem tödlichen Schlaftrunk für Gretchens Mutter (den man Mephisto zudenken kann), und sie setzt sich fort in Mephistos Versuchen, die liebenden Gefühlsanteile zugunsten der rein triebhaften verächtlich zu machen (vgl. 3534 f., 3659), die Faust in der Tat demoralisieren und ihn die praktischen Notwendigkeiten der Liebesbeziehung vernachlässigen und an Gretchen schuldig werden lassen.

Die so lakonisch in der offenen, aussparenden Dramenform präsentierte Gretchenepisode eröffnet also bereits weite Erörterungsspielräume. Der Text präzisiert nicht, wie sie den Prämissen der Wette zuzuordnen und wie ihr tatsächlicher Verlauf im Hinblick auf den Teufelskontrakt zu bewerten ist. Es ist eine der größten Denkwürdigkeiten des Weltgedichtes, dass es scheint, als würden die doch so bedeutungsvoll lancierten Ausgangsbedingungen – Pakt und Wette – bereits nach kurzer Zeit nicht mehr der Erwähnung wert befunden.

9.3 Dritte (symbolische) Station: Tiefen der Sinnlichkeit (Walpurgisnacht)

Gretchen bricht im Dom unter den Einflüsterungen des ›Bösen Geistes‹ zusammen; Faust lässt sich – ohne Widerstreben – von Mephisto zum Hexensabbat führen: Krasser kann der Bruch, der Faust wieder (oder weiterhin?) von Gretchen trennt, nicht bezeichnet werden.

Nachdem Mephistos mutmaßlicher Plan fehlgeschlagen ist, Fausts dunklen Drang des Weiterstrebens durch ein Lüsternheitserlebnis oder durch eine biedere Ehe zu brechen, versucht er es noch einmal auf dem gleichen Terrain der Geschlechtlichkeit: **verbinde dich aufs neue** (4054), rät er Faust, **ich bin der Werber, und du bist der Freier** (4071).

Die Region, in die er Faust dabei führt, ist aber kein Platz dieser Welt, sondern ein Seelenort – es ist der Raum des freudschen *Es*, des ungezügelten Trieblebens, dämonischer Schreckensort und utopisches Ziel eines chthonischen Verlangens. **In die Traum- und Zaubersphäre / Sind wir, scheint es, eingegangen** (3871 f.); mit angstbesetzter Lust hat sich der Aberglaube des Volkes im Blocksberggeschehen ein Sinnbild geschaffen der **glühende[n] Leidenschaften** und der **Tiefen der Sinnlichkeit** (1750 f. – vgl. hierzu auch die von Goethe als Anregung benutzte grafische Darstellung Mat. 7).

Eine schaurig-großartige Atmosphäre beherrscht diese Walpurgisnacht: das gespenstische Licht glühender Goldadern und eines rot glimmenden Mondes; aus Abgründen und Schlünden hervorkriechende Nebelschwaden; das Heulen, Zischen und Rasen der Windsbraut; Fratzen schneidende Felsen und nachgreifende Wurzelarme; das unheimliche Knarren und Gähnen, Krachen und Dröhnen des Waldes; wilde Schreie von Schuhu, Kauz, Kibitz und Häher; das grausige Gewimmel der Molche, Mäuse und Funkenwürmer sowie der zaubertolle Zug der stockreitenden Hexen und Teufelsanbeter. Ein Tosen und Toben, ein Trubel und Taumel; **alles, alles scheint sich zu drehen** (3908).

Es ist eine entfesselte und entstaltete, eine chaotische und dämonische Natur, die Natur im Erregungs- und Fieberzustand – und damit spiegelt sie den Strudel der Leidenschaften, die anarchische Triebwelt, die im Innern der Menschennatur lauert. In der Traumwelt der Walpurgisnacht **treiben die triebhaften und ungeformten Schichten der Seele ihr unheimliches und phantastisches Spiel.**[109]

Die ungestüme und gewissenlose Verführung Gretchens, auf die Faust zunächst ausging, wäre eine Form dieser zügellosen Triebhaftigkeit in der realen Welt gewesen; doch Fausts idealistische Rührung und Liebeswallung haben die Dinge anders gewendet. In der symbolischen Sphäre der Walpurgisnacht wiederholt Mephisto die Versuchung einer enthemmten Sexualität.

Das Vorzeichen setzt Lilith, nach altrabbinischer Legende eine erste Frau Adams (vor Eva), die sich von Adam trennt und dem obersten Teufel verbindet. Sie gilt als **Prototyp des weiblichen Buhlteufels**[110], als Symbolgestalt verderbender Sexualität also. Liliths vorübergehende Erscheinung signalisiert den Bedeutungsgehalt der Verbindung, die Faust unmittelbar daraufhin eingeht: in paralleler Choreografie gesellt sich Mephisto einer

Alten, Faust einer **Jungen** zu. Die drastische Metaphorik des einen Paares spiegelt den Erlebnisgrund des anderen, der sich in poetische Bilder hüllt: **ungeheures Loch** und **rechte[r] Pfropf** umschreiben wie die begehrlichen **zwei schöne[n] Äpfel** den auf die körperliche Vereinigung zustrebenden Sinnentanz (4128–43). In traditioneller Perspektive ist offensichtlich, **daß Fausts Tanz mit der Hexe dem Geheiß des Satans folgt und ihn endgültig dem Reich des Bösen einverleiben wird**[111], nach den Gesichtspunkten der Wette wäre es ein Unterfangen Mephistos, Fausts metaphysisches Streben durch das Erlebnis unumschränkter Wollust zu paralysieren.

Doch Faust bricht die orgiastische Begegnung erschrocken ab – zwei Momente lassen ihn im letzten Augenblick zurückschrecken. Der jungen Schönen springt **ein rotes Mäuschen [...] aus dem Munde** (4179), und dann – fast gleichzeitig – meint Faust Gretchen zu erblicken, deren Hals **ein einzig rotes Schnürchen** überläuft, **nicht breiter als ein Messerrücken** (4203 ff.). Das rote Mäuschen offenbart Faust das Illusionäre und Gefährdende seines Lusterlebnisses, denn es zeigt ihm, dass seine Tanzpartnerin eine Hexe ist. Nach dem Volksglauben fährt nämlich die Seele schlafender Hexen in Gestalt einer roten Maus aus dem Mund und geht in der Welt umher, vor dem Erwachen aber wieder in den Mund hinein; beim Tode schließlich fährt sie als graue Maus aus dem Mund heraus (daher Mephistos Beschwichtigungsversuch: **Genug, die Maus war doch nicht grau** [4181], also immerhin umfasst Faust eine lebendige Hexe). Das rote Schnürchen hingegen – Kennzeichen als Geister umgehender, enthaupteter Delinquenten – macht Faust schockartig klar, welches Schicksal der vergessenen Geliebten bevorsteht: **Fürwahr, es sind die Augen einer Toten, / Die eine liebende Hand nicht schloß** (4195 f.). Faust hat die anrührend-erschütternde Vision des bereits gerichteten Gretchens (während sie im weit entfernten Kerker ihren Henker erst erwartet) und er wird an das herzlose Versäumnis seines (nicht geleisteten) Beistandes gemahnt.

Zwei Momente sind es mithin, die beide der rauschhaften Illusion einer reinen, aller Bindungen und Verpflichtungen enthobenen Sexualität ein Ende bereiten: Erkenntnis und Gewissen, Vernunft und Moral. Dem selbstvergessenen Sinnenbacchanal folgt die Ernüchterung; dem drohenden Selbstverlust die Rückkehr zum besseren Selbst. Mephistos Versuch, Faust in entfesselte Lust zu verweben, scheitert daran, dass Faust sich dieser Lust nicht vollends ergibt; die **beßre Seele** (1181) und die **das Beste** seines **Innern** repräsentierende Geliebte (10 066) haben ihn vor der Gefahr bewahrt, im traditionellen Verstande der Teufelsunzucht, in aufgeklärterem Sinne der sozial nicht integrierten und damit destruktiven Sexualität zu verfallen. (Modernen Interpreten steht es zudem frei, Fausts Zurückschrecken – wie das frühere Zaudern, in Gretchens Kammer zurückzukehren – **als Folge von**

Bindungs- und Triebangst auszulegen, **weil das Phänomen Sexualität von ihm dämonisiert wird und somit für ihn angstbesetzt ist.**[112])

Für einen Moment zeigt sich Faust auf dem Blocksberg auch als der alte Erkenntnis Suchende: **Dort strömt die Menge zu dem Bösen; / Da muß sich manches Rätsel lösen** (4039 f.). Wo kommt das Böse her, woraus speist es sich im Menschen, warum darf es so selbstherrlich walten, hat es gar eine Berechtigung und einen tieferen Sinn? Das Theodizee-Problem, das an den Eckpfeilern der menschlichen Vernunft nagt (und das zu den Grundproblemen des Weltgedichts selbst gehört, vgl. Kap. 4.2), mag auch den philosophischen Theologen Faust dereinst an die Grenzen der Erkenntnis getrieben haben.

Dieses Urböse, verkörpert im obersten Teufel, dem Satan, sollte denn auch nach GOETHES ursprünglichen Plänen leibhaftig auf dem Brocken erscheinen und eine unflätig-diabolische Bergpredigt halten. Satan, zu den männlichen Huldigern gewendet: **Euch gibt es zwei Dinge, / So herrlich und groß: / Das glänzende Gold / Und der weibliche Schoß. / Das eine verschaffet, / Das andre verschlingt – / Drum glücklich, wer beide / Zusammen erringt!** Und, an die weiblichen Getreuen gerichtet: **Für euch sind zwei Dinge / Von köstlichem Glanz: / Das leuchtende Gold / Und ein glänzender Schwanz – / Drum wißt euch, ihr Weiber, / Am Gold zu ergötzen / Und mehr als das Gold / Noch die Schwänze zu schätzen!**[113] In seinen **Walpurgissack**[114] hat GOETHE diese ausgesparten Teile – durchaus fein säuberlich – verschlossen und seitdem hat schon manchen Philologen die Frage umgetrieben, ob dies zu Nutzen oder Schaden der Dichtung geschehen ist. Den leidenschaftlichsten und aufwendigsten Versuch, diese apokryphen Faustpartien zu sanktionieren und dem Gedicht zumindest im Geiste der Gelehrtenrepublik zu supplieren, hat Albrecht Schöne unternommen.[115]

Im **Vorschlag einer Bühnenfassung** (215) der **Walpurgisnacht** gipfeln Schönes vorangehende historisch-philologische Untersuchungen. Das Intermezzo des **Walpurgisnachtstraums** sowie die zeitsatirischen Einsprengsel sind gestrichen, verwendbare Teile der Paralipomena und erklärende Regiebemerkungen sind dem autorisierten Text eingefügt. Die Rekonstruktion der ursprünglich von GOETHE vorgesehenen Satansmesse nimmt dabei den Platz ein, den nunmehr der ins **unverträglich Harmlose** (118) ausweichende **Walpurgisnachtstraum** okkupiert.

Diese Messe folgt dem festen Schema, das die Inquisitoren zum Ablauf eines Hexensabbats erklärten: Man traf **im Dunkel der Nacht an abgelegenen Orten zusammen, häufig nach einem Flug durch die Luft; huldigte mit obszönen Küssen dem Teufel, der als ein bleicher oder schwarzer oder stark behaarter Mann, oft auch in Tiergestalt erschien; betete ihn an und sagte sich vom Christengott los, verhöhnte die heiligen Sakramente; hielt in vielen Fällen eine rituelle Mahlzeit ab; führte dann wilde Tänze auf und verübte schließlich die schändlichste**

Unzucht (128). An die Stelle der Gottesverehrung tritt der Teufelskult; die Satansmesse ist eine **Kontrafaktur des kirchlichen Kultus** (142), die Züge christlicher Rituale übernimmt und in ihr diabolisches Gegenteil verkehrt. GOETHE gestaltet den Auftritt des Antichristen nach dem Muster der biblischen Erzählung vom Weltgericht (vgl. Matthäus 25, 31 ff.). Scheidet Christus, der Weltenrichter, die Völker wie ein Hirte die Schafe und Böcke, so teilt GOETHES Satan seine Gemeinde – die durchaus **als Abbild der Menschheit überhaupt** zu denken ist (158) – in Böcke und Ziegen: **Geht es aber dort um die Scheidung der Seligen von den Verdammten, so werden Männer und Frauen hier als Tiere benannt, wie Tiere sortiert, zurückgeführt auf ihre tierische Geschlechtlichkeit** (153). Durch diesen Gestus des Weltenrichters **usurpiert der satanische Gegengott die Rolle, die Christus einnimmt beim jüngsten Gericht** (158).

Besitzgier und Sexualität sind nach der Lehrverkündigung des Satans die Triebräder der Menschennatur. Pointiert ist damit ausgedrückt, was Mephisto schon im Drameneingang unterstellt hat: dass die Vernunft nur Bemäntelung und Operationsorgan der Triebmächte, dass der Mensch im Grunde **nur tierischer als jedes Tier** sei (V. 286). Und durchaus kulminieren in dieser travestierten Heilsbotschaft Wirkungsmomente, die auch in der Gretchentragödie eine treibende und unselige Rolle gespielt haben: die Schmuckgeschenke – **Nach Golde drängt, / Am Golde hängt / Doch alles** (V. 2802 ff.) – und die undisziplinierte Sexualität: **Mein Schoos! Gott! drängt / Sich nach ihm hin** (singt Gretchen, allerdings nur im *URFAUST*, am Spinnrad; V. 1098 f. der *URFAUST*-Zählung). Ohne Frage läge also die Blocksberg-Predigt in der Konsequenz der dramatischen Anlage und **gewinnt (gewönne) durch den der Erscheinung des Herrn kontradiktorischen Auftritt des häretischen Gegengottes, durch den gewaltigen Gegenentwurf, den diese Satanszenen zum ›Prolog im Himmel‹ bilden, eine dialogische Spannung, die der zum Monolog des *einen* ›Herrn‹ isolierte ›Prolog‹ mit seiner nunmehr unbestrittenen Erlösungszusage aufgeben mußte. Wahrhaftig zwischen Gott und Gegengott gestellt, den einander widerstreitenden Urprinzipien des Guten und Bösen ausgeliefert, irrte dieser Faust durch die Welt** (207).

Doch – was Schöne herunterspielt, muss durchaus hervorgehoben werden: Die inneren Gewichte des Dramas wären gewaltig verschoben, das gesamte mephistophelische Prinzip mit seiner polaren Berechtigung wäre zu sehr ins Satanisch-Negative gedrängt worden. Das Gleichgewicht von Gott und Gegengott, die dualistische Kosmogonie (vgl. Kap. 5.2), hätte nicht mehr erklären können, warum dieser so weit in die Sphäre der Schuld und des Bösen ausgleitende Faust dennoch gerettet und verklärt wird. Wenn nicht das Böse zugelassener, ja eingesetzter Faktor des Guten ist, sondern kontradiktorische Gegenkraft, so könnte es nicht so verzeihlich behandelt werden, wie es im Faustdrama geschieht. Somit mögen es nicht allein die **Selbstzensur** (210) mit Rücksicht auf die Publikumsreaktion, sondern durchaus auch konzeptionelle Bedenken gewesen sein, die GOETHE zur Aussparung der Satansmesse bewogen haben. Ohnehin geht es GOETHE letztlich nicht darum, Faust einer herkömmlichen Teufels- und Verführungsvorstellung auszusetzen; die Sünden und Verfehlungen, die Gefährdungen und Verderbnisse sind verlagert: vom Abergläubischen und Orthodoxen, ja vom Moralischen überhaupt ins Kraftfeld von tätigem Wirken und trägem Verharren, von strebender Persönlichkeitserweiterung und genießender Stagnation.

Recht mühelos gelingt es Mephisto, Faust von der Aufwallung seines früheren, auf die Lösung der Welträtsel gerichteten Wissenstriebes wieder abzulenken (**Doch manches Rätsel knüpft sich auch**; 4041) – die Tragödie der Erkenntnis wird, wie gesagt (vgl. Kap. 7.2), über ihre Anfangsgründe hinaus nicht eigentlich fortgesetzt.

Die Walpurgisnacht endet mit einem gewaltsam leichtfertigen Nachspiel, dem **Walpurgisnachtstraum**. Viel philologische Spitzfindigkeit (die hier aus Platzgründen nicht nachgezeichnet werden kann) ist aufgewendet worden, um diesem dramatischen Nonsense-Spiel-im-Spiel einen Stellenwert und eine Berechtigung im Weltgedicht zuzuweisen. Überzeugen kann dieser sophistische Scharfsinn so wenig, wie es nach wie vor befremdet, dass der eben von der Gretchenvision erschütterte Faust diesem **dilettantisch-läppischen Gedudel und Gehopse**[116] geduldig beiwohnen sollte. Sei der **Walpurgisnachtstraum** – diese in SCHILLERS Musenalmanach nicht mehr aufgenommene, zeitsatirische Xenien-Dichtung – eben hingenommen als der dezidierteste Ausdruck von GOETHES olympischem Dichtermutwillen.[117]

9.4 Stationen des Zweiten Teils: Kaiserhof, Helena, Küstenherrschertum

Ein kurzer Blick soll auf die Weltfahrt-Stationen des zweiten Dramenteils geworfen werden.

Fausts Anwesenheit am Kaiserhof und seine Verbindung mit Helena gehören zum traditionellen Motivbestand der Volksbücher, den GOETHE seinen Absichten anverwandelt hat.

Der jetzige Verlauf der Kaiserhof-Szenen lässt nicht mehr erkennen, wie diese in das von der Wette gesetzte Koordinatensystem eingeordnet werden sollen. Sie scheinen lediglich eine – allerdings weidlich und behaglich expandierte – Hinleitung zur späteren Helenabegegnung zu sein. Unschwer ist jedoch denkbar, welche Versuchung die höfische Welt hätte darstellen können, und ein Arbeitsschema von 1816 spricht es auch aus: Geisterchöre sollten Faust zu Beginn des Zweiten Teils **die Freuden der Ehre, des Ruhms, der Macht und Herrschaft vorspiegeln** (vgl. S. 27 der Darstellung der Entstehungsgeschichte).[118] Geltungssucht und Machtgelüste hätten also Faust am Kaiserhof anfechten und seine geistig-strebende Identität aushöhlen können. Nunmehr zeigt der erste Akt zwar ein Kaiserreich in der glanzvollen Hohlheit seiner Repräsentation und der inneren Morschheit seiner

Ökonomie, doch Faust ist – bis auf seine Teilnahme am Maskenzug als Plutus (die allein durch eine Gesprächsäußerung gegen Eckermann bezeugt wird[119]) – unbeteiligt und wird erst durch des Kaisers Laune, ihm eine Helenabeschwörung abzuverlangen, näher interessiert und verwickelt.

Fausts Gang zu den mythischen Müttern, seine Evokation des Helenabildes – **was sich auf jenem magisch-geistigen Theater** recht eigentlich abspielt, ist die symbolisch verschlüsselte **Zeugung des Schönen** [...] **in der Seele des Dichters.**[120] Im gewohnt hämischen Kommentierungsstil Mephistos: **Machst du's doch selbst, das Fratzengeisterspiel!** (6546). Die Verwechslung des schönen Scheins mit handfester Wirklichkeit führt – mit Fausts begehrlichem Zugriff – zur Auflösung der Erscheinung. Auch das zweite Auftreten Helenas aber macht Faust, macht Fausts Fantasie und Schöpfungskraft im Grunde selbst. Eine **Phantasmagorie**, ein Zauber- und Trugbild, hat GOETHE den Helena-Akt in seiner selbstständigen Veröffentlichung untertitelt (vgl. die entstehungsgeschichtliche Darstellung, S. 27), damit den illusionären oder, besser, fiktionalen Charakter dieses scheinbar leibhaftigen Auftretens hervorhebend. Wenn Faust im Ohnmachtsschlaf die Zeugung Helenas durch Zeus und Leda träumt (vgl. 6903–20), so ist dies eine erneute Seelengeburt des Schönheitsurbildes in Fausts Innerem und der Neubeginn seiner Helenasuche, die diesmal zu angemessenen Zugangs- und Vergegenwärtigungsformen der ›mythologischen Frau‹ (vgl. 7428) führt. Denn letztlich ist die zeitenaufhebende Wiederbelebung Helenas nur der zeitunabhängigen Vergegenwärtigungskraft der Dichtung zu verdanken, wie Chiron erläutert: **Der Dichter bringt sie, wie er's braucht, zur Schau: / Nie wird sie mündig, wird nicht alt, / Stets appetitlicher Gestalt. / Wird jung entführt, im Alter noch umfreit; / Genug, den Poeten bindet keine Zeit** (7429–33). Faust wird zwar nicht buchstäblich (d. h. in der Handlungsebene) zum Dichter, doch seine Griechenlandsehnsucht und Schönheitsliebe sind Äquivalente dieser poetischen Aneignung der Antike: **Und sollt' ich nicht, sehnsüchtigster Gewalt, / Ins Leben ziehn die einzigste Gestalt?** (7438 f.). Die Helenatragödie des zweiten und dritten Aktes ist **das Symbol eines geistigen Findens, eines schöpferischen Vorgangs.**[121]

Fausts Helenasuche wird merkwürdig verschränkt mit dem Homunculus-Mythos: das künstliche Geisteswesen sucht den organischen Weg seiner Entstehung, und zwar inmitten der Klassischen Walpurgisnacht, die selbst wiederum mythisches Fest des Werdens und der zeugend-schaffenden Kraft ist: **So herrsche denn Eros, der alles begonnen!** (8479). Wenn aber – wie GOETHE in seiner *WINCKELMANN*-Schrift schreibt – der Mensch **auf den Gipfel** der Naturentwicklung gestellt und **das letzte Produkt der sich immer steigernden Natur** [...] **der schöne Mensch** ist[122], so wird deutlich, warum Homunculus' Versuch der Menschwerdung und Fausts Suche nach dem Urbild der Schönheit eine innere Verbindung haben und warum beide Suchende in eine Sphäre tauchen, in der z.B. die Naturentwicklungsmodelle des Neptunismus und des Vulkanismus erörtert werden (vgl. 7851–72 und 8432–43) und die in eine Apotheose des alles hervorbringenden und durchwirkenden Liebespulses, des Eros, mündet.

Da die Natur den schönen Menschen nur selten und nicht dauerhaft erzeugen kann, steigert wiederum der Mensch seine Möglichkeiten, um **in sich abermals einen Gipfel hervorzubringen [...], indem er sich mit allen Vollkommenheiten und Tugenden durchdringt, Wahl, Ordnung, Harmonie und Bedeutung aufruft und sich endlich bis zur Produktion des Kunstwerks erhebt.** Mit seiner **idealen Wirklichkeit** erzielt das Kunstwerk eine **dauernde Wirkung**; es überhöht den Menschen **und vergöttert ihn für die Gegenwart, in der das Vergangene und Künftige** [ein]**begriffen ist.**[123] Helena, der Inbegriff des schönen Menschen, ist Gipfel der sich steigernden Natur; als zeitlose Gestalt der Dichtung ist sie aber zugleich Symbolfigur für die abermalige Steigerung des Naturhaften in der Kunst, die in der Antike einen Zenit ihrer Erscheinungsweise erreicht hat. Fausts Vermählung mit Helena, die als eine Vermittlung von nordisch-romantischer und südlich-klassischer Kulturtradition inszeniert ist (beide begegnen sich im Medium des – der Antike unbekannten – Reims, vgl. 9365–84), weist erneut und endgültig darauf hin, dass Faust poetengleich agiert und dass sich die Helenatragödie im Reich der Ideen ereignet.

Was bedeutet nun aber Fausts Verbindung mit Helena im Verstehensrahmen der Wette? Immerhin scheint Faust dem ersehnt-gefürchteten Moment einer vollkommenen Erfüllung ›gefährlich‹ nahe zu kommen: **Arkadisch frei sei unser Glück!** (9573), ja selbst die verfängliche Wettformel scheint anzuklingen: **Dasein ist Pflicht, und wär's ein Augenblick** (9418). Doch es fällt Mephisto gar nicht ein, seine Interessen und Rechte anzumelden – und das aus völlig triftigem Grund: *Die Erfüllung des Schönheitssinns in einer fiktionalen Region der Fantasie und Kunst kann kein Akt mephistophelischer Versuchung sein.* Zu sehr ist nämlich das Kunsterlebnis im Bereich des geistig-seelisch-göttlichen Prinzips beheimatet, als dass für den Anwalt des Triebhaft-Kreatürlichen hier irgendetwas zu gewinnen wäre. Kunst ist Sublimierung – Umlenkung, Ummünzung – des Triebhaften; das ästhetische Erleben macht der mephistophelischen Region nur den Boden streitig. Selbst wenn also Faust im Feld des schönen Scheins den befriedigenden Augenblick erleben würde, wäre es – ähnlich wie bei einer erfüllten Liebe zu Gretchen – zwar ein Verlieren der Wette, doch kein ›unrechter Weg‹ im Sinne des Herrn, der letztlich über die Köpfe seines Schalks und seines Knechts hinweg das letzte Wort über dessen Seelenheil verfügt. Helena ist mithin keine Versuchung Mephistos, sondern ein selbstständiges und aktives Sehnsuchtsziel Fausts. Mephisto kann hier nur versuchen, die Helenaliebe dadurch zu zersetzen, dass er das Fiktionale und Illusionäre des schönen Scheins bewusst macht.

Das Helenaerlebnis löst sich (auch ohne dieses Zutun) rasch auf; die Erfahrung bleibt, **daß Glück und Schönheit dauerhaft sich nicht vereint** (9940). Das Reich der Ideen und Ideale ist nicht vom Stoff dieser Welt; nur vor dem geistigen Auge ist es anzuschauen.

Mit der klassischen Versuchungssituation der Bibel (nach Matthäus 4, vgl. S. 11) hebt schließlich die letzte Anfechtung an, die wieder zweifellos Mephistos Handschrift verrät: Ob denn **die Reiche der Welt und ihre Herrlichkeiten** in Faust **kein Gelüst** erregten (10 130–33)? Das dekadente und ›sardanapalische‹ (vgl. 10 176), das müßiggängerische und genüsslerische Herrschertum, wie es Faust am Kaiserhof begegnet ist, reizt ihn nicht (**man erzieht sich nur Rebellen**, 10 159), wohl aber ein aktives, unternehmerisches: **Herrschaft gewinn' ich, Eigentum! / Die Tat ist alles, nichts der Ruhm** (10 187 f.). Landeigentum und Herrschaftsvollmacht sind dabei die Voraussetzung für das eigentlich herausfordernde Projekt, **das herrische Meer vom Ufer auszuschließen** (10 229) und eine Menschheitskolonie im trockengelegten Terrain zu begründen. Durch die magische Mithilfe bei der Niederschlagung der Reichsrebellion wird Faust dann tatsächlich **des Reiches Strand verliehn** (11 036) und sein so imposantes wie suspektes Unterfangen wird Realität.

Wie sehr in Fausts Kampf mit der Elementargewalt des Meeres sein altes titanisches Ringen mit der Gottheit durchschlägt und wie schnell der vermeintlich nur auf ein würdiges Betätigungsfeld dringende Küstenherrscher sehr wohl die Züge eines machtgierigen Despoten annimmt, der sich **die Reiche der Welt und ihre Herrlichkeiten** – nämlich den unumschränkten **Weltbesitz** (11 242, vgl. auch 11 226) – aneignen will, wurde bereits eingehend dargelegt (vgl. S 66 f.). Dass Faust damit den Fortschritt vom feudalen in das industrielle Zeitalter repräsentiert, dass sein Kolonisationswerk **vielen Millionen** (11 563) neue, gartenhafte Lebensräume eröffnet, ja dass Faust selbst – neben seiner unduldsamen Herrschsucht – durchaus freiheitliche und menschenfreundliche Zielvorstellungen hegt – **Solch ein Gewimmel möcht' ich sehn / Auf freiem Grund mit freiem Volke stehn** (11 579 f.) –, soll freilich nicht unterschlagen werden. Faust bleibt zweiseelenhaft und widersprüchlich, auch sein letztes großes und eigentliches Werk ist Fluch und Segen zugleich.

Die Wette aber – über 10 000 Verse hin scheinbar vergessen – wird jetzt wieder erinnert. Das Faustdrama nähert sich dem Endspiel.

9.5 Höchster Augenblick und Grablegung: Die Vieldeutigkeit des Endspiels

Das Ende des Weltgedichts ist **mit der ganzen abgründigen Ironie des Tragikers Goethe geschrieben.**[124] Nicht nur auf Fausts trügerischen **Wasserboden** (11 137) wird man in den Schlussszenen geführt, sondern in die sibyllinische Doppelbödigkeit von GOETHES **sehr ernsten Scherzen.**[125] GOETHE braucht diese Vielsinnigkeit des ernsten Scherzes, weil es ihm nicht um einen **festen Standpunkt** zu tun ist: **gerade diese Unentschiedenheit ist es, welche den Scherz zulässig macht, indes der Ernst immer nur eine Seite umfaßt.**[126] Es wird sich in der Tat zeigen, dass der Sterbemoment Fausts mehrdeutig ist und in einer Auslegungsschwebe bleibt – und bleiben soll.

Der erblindete Küstenherrscher gibt den Befehl zu weiterer Eindämmungs- und Trockenlegungsarbeit und dabei entfaltet sich vor seinem inneren Auge die großartige Vision eines **tätigfrei[en] Volkes** (11 564) auf neu errungenem Terrain:

> **Solch ein Gewimmel möcht' ich sehn,**
> **Auf freiem Grund mit freiem Volke stehn.**
> **Zum Augenblicke dürft' ich sagen:**
> **Verweile doch, du bist so schön!**
> **Es kann die Spur von meinen Erdetagen**
> **Nicht in Äonen untergehn. –**
> **Im Vorgefühl von solchem hohen Glück**
> **Genieß' ich jetzt den höchsten Augenblick.** (11 579–86)

Mit dem Verklingen dieser Sätze sinkt Faust tot nieder. Stirbt aber Faust, *weil* er die verfänglichen Losungsworte der Wette in den Mund genommen hat, oder stirbt er nur, *während* er diese denkwürdigen Sätze ausspricht?

Über die Frage, ob Faust seine Wette gewonnen oder verloren habe, hat sich eine weit verzweigte und offenbar nie endende Debatte entsponnen. Es soll versucht werden, das Gestrüpp der Argumente zu ordnen und zu lichten, um einige stabile Leitplanken des Verstehens aufzurichten:

Erste Doppelbödigkeit: Faust stirbt auch ohne die eventuell eingetretene Wettsituation – aber das schließt nicht aus, dass er gleichzeitig *durch* die Wettsituation stirbt.

Es trügt nämlich der Schein, als sterbe Faust notwendigerweise und allein deshalb, weil er sich im Sinne der Wettformel äußert. Denn sein Grab wird bereits geschaufelt, *bevor* er die prekären Sätze spricht (vgl. 11 528 ff. und 11 557 f.); das Spatenklirren selbst ist ja gerade deren Veranlassung (vgl. 11 539). Auch andere Indizien sprechen für einen natürlichen Tod Fausts: Die abziehenden ›grauen Weiber‹ (Mangel, Schuld, Not) sehen den

Tod herankommen (vgl. 11 397) und Faust selbst hegt bereits Todesahnung (vgl. 11 401). Nicht zuletzt spricht es Mephisto unmissverständlich aus, dass Faust nicht seinen Versuchungen, sondern der natürlichen Lebensbegrenzung zum Opfer fällt: **Der mir so kräftig widerstand, / Die Zeit wird Herr, der Greis hier liegt im Sand** (11 591 f.). Es bleibt freilich höchst denkwürdig, dass natürlicher Tod und eventuell durch die Wette provozierter Tod zusammenfallen: **Das ist ein Zufall, aber ein Zufall, bei dem sozusagen die Vorsehung die Hand mit im Spiel hat. Wir könnten versucht sein zu mutmaßen, daß der Herr sich das Lachen denn doch nicht so völlig abgewöhnt hat, wie es nach Mephistos vorwitziger Bemerkung im Prolog im Himmel der Fall zu sein schien.**[127]

Zweite Doppelbödigkeit: Faust erlebt den höchsten Augenblick – aber er steht dabei in einer tragikomischen Selbsttäuschungssituation.

All das, was Faust im Sterbemoment nun sagt oder nicht sagt, steht nämlich von vornherein auf der Grundlage einer täuschenden Situation. Der erblindete Regent wähnt nur, es werde an seiner Landgewinnung gearbeitet; in Wirklichkeit wird aber Fausts Grab geschaufelt, wie Mephisto halblaut kommentiert: **Man spricht, wie man mir Nachricht gab, / Von keinem Graben, doch vom Grab** (11 557 f., siehe auch 11 528 ff.). Die Voraussetzung von Fausts hochgestimmten Worten ist also gar nicht gegeben; bei hinfälligen Voraussetzungen wäre aber auch die Aussage gegenstandslos. Dieser Ansicht kann man wiederum entgegenhalten, dass für den inneren Wert der Person ihr Wollen, ihre Vision, ausschlaggebend sei und nicht die äußere Realisierungsmöglichkeit. Deshalb behielten die feierlichen Worte ihr Gewicht, seien sie nun tatsächlich auf den **Graben** oder das **Grab** bezogen (ohnehin ist die Landgewinnung ja nicht insgesamt Täuschung und Illusion, sondern in bestimmtem Umfang bereits realisiert). Aber dennoch: Kann es eine doppeldeutigere und abgründigere Situation geben als Fausts Sterbesekunde, *in welcher der subjektiv höchste Augenblick sich auf die objektiv höchste Täuschung gründet?* Unzweifelhaft wird mit dieser Fügung **das Verfallensein des Menschen an die Illusion grell beleuchtet.**[128]

Dritte Doppelbödigkeit: Faust verliert die Wette dem Wortlaut nach – aber der Sinn der Worte hat sich verkehrt.

Denn worüber ist dieser Lebenspessimist so beglückt, was hält er da eigentlich in den Händen? Genau besehen eigentlich nichts, jedenfalls nichts Handfestes im Sinne Mephistos – der über diesen **letzten, schlechten, leeren Augenblick** (11 591) nur den Kopf schütteln kann –; *nur eine Hoffnung, ein Vorgefühl, eine Utopie.* Fausts beglückende Vision ist nämlich ihrem Wesen nach imaginierter Idealzustand, also Vorwegnahme einer noch zu verwirklichenden Zukunft, eines letztlich nie endgültig erreichten und gesicherten Zustandes: **Das ist der Weisheit letzter Schluß: / Nur der verdient**

sich Freiheit wie das Leben, / Der täglich sie erobern muß (11 574 ff.; vgl. auch S. 43 f.). Somit ist **auch dieses letzte faustische ›Ziel‹ nur Ausdruck eines menschlichen Strebens, das niemals ans ›Ziel‹ kommen kann.**[129] Konsequent weitergedacht bedeutet dies aber, dass die zentralen und entgegengesetzten Begriffe der Wette – Streben und Genuss – unter der Hand ihre Bedeutung vertauscht haben: *Genuss liegt im Streben, Streben ist Genuss – der Weg ist bereits das Ziel.*

> **Wichtig ist nicht das Ziel, sondern das Streben zum Ziel hin, die Kraft zu unermüdlichem Aufbruch, der Mut zu immer neuem Anlauf. Was liegt daran, ob man je ankommen wird? Immer unterwegs sein, das ist es. Man darf vielleicht sagen, das sei ein dynamisches Ideal; jedenfalls ist es modern und abendländisch, der antiken Welt so unbekannt wie dem christlichen Mittelalter und den orientalischen Kulturen. Vollendung und Ruhe, Kontemplation und Harmonie sind Werte, die auf den Tafeln dieser Lebensansicht nicht vorkommen.**[130]

Es ist also deutlich herauszuhören, dass Faust mit seiner Rede vom schönsten und höchsten Augenblick Inhalte meint, **die dem ›Staub‹ des Mephisto oder seinem eigenen ›Faulbett‹ ebenso fern wie dem nahe stehen, was der Herr als ›Tätigkeit‹ und ›Streben‹ nachdrücklich betont hatte.**[131] Somit haben sich die Vorzeichen schlichtweg vertauscht. Fausts visionärer Genuss ist kein Genuss im Sinne Mephistos und der Wette, sondern er bedeutet im Kategoriensystem der Wette genau das Gegenteil: Streben. Letzten Sinnes fallen damit in der Sterbeszene die beiden entgegengesetzten Pole der Wette, Genuss und Streben, zusammen. *Faust verliert die Wette dem Buchstaben nach, indem er sie dem Geiste nach gewinnt.*

Vierte Doppelbödigkeit: Faust spricht die Wettformel nur hypothetisch – aber das Hypothetische wandelt sich ins Tatsächliche.

Die Frage, ob Faust die Wettbedingungen nicht dadurch unterlaufe, dass er die Losungsworte nicht eigentlich *sagt*, sondern lediglich *erwähnt*, lässt sich rasch – verneinend – beantworten. Faust spricht zwar zunächst in der Tat nur hypothetisch, im Konjunktiv. Voran geht die Möglichkeitsform des Wunsches (**möcht' ich sehn**), es folgt die eigentliche Wettformel in der Möglichkeitsform des Konditionalis, d. h. des nur Vorgestellten, das in diesem Wunsche vorbedingt ist (**dürft' ich sagen**). Bis zu diesem Zeitpunkt kann Faust die Wette nicht verloren haben, denn er sagt (und empfindet) nicht wirklich, was ihm zu sagen die Wette verbietet, sondern er träumt nur von einer kommenden Situation, in der er es sagen würde. Doch zum Ende der visionären Äußerung hin wird dieses Hypothetische eindeutig faktisch: den **höchsten Augenblick** würde Faust nicht *dereinst* genießen, sondern er genießt ihn ***jetzt*** und hier (der ›höchste Augenblick‹ ist ohne Frage mit dem zum ›Verweilen‹ aufrufenden Augenblick identisch; außerdem genügt im

Sinne der Abmachungen bereits das Empfinden des befriedigenden Augenblicks, ohne dass die Losungsformel explizit fällt, vgl. S. 76). Damit aber ist Faust vergönnt, woran er zutiefst gezweifelt und was er leidenschaftlich bestritten hat: der lebenswerte Augenblick, in dem sich die himmlische Fülle inmitten der irdischen Dürftigkeit offenbart.

Fünfte Doppelbödigkeit: Faust verliert die Wette – aber zu seinem Glück, zu seinem Heil.

Die Genugtuung angesichts einer sozialen Utopie der Prosperität und Humanität kann, wie gesagt, unmöglich ein Befriedigungserlebnis mephistophelischer Provenienz sein (was Mephisto ja auch selbst eingesteht: **Der mir so kräftig widerstand**; 11 591). Sieht man im Streben und in der Wette nur den Ausdruck seiner unbewussten Gottessehnsucht, so hat Faust die Wette – dem Geiste nach – klar gewonnen. Es besteht jedoch wohl begründeter Anlass, in Fausts Wette auch – oder noch mehr – einen Akt der Fehlleitung und Vermessenheit, einen Ausdruck titanischer Verblendung zu sehen (vgl. S. 75 f. und 79 f.). Faust hat mit seiner Wette ja nicht nur mephistophelische Genüsse abgewertet, sondern – übers Ziel hinausschießend – jedes Erfüllungserlebnis auf Erden für undenkbar erklärt, und sei es auch im göttlichen Prinzip verankert wie die geistig-seelisch-liebend-schöpferischen Erfüllungsmomente. Aus diesem Stoff aber ist Fausts ›höchster Augenblick‹ gemacht. Damit verliert Faust zwar nicht die Wette gegen Mephisto, sehr wohl aber die gegen sich selbst und gegen eine letztlich doch sinnvolle Einrichtung der Welt. *Fausts Nihilismus unterliegt dem Wert des Daseins und dem Sinn der Schöpfung – das verkappte Theodizeeproblem (vgl. Kap. 4.2) ist somit zuversichtlich und lebensbejahend entschieden.* Dieser Wettverlust ist Fausts Rettung auf Erden, die ihm paradoxerweise im Moment des Sterbens zuteil wird. Dieser Rettung respondiert das **Begnadigungsrecht des alten Herrn**[132], das in Fausts symbolischer Himmelfahrt Ausdruck findet.

Fünf Doppelbödigkeiten – das Endspiel der Faustdichtung erscheint von nahezu bodenloser Tiefgründigkeit. Goethe selbst äußert sich in der gewohnt bagatellisierenden Milde und ausgleichenden Konzilianz: **Mephisto darf seine Wette nur halb gewinnen, und wenn die halbe Schuld auf Faust ruhen bleibt, so tritt das Begnadigungsrecht des alten Herrn sogleich herein, zum heitersten Schluß des Ganzen.**[133] ›Halb‹ hat Mephisto gewonnen, weil er immerhin dem Wortlaut nach gewonnen hat; ›ganz‹ hat aber auch Faust nicht gewonnen, weil er zwar dem Geist nach gewinnt, weil seine Wette selbst aber einem mephistophelischen Impuls – dem Nihilismus – entsprang, der erst im Wettverlust überwunden wird.

Mit dem **heitersten Schluß des Ganzen** hat es denn auch wieder seine eigentümliche Bewandtnis. Fausts Erlösung, der erwartungsgemäß würdige und pathetische Moment, wird eingeleitet als Burleske, als Farce. Mephisto mit seinen Gehilfen der **höllische[n] G.m.b.H.**[134], durch die modernen Glaubensverhältnisse völlig verunsichert, **wann? wie? und wo?**, ja, selbst **ob?** die Seele dem Körper entfährt (11 631 ff.), gleich aufmerksam auf den Unterleib (**Ob's ihr beliebte, da zu wohnen, / So akkurat weiß man das nicht**; 11 666 f.) wie auf die Hauptesregion starrend (**Und das Genie, es will gleich obenaus**; 11 675), lassen sich dann doch schmählich von Engeln übertölpeln, die Fausts Unsterbliches einfach wegschnappen – indem sie Mephistos homoerotische Lüsternheit erwecken (vgl. 11 763–11 800) und dadurch seine Aufmerksamkeit ablenken. Wahrlich ein diabolischer Scherz! Nur *ein* Schluss lässt sich aus dieser postmortalen Posse ziehen: Der Herr – und GOETHE – nehmen den aus Teufelsbund und Titanenwette bestehenden Kontrakt schlichtweg nicht ernst, sie machen sich einen grandseigneurilen Spaß daraus! Ob ›halber‹ Wettgewinn, ob **blutgeschriebne[r] Titel** (11 613) – die Rechte des teuflischen Hilfsarbeiters im Schöpfungswerk sind am Ende so wenig von Belang wie die wettenden Verfehlungen des titanischen Schöpfungskritikers. Die Frage, ob eigentlich **Mephisto befugt war, sich Fausts Seele verschreiben zu lassen, und ob Faust selbst darüber verfügen konnte**[135], wird mit der **Grablegung** eindeutig verneint. *Die Paktszene war ein Wortgeplänkel unter Unbefugten;* das letzte Wort hat der Herr und er spricht es im Sinne seiner bereits im **Prolog** gegebenen Heilsgarantie (vgl. Kap. 4.6). Endgültig bestätigt sich damit auch, was der Gang der Untersuchung schon des Öfteren aufscheinen ließ: Das Verlieren der Wette – im Betracht ihrer titanischen Lebensverachtung – und der Verlust des Seelenheils sind nicht identisch. Im Gegenteil: Faust musste die Wette verlieren, um sein Heil zu gewinnen. Erst damit wird aus dem **Halbgott** (1612), dem **Übermenschen** (490) und **Unmensch[en]** (3349) recht eigentlich – ein Mensch.

10 Gretchentragödie

Obwohl die Gretchentragödie nicht zum Bestand der Faustsage gehört, steht sie bei GOETHE – vom *URFAUST* an – fast gleichwertig neben der Gelehrtentragödie; das unterstreicht ihre Bedeutung. Führt der Faust der Sage mit Mephisto endlose Gespräche über Himmel und Hölle, erforscht er die Erdteile und erprobt die Macht der Zauberei, so hielt es GOETHE für nötig, seinen Faust grundsätzlichen zwischenmenschlichen Erfahrungen auszusetzen und zugleich dem faustischen Menschentypus als Korrektiv und Komplement einen anderen – das Bild Gretchens – zur Seite zu stellen.

Mit der Gretchentragödie erweitert sich das Figurenpaar Faust-Mephisto zum Figurendreieck Faust-Mephisto-Gretchen. **Faust und Gretchen sind Polarität, die sich anzieht, sie und Mephistopheles sind Gegensätze, die sich fliehen.**[136]

10.1 Irrendes Streben und unbeirrtes Lieben

Faust und Gretchen sind Gegensätze, aber keine sich ausschließenden, sondern sich ergänzende. Gretchen repräsentiert im Drama eine andere Möglichkeit des Menschlichen, als sie Faust vertritt und als sie der **Prolog im Himmel** entwirft. **Wer immer strebend sich bemüht** (11 936) – das kann nicht die Lebensformel für Gretchen sein, doch auch sie wird unzweifelhaft **gerettet** (4612). Neben die faustische Formel der Erlösung, die so deutlich exponiert und expliziert wird, tritt fast unvermerkt eine andere, die der Dramenleser selbst entziffern muss.

Gretchen verkörpert also einen anderen positiven Teil von Menschlichkeit als Faust. In kleinbürgerliche Verhältnisse hineingewachsen, ist sie zufrieden mit der Beschränktheit eines einfachen, überschaubaren und geordneten Daseins. Sie führt **ein enges selbstgenügsames Leben nach Sitte und Gesetz, die wiederum durch den christlichen Glauben fundiert sind.**[137] Gretchen hat ein kindlich unschuldiges, liebreizendes und lebenswarmes und durchaus selbstsicheres Wesen. Als bescheidenes, ehrbares und frommes Mädchen von wenig **über vierzehn Jahr** (2627) ist sie mit sich und ihren Lebensbedingungen identisch – bis Faust in ihr Leben tritt. Faust hingegen ist der weltferne Gelehrte, der im Hader mit den sozialen, ja mit den anthropologischen Beschränktheiten liegt, dem die Gepflogenheiten der Menschen fremd, ihre Glaubensinhalte fragwürdig geworden sind. In Gretchen erlebt er die Faszination des anderen, der **Unschuld** und **Ein-**

falt (3102), die dem Geistesmenschen, der vom Baum der Erkenntnis gegessen hat, für immer verloren sind. Die nicht mehr zugängliche Lebensmöglichkeit wird paradiesisch verklärt: **wie atmet rings Gefühl der Sitte, / Der Ordnung, der Zufriedenheit! / In dieser Armut welche Fülle! / In diesem Kerker welche Seligkeit!** (2691–94).

Gretchen ist aber durchaus ein Mädchen von Fleisch und Blut, ein Kind ihrer Zeit und Umgebung, nicht allein die Heilige, die Faust und manche Interpreten aus ihr machen. Nicht nur **sitt- und tugendreich** erscheint sie, sondern **etwas schnippisch doch zugleich**, wie Faust gleich anfangs bemerkt (2611 f.); dass sie ein **schiefes Maul** zieht (2827), als ihr erstes Schmuckgeschenk von der Mutter entfernt wird, kann man Mephisto getrost glauben. Wenn Gretchen sich mit Marthe verbündet, um der Mutter und der Welt bezüglich des zweiten Schmuckgeschenkes **was vor**zumachen (2892), verträgt sich das ebenso wenig mit einer unbedingten Idealität wie die Tatsache, dass sie früher andere ledige und vom Liebhaber verlassene Schwangere **so tapfer schmälen** konnte (3577).

Aber gerade, weil dieses **unwissend Kind** (3215), das so naiv in die Vorstellungen und Gebote seines Lebenskreises eingebunden ist, mit rührender Selbstverständlichkeit die Schranken der herrschenden Sittlichkeit übergeht, hebt sie sich über den Status eines Durchschnittsmädchens hinaus in den **Rang der exemplarisch Liebenden.**[138] Das Lied vom »König in Thule«, das Gretchen wie beiläufig singt, kündet von dieser liebenden Treue, die unverbrüchlich ist und die Konventionen zerbricht – denn die Treue des Königs gilt nicht der gesetzlichen Gemahlin, sondern der nicht legalisierten Geliebten (**Buhle**, 2761). Neben anderen motivischen Details überhöht auch Gretchens Lied am Spinnrad (vgl. 3374–3413) ihre liebende Identität, indem sie zur Geliebten und Liebenden des biblischen Hoheliedes stilisiert wird.[139]

Indem Gretchen ihren natürlichen Liebesregungen, ohne zu zögern, folgt, gerät sie, ohne es zu ahnen, in Konflikt mit der **richtenden gefühllosen Menschheit** (**Trüber Tag. Feld**), aber auch mit sich selbst, denn sie fühlt sich nun in ihrer **Sünde** bloßgestellt (3584). Der Widerspruch dieses äußeren und inneren Sündenvorwurfs zu ihrer Gewissheit, nur aus wesensguter Liebe gehandelt zu haben – **Doch – alles, was dazu mich trieb, / Gott! war so gut! ach war so lieb!** (3585 f.) –, zerreißt am Ende ihre Seelenkräfte.

Die Liebe Gretchens, die die irdischen – sozialen – Beschränkungen missachtet hat, überwindet selbst das Grauen (**Heinrich! Mir graut's vor dir**, 4610), als sie im hellen Wahnsinn endgültig erkennt, mit wem sich der Geliebte verbündet hat. **Denn ihre Rufe ›Heinrich! Heinrich!‹ zeigen, daß sie ihn nicht aufgibt trotz des Grauens, mit dem sie jetzt vielleicht das Maß seiner Schuld an ihrem Schicksal ausmißt.** Diese übermenschlich verzeihende und überwindende Liebe erhebt diese **sozusagen bereits in den Status der himmlischen Liebe.**[140]

In der Tat ist Gretchens Liebe ein Abglanz jener **ewige[n] Liebe** (11 964): die sorgende Liebe für das Geschwisterchen (vgl. 3121–48), die erotische Liebe zu Faust – sie werden verklärt in der himmlischen Liebe der erlösten **Büßerin** (Szenenanweisung nach 12 083), die Faust am Ende **hinan** zieht (12 111). Keine Kluft trennt eine himmlisch-übersinnliche von einer irdisch-sinnlichen Liebe; in Gretchen als Symbol des **Ewig-Weibliche[n]** (12 110) sind Agape und Eros, seraphische und luziferische Ausdrucksformen der Liebe in ihrer polaren Berechtigung vereinigt. Das Drama und die Gretchentragödie enden in einer **erotischen Mystik**[141], der Apotheose dieses Ewig-Weiblichen.

Die Sendboten der Heilsbotschaft sind für den Osterchor die **tätig ihn Preisenden** wie die **Liebe Beweisenden** (801 f.). Dem Menschheitsspiel selbst sind diese zwei Erlösungswege eingezeichnet, die GOETHE – in traditioneller Orientierung – offenbar den beiden Geschlechtern zuordnet: Fausts irrendes Streben und Gretchens unbeirrtes Lieben. Dem **männlichen Egozentrismus** wird die ›weibliche‹ **Hingabe und Entselbstigung**[142] entgegengestellt. Fausts **Forschertitanismus bricht zusammen. – Aber es gibt noch einen anderen Weg der Entgrenzung, des Über-sich-Hinauskommens, der Erlösung aus den Fesseln des Ich: die Liebe. Darum steht neben dem Titanismus des Forschens die Gretchenhandlung.**[143]

10.2 Antichrist und weiblicher Christus

Gretchen und Mephisto sind Gegensätze, die sich fliehen; Gretchen ist die eigentliche Gegenspielerin von Fausts Verbündetem.

Als Fromme fühlt sie, dass Mephisto **ganz sicher ein Genie, / Vielleicht wohl gar der Teufel** ist (3541); als Liebende spürt sie, dass Mephisto **nicht mag eine Seele lieben** (3490). Die klare, wenn auch unbewusste Gegnerschaft zum Teufel äußert sich geradezu körperlich; Gretchen überläuft sogleich ein **Schauer** (2757), wenn sie in ihr von Mephisto heimlich betretenes Zimmer zurückkehrt; ein **heimlich Grauen** (3480) befällt sie, wenn ihr der höllische Geist entgegentritt (oder wenn sie Faust als dessen Verbündeten erkennt, vgl. 4610).

Gretchen ist fest im Glauben und in der Kirchengemeinschaft verwurzelt und darum – in einer christlichen Betrachtungsweise – die Antipodin des Glaubensfeindes; als exemplarisch Liebende und damit als Repräsentantin jener Gefühlsmacht, die das Ich zum Du hin überschreitet und erweitert, ist sie jedoch auch in einem menschlich-psychologischen Sinne die Gegenspielerin des Liebesfeindes, der den Menschen auf egoistische Trieblust reduzieren will.

Vielleicht in einem noch tieferen Verständnis ist aber Gretchen die Kontrahentin des Antichristen, die **Personifikation der Gegenmacht.**[144] Wenn Faust vom **eingebornen Engel** (2712) spricht, so liegt die Wortassoziation zu Gottes eingeborenem Sohn nahe. Und in gewissem Sinne ist Gretchen tatsächlich eine **Christus- und Heiligengestalt**[145]: ihre **reine, sich selbst vergessende Liebe**, die – keinerlei Ansprüche, keine Forderungen, keine Vorwürfe gegen Faust erhebend – so gar nicht von dieser Welt zu sein scheint, qualifiziert sie **als eine Erlöser-Gestalt**[146]; in der Walpurgisnacht erweist sie sich als **Gegenspielerin des Satans**, als Retterfigur, denn **wahrhaftig im letzten Augenblick reißt sie den ins Reich des Bösen eingetretenen Faust vom Rand des Verderbens zurück.**[147] Erst eigentlich im Blick auf den Bauplan des Menschheitsgedichts wird aber Gretchens Christusfunktion so recht plausibel, denn in der Tiefenstruktur des Dramas *leistet Gretchen ein Ersatzopfer für Faust.* Stellvertretend für ihren titanischen Geliebten – der unbehelligt seinen schuldbeladenen Weg fortsetzt – leidet, büßt und stirbt Gretchen und wirkt, indem sie auch in Faust einmal den Gottesfunken der Liebe entfacht hat und indem sie himmlische Fürbitte für ihn einlegt (vgl. 12 069–95), auf seine Erlösung hin.

Freilich – Gretchen ist nicht sündenfrei und schuldlos wie der christliche Heiland. Gemeinsam mit Faust ist sie schuldig am Tod der Mutter – der vermeintlich harmlose Schlaftrunk (vgl. 3511 ff.) wird zum Todestrank –; in der Umnachtung des Wahnsinns – selbst nur Folge einer bodenlosen Verlorenheit und Verzweiflung – hat sie ihr neugeborenes Kind ertränkt (vgl. 4443–46, 4508, 4528). Ihren Sünden rechnet sie selbst noch den außerehelichen Beischlaf und den Tod des mittelbar durch ihre ›Schande‹ erschlagenen Bruders zu (worüber im modernen Verständnis anders zu denken ist). Sei es in der Verschlüsselung des Wahnsinns (**Meine Mutter, die Hur, / Die mich umgebracht hat!**, 4412 f.), sei es in hellsichtigen Momenten des Erwachens (**Meine Mutter hab ich umgebracht, / Mein Kind hab ich ertränkt. / War es nicht dir und mir geschenkt?**, 4507 ff.): Gretchens Gedanken im Kerker kreisen mit quälender Zwanghaftigkeit um diese marternde Schuld. Aber Gretchen lässt sich nicht aus dem Kerker holen; sie ist bereit, ihre Schuld zu sühnen. Die irdische Gerichtsbarkeit ist ihr Vollzugsorgan der höheren Gerechtigkeit; der Kerker wird zum **heiligen Ort** (4603) des göttlichen Richterspruchs. Ihre Abkehr von Faust ist ein endgültiger Trennungsstrich gegenüber der Sphäre ihres metaphysischen Erzfeindes Mephisto, in die sie selber vorübergehend hineingezogen wurde. Bußfertig unterstellt sich Gretchen dem **Gericht Gottes** (4605), das dem Zuschauer seinen Urteilsspruch als Deus ex Machina verkündet: **Ist gerettet!** (4611).

10.3 Das bürgerliche Trauerspiel ›Gretchen‹

Die tragische Liebesbeziehung zwischen Gretchen und Faust hat GOETHE freilich auch welthaltiger und psychologisch konkreter gestaltet, als es die bisherigen – auf die symbolische Tiefenstruktur abhebenden – Betrachtungen verraten. Die Gretchentragödie ist *auch* bürgerliches Trauerspiel in der Tradition des Sturm und Drang, das die über die Standesgrenzen hinweggreifende Liebesbeziehung, die verführte und verlassene Unschuld, die soziale Ächtung durch die Gemeinschaft und den Kindesmord aus Verzweiflung in einer präzisen Mechanik vorführt.

Dieses bürgerliche Trauerspiel wird von Faust (unbewusst?) durch seine erste Anrede in Gang gesetzt, als er mit dem fälschlichen, aber für Gretchen schmeichelhaften Adelstitel **Fräulein** (2607) die **soziale Magie** von **Reichtum** und **Zugehörigkeit zur höheren Gesellschaft**[148] auf Gretchen wirken lässt (wohlweislich hält auch Mephisto diese Magie in Bewegung, vgl. 2902 ff., 3019–22). Dass der ziemlich zudringliche Herr **aus einem edlen Haus** (2681) gewesen sein möchte, scheint in der Tat einen Gutteil jener Faszination auszumachen, die Faust auf Gretchen ausübt. Als gar das Schmuckgeschenk einen Vorgeschmack auf das Dasein einer **Edelfrau** (2792) gewährt, ist Gretchen bereits verführt: die Selbstgenügsamkeit ihres kleinbürgerlichen Lebenskreises ist gestört, die verfängliche Macht der Aufstiegssehnsucht greift in ihr Dasein ein: **Was hilft euch Schönheit, junges Blut? / [...] Nach Golde drängt, / Am Golde hängt / Doch alles** (2798–2804).

Zu Fausts sozialerotischem Reiz trägt indes nicht allein der Glanz des Reichtums, sondern auch jener der Bildung bei. Das **arm unwissend Kind** (3215) muss sich erhoben fühlen, wenn sich der gebildete Aristokrat (für den sie Faust hält) zu ihr herablässt; zugleich ahnt das ungebildete Gretchen, dass sich hierin ein Problem verbirgt, denn gleich bei der ersten Begegnung spricht sie es an:

MARGARETE. Ja, aus den Augen, aus dem Sinn!
Die Höflichkeit ist Euch geläufig;
Allein Ihr habt der Freunde häufig,
Sie sind verständiger, als ich bin.
FAUST. O Beste! glaube, was man so verständig nennt,
Ist oft mehr Eitelkeit und Kurzsinn.
MARGARETE. Wie?
FAUST. Ach, daß die Einfalt, daß die Unschuld nie
Sich selbst und ihren heil'gen Wert erkennt!
Daß Demut, Niedrigkeit, die höchsten Gaben
Der liebevoll austeilenden Natur –
MARGARETE. Denkt Ihr an mich ein Augenblickchen nur,
Ich werde Zeit genug an Euch zu denken haben. (3096–3107)

Gretchens unverständiges **Wie?** sowie ihr abruptes Unterbrechen von Fausts schwärmerischer Suada zeigen, dass der Dialog vom Gespräch in ein Aneinander-Vorbeireden übergleitet. Fausts idealistische und sentimentalische Worte werden durch die Tatsache, dass man sich nicht eigentlich versteht, desavouiert. Faust versteigt sich in eine Sprache, die Gretchen nicht teilt; außerdem übersieht er, **daß es für den Höhergestellten leichter ist, sich herabzulassen und sich von der gesellschaftlichen Rangordnung kritisch zu distanzieren, als für den Niedriggestellten, seine Befangenheit zu überwinden.** Gretchen kann das Lob der **Niedrigkeit** schon **deshalb nicht verstehen, da sie sich ja nach einem höheren Stande sehnt.**[149] Dass man sich nicht oder nur **leidlich** (3466) versteht, zeigt auch das Religionsgespräch zwischen den Verliebten. Der Gelehrte, der sich enttäuscht auch vom Studium der Theologie abgewendet hat, kann sich nicht dem naiven, konventionellen Kirchenglauben des Bürgermädchens verpflichten; er versteht und achtet ihn in seiner Bedingtheit und versucht, ohne ihn zu brüskieren, seine freigeistige Religiosität dagegenzuhalten (vgl. 3426–48). Gretchen spürt zwar die Wahrhaftigkeit von Fausts Enthusiasmus; ihre traditionsgebundene Denkungsart gerät jedoch keineswegs ins Wanken: **Wenn man's so hört, möcht's leidlich scheinen, / Steht aber doch immer schief darum; / Denn du hast kein Christentum** (3466 ff.). Ziemlich lapidar beendet Gretchen die Auseinandersetzung und macht klar, dass Fausts schwärmerisches Glaubensbekenntnis sie nicht beeindrucken und beeinflussen konnte, sondern dass sie im Gegenteil nur jene Botschaft entnommen hat, die Faust gerade verhüllen wollte.

Man könnte in der kritisch-sozialpsychologischen Analyse noch weitergehen und argwöhnen, Fausts – auf eine Gleichsetzung von Gott und Liebe hinauslaufendes (vgl. 3454 ff.) – Credo sei **werbestrategisch eingesetzt**[150]: der schöngeistige Redefluss soll die Sinne betören und Liebesbereitschaft erwecken. Umgekehrt müsste man Gretchen unterstellen, dass sie mit ihrer rührenden, scheinbar nur so dahingesprochenen Erzählung von ihrer häuslichen Arbeit, ihren übernommenen Mutterpflichten, ja vom geerbten **hübsch Vermögen** (3117) ebenfalls taktisch agiere: sie qualifiziert sich damit für eine Hausfrauen- und Mutterrolle, sie weist wie nebenbei auf ihre **Ehetüchtigkeit**[151] hin (vgl. 3109–48). Freilich vertrüge sich eine solche Sichtweise nur schwerlich mit der Auffassung von Gretchens selbstlos-aufopfernder Liebesfähigkeit (wenn das heiratsstrategische Verhalten nicht ein erdgebundenes Vorstadium jener himmelziehenden Macht wäre).

Jedenfalls offenbart sich in Fausts enthusiastischem Lob der **Niedrigkeit** (3104) und des **Allerhalter[s]** (3439), das Gretchen nur mit Unverständnis oder Befremden aufnehmen kann, die soziale und geistige Kluft, die im bürgerlichen Trauerspiel stets nur scheinbar – im Moment der Liebe –

überbrückt wird, die letztlich aber den tragischen Sturz der bürgerlichen Geliebten heraufbeschwört.

Es ist indes nicht allein diese Kluft, an der die so asymmetrische Beziehung scheitert, ein weiterer Faktor ist Fausts widersprüchliches Verhalten als skrupelloser Verführer und als schwärmerischer Idealist. Faust begegnet dem Bürgermädchen zunächst mit dem Ungestüm des in der Hexenküche gebrauten Verjüngungs- und Liebestranks und mit der Attitüde eines **Verführertypus des Rokoko.**[152] Die erotische Aggressivität wird dann zwar durch die einsetzende Romantisierung von Gretchens systolischer Existenz gebremst und in eine verklärende Liebe überführt. Doch die **Idealisierung des Eingeschränkten, Einfachen, Natürlichen** rächt sich tragisch. Denn genau genommen lässt Faust nun **den anderen Menschen nicht sein, was er ist, sondern projiziert eine Idee auf ihn und liebt nur diese Idee.** Wenn eine solche Idee dann von der Realität berichtigt wird, stürzt die Liebe zusammen: **Um so uninteressanter wird sie** [Gretchen] **dem Verehrer, wenn sie die Aura der Heiligkeit verliert und sich als ganz normaler Mensch ›entpuppt‹.**[153] Dieses Zusammenstürzen von Fausts Liebesegozentrik wird in der Gretchentragödie zwar nicht im Einzelnen vorgeführt, wohl aber im Resultat bezeichnet: **Deine Lippen sind kalt** (4493), muss Gretchen im Kerker feststellen und damit das Umschlagen der realitätsblinden Liebe in schuldbewusstes Mitleid.

Die **ungute Mischung von Triebwunsch und Heiligenverehrung**[154] führt – wie in anderen bürgerlichen Trauerspielen vielleicht die näher liegende Verquickung von Triebwunsch und berechnend eingesetztem Charme – zum gleichen fatalen Resultat: nach der Verführung erscheint die Geliebte entwertet und wird verlassen.

Für Gretchen bedeutet dies, dass sie den **bösen Geistern übergeben** ist und der **richtenden gefühllosen Menschheit** (**Trüber Tag. Feld**). Dass sich die Häme und der rächende Neid ihrer Kameradinnen über sie ergießen und dass die öffentliche Brandmarkung durch kirchliche Ächtungsriten ihr bevorstehen wird, zeigt die Szene **Am Brunnen.** Die Familienbande erweisen sich als hinfällig; der Bruder häuft auf Gretchen die fürchterlichsten Lästerungen (vgl. 3733–63). Die Stütze der Religion verkehrt sich zu einer weiteren Seelengeißel: Im **Dom** vernimmt Gretchen nur die grausam strafandrohenden Teile des mittelalterlichen Hymnus vom Jüngsten Gericht; ihre Ohnmacht verhindert, dass sie vielleicht auch die hoffnungsgestimmten, Erlösung verheißenden Teile gewärtigt.[155] Am Ende also ist Gretchen vom Geliebten im Stich gelassen, vom Bruder verhetzt, von Kirche und Nachbarschaft geächtet und vom Weltenrichter – dem Gefühl nach – verdammt: Schrecklicher und erbarmungsloser kann eine Verlassenheit nicht sein. Diese maßlose Seelenbedrängnis zerreißt Gretchens geistigen Kräfte; sie verfällt dem Wahnsinn und ertränkt ihr Kind.

Die Gründe für Gretchens irdische Tragödie liegen in der Konstitution einer Gesellschaft, die der Frau Sexualität und Mutterschaft nur in der Ehe zubilligt und diejenigen rücksichtslos verstößt, die diese Verfügung missachten. Gretchen übertritt dieses Gebot, doch sie bleibt ihm innerlich verhaftet und sieht deshalb keine äußere Möglichkeit, in der Widersetzlichkeit zu dieser Sozialnorm zu leben (vgl. 4545 ff.). Die Gründe liegen ebenso in dem bigotten Verhalten ›christlicher‹ Mitmenschen und kirchlicher Institutionen, die der Nächstenliebe verpflichtet sein müssten, aber nur ihrer rechthaberischen Engherzigkeit leben. Die Gründe liegen aber auch in der Hinfälligkeit einer Liebe, die den anderen idealisiert und in seinem wirklichen Wesen verkennt, sowie **im mangelnden Beistand dessen, der sie** [die Geliebte] **zu lieben vorgibt und ihr eben auch nur Gefühl anzubieten hat** [...] **statt eines Haltes im Leben.** Somit liegt ein Kern Wahrheit in der geschliffen pointierten Deutung: **Dieses bürgerliche Trauerspiel ist eine erste große Rechtfertigung des Gefühls, aber zugleich eine scharfe Kritik des bloßen Gefühls.**[156]

11 Mephisto: Aufklärerische und zynische Vernunft

Wie im Kapitel 5 ausgewiesen verkörpert Mephisto im Faustdrama ein allgemeines Prinzip der Negation göttlicher Position; er ist ein **Geist des Widerspruchs** (4030) mit polarer Daseinsberechtigung. Dieses Prinzip ist vielschichtig und überkreuzt sich des Öfteren mit der Vorstellung Mephistos als eines psychologischen Charakters; ›idealistische Existenz‹ (symbolische Funktion) und ›realistischer Charakter‹ kommen sich ins Gehege (wie SCHILLER anmerkt[157]).

Dennoch musste GOETHE, wollte er keine blutleere Konstruktion, sondern eine poetisch wirksame Dramenfigur schaffen, Mephisto mit individuellen, persönlichen Zügen ausstatten. Als Prinzip bleibt Mephisto abstrakt, als Dramenfigur muss er konkret werden. Und so gab GOETHE seiner modernen Teufelsgestalt ein charakteristisches Profil und eine typische Persönlichkeitsstruktur: die des Skeptikers und Ideologiekritikers, des Satirikers und ironischen Provokateurs.

Diese Rolle fügt sich in Mephistos metaphysische Funktion des Verneiners und Zerstörers ein, wenn die Kritik destruktiv ausartet, wenn sie humane Handlungsweisen in Zweifel zieht oder authentische Überzeugungen und Gefühle verunsichert. Sie wächst jedoch über solche diabolischen Aspekte hinaus, wenn sie Selbsttäuschung und Überheblichkeit verspottet, wenn sie Missstände und Falschheit bloßstellt. Hier wäre Mephistos Aktivität ohne Umschweife dem Konstruktiven, dem ›Guten‹ zuzuschlagen. Das Faszinosum Mephisto besteht in diesem Schillern seiner Wirkungspotenz zwischen zynischer und aufklärerischer Vernunft.

Der Herr selbst gibt das Stichwort, das Mephistos satirisches Naturell kennzeichnet (im Drama wird es noch häufiger aufgegriffen, vgl. 4885, 6600, 6885); er bestimmt seinen **Gesellen** (342) zum Schrittmacher des Menschen, daneben bezeichnet er ihn merkwürdigerweise – denn das klingt angesichts des ›Teufels‹ verharmlosend – als **Schalk** (339). Näher betrachtet trifft diese Charakterisierung jedoch recht genau Mephistos Rolle im Himmelsstaat, und vor allem beschreibt sie vielleicht am umfassendsten Mephistos tatsächliche Aktivität im Verlaufe des Dramas.

Der Schalk ist der satirische Hofnarr, dem es zugestanden wird, den königlichen Herrn durch seine Widerrede zu provozieren und zu amüsieren. In der Tat zeigt der **Prolog** Mephisto in dieser Rolle; er erscheint, **nur immer anzuklagen** (294); nachdem die Erzengel die Schöpfung verherrlicht haben, hält der Hofnarr Mephisto dem generösen Herrn einen satirischen

Zerrspiegel seiner Werke vor (vgl. 279–298). Auch die einzige Explikation Mephistos im Zweiten Teil greift auf diese Hofnarrenfunktion zurück (**um Zeus zu amüsieren**, 7137).

Ganz abgesehen davon, dass Mephisto am Kaiserhof wiederum in die bezeichnende Rolle des Hofnarren schlüpft (vgl. 4755 f.), behält er die Funktion eines Satirikers durchgehend auch in seinem Wirken auf Erden bei. Oft genug ist seine Kritik durchaus treffend und triftig oder erfasst zumindest *eine* mögliche Sichtweise oder einen berechtigten Teilaspekt der Sache.

Schon Mephistos anfänglicher Sarkasmus, der Mensch gebrauche die Vernunft allein **um tierischer als jedes Tier zu sein** (286), lässt sich so gänzlich nicht zurückweisen, denkt man – heutigentags – etwa an die perfektioniert-perfiden Waffenarsenale zur Durchsetzung menschlicher Machtgelüste oder an die raffiniert-perfiden Arrangements erotischer Triebbefriedigung in Form moderner Peep-Show-Kabinen.

Ebenso entbehren die ironischen Aperçus der Hochschulsatire nicht der historischen und auch nicht der aktuellen Triftigkeit, wenn etwa juristische Verordnungen als Trägheitsgesetze verspottet (**Es erben sich Gesetz' und Rechte / Wie eine ew'ge Krankheit fort; / […] / Vernunft wird Unsinn, Wohltat Plage**, 1972–76) oder wenn die sprachlichen Schaumschläger und raunenden Hohlredner in den Geisteswissenschaften bloßgestellt werden (**Denn eben wo Begriffe fehlen, / Da stellt ein Wort zur rechten Zeit sich ein**, 1995 f.).

Wiederum von zeitloser Gültigkeit ist das sozialkritische Flohlied, das Mephisto in Auerbachs Keller anstimmt und das den Missstand der Vetternwirtschaft lächerlich macht (vgl. 2211–38).

Ein Meisterstück satirischer Erzählkunst liefert Mephisto, als der Pastor Gretchens erstes Schmuckgeschenk vereinnahmt hat (**Die Kirche hat einen guten Magen, / Hat ganze Länder aufgefressen, / Und doch noch nie sich übergeben**, 2836 ff.), und diese Kirchensatire enthält eine bittere, zumindest historische Wahrheit. Sie wiederholt sich übrigens (allerdings ohne das Erzählmedium Mephisto) in noch groteskerer Form im Zweiten Teil, als der Kaiser wegen seines Bündnisses mit dem Zauberer Faust **vom frevlen Glück / Ein mäßig Scherflein** dem klerikalen Heißhunger überlassen muss (10 991 f., vgl. 10 981–11 042).

Was Frau Marthe – **ein Weib wie auserlesen / Zum Kuppler- und Zigeunerwesen** (3029 f.) und vorzüglich zur Heuchelei – in sich trägt, weiß Mephisto geschickt hervorzulocken und bloßzustellen; darin zeigt sich einmal mehr die entlarvende und berechtigte Aktivität mephistophelischer Ironie (vgl. 2914–3005). Wie Mephisto die durchtriebene Frau hier zum Narren hält und aufs Glatteis führt, ihr in einem Wechselbad von heiß und kalt, von Erbschaftshoffnungen und Ehefraubrüskierungen diejenigen unbedachten Gefühlsregungen entlockt, die sie selbst verraten und karikieren – das zeigt Mephisto auf dem Höhepunkt seines schelmischen und aufklärerischen Wesens. Ähnlich, wenn auch weniger brillant, zeigt sich diese Schalksnatur, wenn Mephisto die Studenten in Auerbachs Keller foppt und ihrer **Bestialität** (2297) überführt.

Die eher beiläufig hingeworfenen Sottisen der **Hexenküche** und der **Walpurgisnacht** halten Mephistos satirisches Naturell in Übung, wenn sie auch z. T. zeitgebunden und von geringfügiger Bedeutung sind: Sticheleien gegen die christliche Dreieinigkeit (vgl. 2560 ff.), gegen gehaltlose Unterhaltungsschriftsteller (vgl. 2392 f.) und literarische Dilettanten (vgl. 2463 f., 4217–22), gegen den überspannten Aufklärer und ›Proktophantasmisten‹ (Afterseher) Nicolai (vgl. 4172–75), gegen adlige Verführer (vgl. 2509–13), gegen ärztliche Wichtigtuerei (vgl. 2538 f.), gegen die naive Lottoleidenschaft (vgl. 2400 f.) oder gegen das eitle Prothesenwesen (vgl. 2501 f.).

Die vertraulich-kumpanenhafte Bemerkung der alten Hexe – **Ihr seid ein Schelm, der Ihr nur immer wart!** (2515) – hat also volle Berechtigung. In ihren Anflügen von *Selbstironie* wird die traditionell gräuliche Teufelsfigur, kraft ihrer Fähigkeit zur Selbstdistanz, vollends sympathisch: **Es ist gar hübsch von einem großen Herrn, / So menschlich mit dem Teufel selbst zu sprechen** (352 f.); **Sie fühlt, daß ich ganz sicher ein Genie, / Vielleicht wohl gar der Teufel bin** (3540 f.); **Auch die Kultur, die alle Welt beleckt, / Hat auf den Teufel sich erstreckt** (2495 f.); Junker Satan, **er ist schon lang ins Fabelbuch geschrieben** (2507) – und so fort (etwa 2809 f., 3004 f.). In **komischer Emanzipiertheit von sich selbst**[158] kann sich dieser leutselige Beelzebub als unzeitgemäß empfinden und zum Aberglauben erklären, kann er spielen **mit dem Status als nachaufklärerischer Teufel, den es ja eigentlich gar nicht mehr gibt**[159] – während Faust, man muss es leider sagen, **prinzipiell scherzlos, vielleicht die scherzloseste Gestalt im ganzen Drama** ist.[160] Da sollte nicht Goethe sein eigenes Herzblut, sein teuflisches Vergnügen in diese Mephistofigur gelegt haben?

Doch Spiel ist Spiel und Ernst ist Ernst. Mephistos Ironie kann auch verderben, seine Satire kann zersetzen. In negativer Dialektik kann die Aufklärung in gefühllose Verstandeskälte, in herzlose Vernunft umschlagen.

Gleitend sind allerdings die Übergänge. Wenn Mephisto Faust anlässlich der ›Gretchenfrage‹ aufzieht: **Herr Doktor wurden da katechisiert; / [...] / Die Mädels sind doch sehr interessiert, / Ob einer fromm und schlicht nach altem Brauch, / Sie denken: duckt er da, folgt er uns eben auch** (3523–27), so klärt er zwar durchaus scharfsichtig über den Zusammenhang von kirchlicher, staatlicher und familiärer Autoritätserziehung auf (die freilich – das hat Mephisto ironisch verkehrt – zumeist vom Mann repräsentiert wird), entstellt aber andererseits Gretchens aufrichtige Sorge um das Seelenheil des Geliebten. Die kritische Intervention wendet sich ins Destruktive.

Als spöttischer Entlarver sittlicher Heuchelei zeigt sich Mephisto in der Waldeshöhle – **Man darf das nicht vor keuschen Ohren nennen, / Was keusche**

Herzen nicht entbehren können (3295 f.) –, und er wendet diese psychologische Skepsis auch auf Fausts mystisches Naturgefühl an, das er schlichtweg als Sublimierung erotischer Euphorie deutet (vgl. 3282–92). **Wenn Faust noch beim Versinken in die Sinnlichkeit sich als den Übersinnlichen geben will, reißt er ihm die Maske herunter und deckt den sinnlichen Untergrund seines Strebens auf.**[161] Mephisto betriebe also das Geschäft einer durchaus notwendigen Desillusionierung und Ideologiekritik, stimmt man seiner Deutung Fausts als **übersinnlich sinnlicher Freier** (3534) zu. Freilich kann man Fausts euphorisches Naturgefühl auch selbstwertig ernst nehmen und aus dieser Sicht kippt die mephistophelische Ironie wiederum in den Bereich des Zynischen um.

Verwandt mit dieser ›ideologiekritischen‹ Tendenz seiner Polemik ist die Situation, als Mephisto Faust zum falschen Zeugnis über Schwerdtleins Tod verleiten will. Hier blitzt das Diabolische von Mephistos Intellekt auf, indem er als Verstandeskälte und berechnender Utilitarismus gegen die Humanität des Menschen operiert. Mephistos schlaue Verführungsrede setzt an Fausts eigener Erkenntnisskepsis an (**Und sehe, daß wir nichts wissen können**, 364) und dreht ihm daraus einen Strick: Was der Universitätsprofessor dereinst seine Studenten gelehrt habe, könne bei einem solchen Mangel an absolutem Wissen ja wohl auch nicht anders denn als Unwahrheit und damit Lüge angesehen werden: **Ist es das erstemal in Eurem Leben, / Daß Ihr falsch Zeugnis abgelegt? / Habt Ihr von Gott, der Welt und was sich drin bewegt, / Vom Menschen, was sich ihm in Kopf und Herzen regt, / Definitionen nicht mit großer Kraft gegeben? / Mit frecher Stirne, kühner Brust? / Und wollt Ihr recht ins Innre gehen, / Habt Ihr davon, Ihr müßt es grad gestehen, / So viel als von Herrn Schwerdtleins Tod gewußt!** (3041–49). Die raffinierte Rhetorik übergeht freilich den Unterschied zwischen subjektiver Aufrichtigkeit und objektiver Richtigkeit, also das entscheidende ethische Moment einer absichtlichen oder unbeabsichtigten Lüge.

Vollends perfide wird Mephistos scharfzüngiger Sophismus, wenn er (gleich anschließend) auch die aus dem momentanen, wahren Gefühl erwachsenen Schwüre **von ewiger Treu und Liebe** (3057), die Faust bald Gretchen ablegen wird, als ein falsches Zeugnis verleumdet – da die Lebenswahrheit eine solche Beteuerung ewiger Gefühle bald Lügen strafen werde. Objektiv hat Mephisto damit zwar durchaus Recht, aber mit Faust muss man ihm die subjektive Wahrheit des Gefühls und der Überzeugung entgegenhalten, die in solchen Momenten **nach allen höchsten Worten** greift (3063) und sich von einer bewussten Täuschung und wissentlichen Lüge sehr wohl unterscheidet. Mephistos Skepsis schlägt hier eindeutig ins Defätistische um.

Einen Moment wahrhaft teuflischer Grausamkeit stellt auch das von Mephisto vor Gretchens Tür gesungene satirische Lied dar, denn die Warnung vor den fatalen Folgen des unehelichen Beischlafs wird zynisch und schneidet ins Fleisch, wenn sie im Nachhinein ausgesprochen wird und zu einem Zeitpunkt, da die grässliche Verzweiflung bereits eingetreten ist (**Ihr armen, armen Dinger! / Habt ihr euch lieb, / Tut keinem Dieb / Nur nichts zu lieb, / Als mit dem Ring am Finger**, 3693–97). Die gleiche gefühllose Kälte zeigt sich dann in Mephistos – gewiss zutreffender – Diagnose: **Sie ist die erste nicht** (**Trüber Tag. Feld**), als das tragische Schicksal über Gretchen zusammenstürzt.

Der **Geist, der stets verneint** (1338) zeigt sich als humorvoller Selbstironiker, als spöttischer Kommentator und Weltbetrachter, als amüsanter Persiflierer und als provozierendes Lästermaul, als geistreicher und bissiger Satiriker, als scharfzüngiger Demaskierer und Decouvrierer, als sardonischer Sarkast und als zynischer Werteverleumder. Mephisto deckt **auf oft kluge, bedeutende und weltmännische Weise das Nichtige und Lächerliche im menschlichen Treiben** auf; er **entlarvt Unwahrheiten, enthüllt Täuschungen, durchschaut bloßen Schein, freilich in der Absicht, das gesamte irdische Dasein als Unwahrheit, als Täuschung, als Schein zu entlarven.**[162] Mephisto ist **persongewordene reine Intelligenz.**[163] Doch eine Verstandesschärfe, die sich nicht mit Glaube, Liebe, Hoffnung amalgamiert, wird kalt und lebensverneinend. Wo bleibt im nachaufklärerischen Zeitalter die Hölle? Im Menschen – und Mephisto trägt in sich diese Züge der menschlichen Hölle: Er verkörpert

> nicht irgendwelche einzelnen Untaten oder Verbrechen, sondern die lieblose, gefühllose Kälte, die Teilnahmslosigkeit, das Unpersönliche. So wird Mephisto der alles Niederziehende, alles Reine Beschmutzende, jeden Aufschwung der Seele Verächtlich-Machende [...]. Aber selbst hier wird nach der positiven Seite hin eine Möglichkeit berührt: Die kühle skeptische Ironie hat eine Verbindung zur Wahrhaftigkeit, zu einem nüchternen Realismus, während umgekehrt der sich erhitzende Idealismus leicht in Phantastik und Unechtheit ausarten kann[164].

12 Figuren- und Gesellschaftspanorama

12.1 Soziale und symbolische Weltkreise

Als Weltspiel und Menschheitsdrama bringt die Faustdichtung eine Vielzahl sozialer und geistiger Welten zur Anschauung. Zumal im Zweiten Teil verliert Faust vollends die Einheit eines psychologischen Charakters und wird zur personalen Klammer, die geschichtliche und symbolische Weltkreise erschließt und zusammenhält.

Das Panorama der sozialen Welten nimmt seinen Ausgang im Lebenskreis des Gelehrten und der Universität (Faust, Wagner, Schüler, Studenten in Auerbachs Keller), setzt diesen Lebenskreis in Beziehung zum Dasein des Volkes in einem allgemeinen Sinne (verschiedene Stände am Ostermorgen **Vor dem Tor**), um ihn schließlich mit der kleinbürgerlichen Welt zusammentreffen zu lassen (Gretchen, Mutter, Bruder Valentin, Lieschen, Marthe). Diese **kleine** soziale Welt erweitert sich im Zweiten Teil zur **großen** höfischen (mittelalterlicher Kaiserhof, Kaiserschlacht) und frühkapitalistischen Sphäre (Handelskompanie, unternehmerische Landgewinnung).

Die geistig-symbolischen Sinnbezirke erscheinen im Ersten Teil in Gestalt des himmlischen Hofstaates und Mephistos (metaphysisch-religiöse Sinnbilder) sowie in der Hexenküche und der Walpurgisnacht (Sinnbilder des Irrationalen, Dämonischen, Triebhaften). Im Zweiten Teil begegnen die symbolischen Gedankenkreise vor allem in dem Mummenschanz am Kaiserhof (Gesellschaftszustand, schöpferische Tätigkeit, Schönheit, Kunst), im mythischen Bereich der **Mütter** (Urbilder des Schönen wie überhaupt alles Seienden), im künstlichen Menschen Homunculus (nach Verkörperlichung strebende reine Geistigkeit), in der ›Klassischen Walpurgisnacht‹ (Entstehung des Lebens, Metamorphose des Werdenden, Evolution und Revolution in Natur und Gesellschaft), im Helena-Akt mit seiner symbolischen Vermittlung von Antike und Abendland sowie in der Szene **Bergschluchten**, die sich zum Ausgangspunkt der himmlischen Rahmenhandlung zurückbeugt und die religiöse Symbolik abrundet.

Jede dieser Szenen hat ihr eigenes Kolorit und Timbre, jedes dieser Bilder spiegelt

> **eine andere Welt wider: hier die Gelehrtenstube, dort der Raum ›*vor dem Tor*‹ mit der sich ausbreitenden Bürgerbehaglichkeit, dort das Durchschimmern kleinster, in Alltagssorgen aufgehender Häuslichkeit und wieder woanders scheinwichtiges Hofgetriebe und schallender Schlachten-**

lärm, unterbrochen durch arkadisches Glück und beschlossen durch stille Einsiedlerbeschaulichkeit in einsamen Bergschluchten.[165]

Auch die Figurenfülle der wirklichen Welt – **alle die Männer und Frauen, die Jünglinge und Greise, die Mädchen und Burschen, Soldaten und Bürger, Gelehrte, Hofleute, Heerführer, weltliche und geistliche Würdenträger bis hinauf zu des Kaisers Allgewalt**[166] – wie die der Kunst- und Gedankenwelt – Helena, Homunculus, Fabelwesen der ›Klassischen Walpurgisnacht‹, allegorische graue Weiber usf. – zeigt, dass das Drama sich in der Tat anschickt, **den ganzen Kreis der Schöpfung** (240) auszuschreiten und, **was der ganzen Menschheit zugeteilt ist** (1770), an und durch Faust zur Erscheinung zu bringen.

Zeitliches und Überzeitliches, Epochen und Mythen, Soziales und Archetypisches, Charaktere und Urbilder: so umgreift die Dichtung eine aufscheinende Totalität menschlichen Denkens und Seins; freilich nicht als geschlossenes System, sondern als Kunstgebilde innerer Verweisung und gegenseitiger Spiegelung.

Die soziale Welt des Menschheitsgedichts soll im Folgenden genauer untersucht werden.

12.2 Lebenskreis des Gelehrten und der Universität

Faust repräsentiert die pansophisch-naturmystische Geistigkeit des 16. und 17. Jahrhunderts, die sich mit der ganzheitlichen Denk- und Empfindungsweise des Sturm und Drang berührt. Sein Assistent Wagner hingegen verkörpert die humanistisch-rhetorische Gelehrsamkeit des 16. Jahrhunderts, die ihr Pendant im Fortschrittsglauben und im enzyklopädischen Eifer der Aufklärung findet. GOETHE notiert im 1800 skizzierten Schema der Dichtung zu Faust: **Ideales Streben nach Einwirken und Einfühlen in die ganze Natur**, und zu Wagner: **Helles kaltes wissenschaftliches Streben.**[167]

Mithin ist Wagner klar als eine Gegensatzgestalt zu Faust konzipiert, die dessen Wesensart erst eigentlich profiliert. Die Gegenfigur Wagner verkörpert zugleich eine frühere Entwicklungsstufe Fausts; eine Haltung, die Faust als unzulänglich und illusionär erkannt hat und die er in der Gestalt seines Famulus nur noch kritisch bespöttelt.

Im Grunde aber ist Wagner auch der Typus des modernen Wissenschaftlers – fortschrittsgläubig, auf das Rationalerfahr- und das Technischmachbare ausgerichtet –, was sich zeigt, wenn er im Zweiten Teil den künstlichen Menschen herstellt und damit die moralisch-metaphysische Unbekümmertheit moderner Gentechniker vorwegnimmt.

Fausts Wesensart erhellt jedoch nicht allein durch den Kontrast zur Denkungsweise Wagners, sondern auch vor der Folie des angehenden Studenten, des Schülers. GOETHES Konzept vermerkt: **Dumpfes warmes wis-**

Die Gelehrtentypen Wagner und Faust

Wagner	*Faust*
weltfern (531) naturfern (1100) volksfern (944)	möchte teilhaben an der Welt (464) an der Natur (423, 1070) am Menschenleben (940)
Verstand, Weisheit (572)	Gefühl (534) Herz (545) Seele (569)
traditionsgläubig (563, 1108) wissenschaftsgläubig (601)	skeptisch gegenüber Tradition Wissenschaft Glauben (364, 568, 577, 765) drängt nach unmittelbarer Wesensschau (382) dürstet nach Erfahrung, Erleben von Freud und Leid (464)
Menschheitsoptimismus (573)	Menschheitspessimismus (590, 1064)
Bücherweisheit *Stubengelehrsamkeit* *trockener Rationalismus*	*Streben nach existenziellen, ganzheitlichen Erfahrungen* *Pansophie*

senschaftliches Streben.[168] In seiner Abwehr der grauen, naturfernen Theorie (vgl. 1884–87), in seinem auf die Gesamtheit von Erde und Himmel, Wissenschaft und Natur gerichteten Bestreben (vgl. 1898–1901) sowie in seinem Wunsch, Studieren und Leben miteinander zu vereinen (vgl. 1904–07), liegt das **Warme** seiner wissenschaftlichen Ambition, das ihn mit dem ganzheitlichen Streben Fausts verbindet und vom **kalten** Enzyklopädismus Wagners trennt. Seine Unbedarftheit und Naivität, seine eigennützige Beschränktheit und das letztlich nur Äußerliche und Aufgesetzte seines Studierwillens machen freilich seine **Dumpfheit** und Andersartigkeit gegenüber Faust aus, dessen Erkenntnisstreben aus tieferen Persönlichkeitsquellen herrührt und ein wirklich **heiße[s] Bemühn** (357) darstellt.

Bilden Wagner und Schüler die innere Konfiguration der Kontrastfiguren zu Faust, so die Studenten in Auerbachs Keller und die Professorenkollegen, wie sie in Mephistos Universitätssatire gezeichnet werden, die äußere. Die Studenten sind zu Trinkkumpanen degradiert; jeglicher Erkenntnisdrang und jegliches geistige Format sind verloren gegangen (vgl. Kap. 9.1). Die Professoren hingegen erscheinen lächerlich, wenn sie mit unangefochtener Wichtigtuerei die Begrenztheit und Anfälligkeit ihres Fakultätswissens nicht wahrnehmen oder wahrhaben wollen (vgl. S 110).

Es verstärkt den Kontrast zu Faust, dass im Grunde die gesamte Gelehrten- und Universitätswelt des Dramas im Lichte der Karikatur und Satire steht. Mit der **Nachtmütze und Lampe** (nach 520), gleichsam täppisch, auftretend erscheint Wagner von vornherein in komischer Beleuchtung; seine gesamten treuherzigen wissenschaftlichen Ansichten werden von Faust sarkastisch zurückgewiesen und seine Erkenntnisfunde als **Regenwürmer** (605) verspottet. Auch der Schüler, in dessen Blauäugigkeit Mephistos satirisches Spiel ein willfähriges Opfer findet und der den Hinweisen auf eine erotische Nutznießung medizinischer Wissenschaft nur allzu bereitwillig folgt, stellt ohne Frage eine karikierte Figur dar. Die Studenten im Weinkeller sind grölende Tölpel, und der Lehrkörper der Hochschule wird ohnehin nur im Medium der Satire gekennzeichnet, die ihn als hohl diffamiert.

Die Gelehrtenwelt neben Faust erscheint also durchgängig im satirischen Zerrspiegel, Faust steht da als ein erratischer Block inmitten dieser Universitätslandschaft. Mit der Ernsthaftigkeit und der souveränen Distanz seiner Erkenntnis überragt er weit seine geistigen Zunftgenossen.

12.3 Lebenskreis des Volkes vor dem Tor

Die problematische Existenz Fausts wird zunächst durch die Gegenüberstellung zu akademischen Figuren erhellt; sie profiliert sich weiter vor dem Hintergrund der Daseinsformen breiterer Volksschichten. In diese Daseinsform ordnet sich auch Gretchen ein, die große Komplementärfigur zu Faust; somit bildet das Gesellschaftspanorama **Vor dem Tor** auch die Nahtstelle des von der Universität in das Kleinbürgertum übergehenden Sozialgemäldes.

Die Revueszene **Vor dem Tor** greift – der Anweisung der Lustigen Person gemäß – mitten **hinein ins volle Menschenleben** (167); in einem bunten Gesellschaftsreigen wird ein Schlaglicht auf die Denkungsart und Lebensweise verschiedener Stände geworfen, auf Handwerker, Dienstmädchen, Bauern, Bürger, Soldaten und (wiederum) Studenten. Am Ostermorgen ist man unterwegs zu Wirtshäusern und Ausflugslokalen oder findet sich unter der Linde ein zu Trank und Tanz. Vornehmlich das junge Volk ergibt sich den leichten Freuden des Lebens (**Die schönsten Mädchen und das beste Bier, / Und Händel von der ersten Sorte**, 815 f.), wobei man Anzüglichkeit (**Die Hand, die samstags ihren Besen führt, / Wird sonntags dich am besten karessieren**, 844 f.) und auch Derbheit und Rohheit nicht scheut (**Mädchen und Burgen / Müssen sich geben**, 898). Auch die Bauern bei ihrem Volksfest unter der Linde sind frohsinnig und sinnenfroh (vgl. das anzügliche Schäferlied, 949–980), zeigen jedoch auch ernste Regungen, wenn sie ihren Respekt vor dem geistigen Rang und den medizinischen Leistungen Fausts erweisen (vgl. 981–1000). Der Bürger wird satirisch gezeichnet; er erscheint als saturierter Philister und Krähwinkler, der im

Wirtshaus wohlfeil über den Bürgermeister herzieht und mit zynischer Ignoranz sein eigenes Unbehelligtsein gegen das Leid anderer ausspielt: **Nichts Besseres weiß ich mir an Sonn- und Feiertagen / Als ein Gespräch von Krieg und Kriegsgeschrei, / Wenn hinten, weit, in der Türkei, / Die Völker aufeinander schlagen** (860–864).

Mithin erweist sich das Volk – cum grano salis – als unbekümmert, leichtlebig und beschränkt und verstärkt durch den Gegensatz das Gefühl für Fausts qualvolle und grüblerische Existenz. Die Existenzform dieses Volkes ist aber auch als Ausgangspunkt von Gretchens Schicksal zu begreifen; auch sie wird den hier gezeichneten unproblematischen Zustand verlieren und in eine qualvolle Einsamkeit verfallen.

12.4 Der kleinbürgerliche Lebenskreis

Als Komplement zur ›männlich‹-strebenden Wesensart Fausts tritt mit Gretchen eine andere positiv gewertete Form von Menschlichkeit in den Gesichtskreis des Dramas, die ›weiblich‹-liebende (vgl. Kap. 10.1). Diese wächst aus dem Umkreis kleinbürgerlicher Verhältnisse hervor, deren Beschaffenheit und Ethos Gretchen bei ihrer ersten näheren Begegnung mit Faust umschreibt (vgl. 3109–48): Reinlichkeit, Ordnung und Sparsamkeit im Haushalt, Verantwortungsgefühl und Sorge für die Familienmitglieder, Bescheidung mit dem Zugeteilten, Zufriedenheit in der Beschränkung. In dieser Vertretung durch Gretchen erscheint das Kleinbürgertum noch geradezu als Idyll. GOETHE versäumt es jedoch nicht, ebenso wie für Faust auch für die weibliche Protagonistin Hintergrunds- und Gegenfiguren ins Spiel zu bringen, die das Bild im realistischen Sinne zurechtrücken und zugleich die Wesensart der Hauptfigur überhöhend illuminieren.

Gretchens Mutter erscheint nicht in eigener Person im Drama, wird aber durch Mephistos (vgl. 2815–27) und Gretchens Charakterisierung (vgl. 3113 ff., 3207 f., 3507 f.) lebendig. Der Haushalt muss **akkurat** (3114) versehen sein; sittenstreng wacht sie über die Tugend der Tochter (**Und würden wir von ihr betroffen, / Ich wär gleich auf der Stelle tot!**, 3508 f.); dem Glauben und der Kirchenautorität ist sie treu ergeben (**Und riecht's einem jeden Möbel an, / Ob das Ding heilig ist oder profan**, 2819 f.). Sitte und Glaube erscheinen bei der Mutter in derjenigen Unanfechtbarkeit und Ungebrochenheit, von der sich Gretchens liebende Übertretung als menschlich abhebt und die in ihrer Unbeugsamkeit den Keim des Inhumanen bergen.

Dieser Keim wächst sich aus zu grausamer Entfaltung im Bruder Valentin. Moral wird selbstgerecht, engherzig und zerstörerisch, sie schlägt in ihr Gegenteil um. Valentin, der als selbst ernannter Hüter familiärer Sitte auftritt, will im Grunde nur sich selbst im moralischen Glanz der Schwester bespiegeln (**Und streiche lächelnd meinen Bart, / […] / Aber ist *eine* im ganzen Land, / […] / Die meiner Schwester das Wasser reicht?**, 3628–33). Nicht wahre Anteilnahme und Geschwisterliebe beseelen ihn, denn die müssten sich auch und gerade dann erweisen, wenn die Schwester durch einen wie immer begründeten ›Fehltritt‹ in Not und Leid gerät. Das Gegenteil beweist Valentin: Seine Moral wird zum grausamen Giftstachel, mit dem er in der offenen Seelenwunde der Schwester rührt: **Ich seh wahrhaftig schon die Zeit, / Daß alle brave Bürgersleut, / Wie von einer angesteckten Leichen, / Von dir, du Metze! seitab weichen** (3750–54). Der Selbstgerechte bedient sich der Religion, blind dafür, wie sehr er sie ihres Gehaltes beraubt hat: **Ich gehe durch den Todesschlaf / Zu Gott ein als Soldat und brav** (3774 f.).

Diese ›Bravheit‹, die sich im engen Familienkreis abzeichnet, wiederholt sich in der Nachbarschaft und der weiteren sozialen Umgebung. Die Gemeinschaft hält genügend Rituale der Demütigung und Ausgrenzung bereit, um die Last einer unfroh getragenen Sittenzucht als Aggression auf vereinzelte Sündenböcke zu entladen. Lieschen steht für diese naive Form der Unbarmherzigkeit, deren Gehässigkeit nur ein sublimierter Ausdruck des Neides ist: **So ist's ihr** [Bärbel] **endlich recht ergangen. / […] / Wenn unsereins am Spinnen war, / Uns nachts die Mutter nicht hinunterließ, / Stand sie bei ihrem Buhlen süß** (3551–65). Kein Verständnis und Verzeihen, sondern öffentliche Brandmarkung warten auf die Parallelfigur Bärbel wie auf Gretchen: **Das Kränzel reißen die Buben ihr, / Und Häckerling streuen wir vor die Tür!** (3575 f.). Die idyllische Fassade, die das Kleinbürgertum noch in Gretchens Zeichnung annahm, bröckelt. Neid und Missgunst, eine nur äußerlich begriffene Moral, ein gewöhnlicher Alltagskrieg treten zum Vorschein. Die menschliche Hölle bedarf keines Mephistos.

Eine letzte Gretchen profilierende Figur ist die Nachbarin Marthe. In ihr begegnet die lebenspraktische, durchtriebene, ja abgefeimte Frau, die Gelegenheitsmacherin, die Gretchens Abfall von der mütterlichen Moral (Verheimlichung des Schmucks) und mittelbar ihr Überschreiten der öffentlichen Moral (Arrangement des Zusammentreffens mit Faust) befördert. Marthe ist erfahren und leidgeprüft, weiß aber sehr wohl ihr Eigeninteresse zu vertreten und durchzusetzen. Moral ist eine Tatsache des Lebens, mit der man rechnen, die man handhaben muss. Moral wird nötigenfalls geheuchelt, dem eigenen Vorteil gemäß jedoch verbogen und unterlaufen (**Vielleicht ist er gar tot! – O Pein! – – / Hätt ich nur einen Totenschein!**, 2871 f.). Wie sehr Marthe und Gretchen als Kontrastfiguren angelegt sind, zeigen die Reaktionen auf den vermeintlichen Tod von Marthes Mann – berechnend-erforschend die Ehefrau, mitfühlend-gütig die Außenstehende (vgl. 2929–42) – und die abwechselnden Auftritte der beiden Frauen mit ihren Begleitern im Garten, wobei Marthes strategisches Gebaren gegen Mephisto die innere Wahrhaftigkeit Gretchens gegen Faust erst recht hervorhebt.

Die Nebenfiguren zu Gretchen zeigen also eine ausgehöhlte Moral: ein Normensystem, das dogmatisch verhärtet oder inhuman pervertiert ist (Mutter, Valentin, Lieschen), bzw. eine Konvention, die nur äußerlich respektiert, in Wirklichkeit jedoch unterlaufen wird (Marthe). Wie Faust in seiner Umgebung ragt auch Gretchen in ihrem Lebenskreis hervor: durch ihre instinktive Güte, durch ihre selbstlose, Faust nicht bedrängende noch verpflichtende Liebe und damit durch eine Menschlichkeit, die den Gehalt sittlicher Gebote wahrt, auch wenn sie ihn dem Wortlaut nach verletzt. Sitte, Glaube und Gefühl gehen in Gretchen eine authentische Einheit ein. Mit einem Widerspruch muss man allerdings leben: Vormals wusste auch Gretchen ihre fehltretenden Kameradinnen **tapfer** [zu] **schmälen** (3577).

12.5 Soziale Welt des Zweiten Teils

Gesellschaft im ersten Dramenteil ist Raum des Alltags und des Privatlebens, im zweiten hingegen öffentlicher Raum, Sphäre der politisch-sozialen Tat. Der **kleine**[**n**] Welt des Volkes folgt die **große Welt** (2052) des Staates, der Politik, der Wirtschaft.

Der erste und der vierte Akt zeigen ein historisch unscharfes, typisiertes Bild eines Kaiserreichs (die Vergabe der Hofämter Marschall, Kämmerer, Truchsess und Schenk – vgl. 10 871–10 924 – führt ins 8. bis 10. Jahrhundert; die an die Goldene Bulle gemahnende Befestigung der Kurfürstenämter – vgl. 10 953–76 – gehört ins 14. Jahrhundert). Das Reich ist in desolatem Zustand, vom Verfall bedroht. Es herrschen Aufruhr und Gewalt, Raub und Plünderung, Zuchtlosigkeit und Verschwendungssucht, Gesetzlosigkeit und Korruption (vgl. 4773–4875). Der Kaiser ist mehr dem Amüsement als den Pflichten seiner Regentschaft zugetan (vgl. 4768 f.); seine Führungsschwäche lässt den Staat in **Anarchie** (10 261) zerfallen; ein Gegenkaiser versucht die Herrschergewalt an sich zu reißen. Zwar scheint der Kaiser sich im Angesicht der Entscheidungsschlacht zu fassen und zu wandeln (vgl. 10 407 f.), zwar scheint das Reich nach dem Sieg durch Verleihung der wichtigsten Staatsämter neu gegründet zu werden (vgl. 10 849–10 976), doch die Anfälligkeit auch dieses regenerierten Staatswesens wird sogleich deutlich, wenn der Kaiser sich von der Kirche erpressen lässt (vgl. 10 977–11 042).[169]

Faust, der zunächst nur passiv in die Sphäre der kaiserlichen Herrschaft eintritt, wird schließlich, im fünften Akt, selbst zum Feudalherrn, der vom Kaiser mit einem Streifen Küstenland belehnt worden ist (vgl. 11 035 f., 11 115 f.). Wiederum durchdringen sich mehrere Epochen, um das Wesen einer modernen, wirtschaftlich gegründeten Herrschaft vorzuführen. Faust ist zugleich mittelalterlicher Lehnsmann, neuzeitlicher Kaufmann (vgl. 11 173 f.) sowie frühkapitalistischer Unternehmer, der ein Heer von Lohnarbeitern befehligt (vgl. 11 553 ff.). Auch dieses Wirtschaftsherrschertum wird in seiner moralischen Fragwürdigkeit gekennzeichnet: der Landgewinnung aus dem Meer, dieser einerseits gemeinnützigen Tat, liegt zum anderen ein titanischer Ausgriff nach – im Kern – göttlicher Schöpfungsallmacht (vgl. S. 66 f.) sowie ein irdisch-diktatorisches Machtgelüst, das Streben nach **Weltbesitz** (11 243) zugrunde. Die Wirtschaftskraft beruht auf Seeräuberei – auf **Krieg, Handel und Piraterie** (11 187) –, der Dammbau wird gewaltsam und skrupellos durchgesetzt (**Bezahle, locke, presse bei!**, 11 554), **Menschenopfer** (11 127) der Ausbeutungsarbeit oder der Zwangsenteignung (Philemon und Baucis, vgl. 11 316 ff., 11 351–69) werden in Kauf genommen. Die **offene Gegend** (nach 11 042), die idyllische Natur wird um ihre Nutzbarkeit erweitert (Landgewinn), doch zugleich domestiziert und zurechtgestutzt (**Weiter Ziergarten, großer, gradgeführter Kanal**, nach 11 142).

Der zweite Dramenteil zeigt also ein marodes Feudalsystem und zugleich das Dubiose des technisch-industriellen Fortschritts: Regentschaft und Unrecht, Macht und Missbrauch, Eigentum und Enteignung, Errungenschaft und Bedrohung, Kolonisierung und Lebenszerstörung sind unheilvoll miteinander verschränkt.

12.6 Beiläufige Negativzeichnung der Gesellschaft

Menschen- und Wirklichkeitsdarstellung im *Faust* begegnet fast durchgängig mit dem Beigeschmack der Satire oder der Kritik. Gesellschaftsdarstellung scheint immer auch Gesellschaftsbloßstellung, Offenlegung von Brüchigkeiten und Fragwürdigkeiten. Dennoch wirkt das Drama in seinem Gesamtcharakter keineswegs sozialkritisch oder politisch in einem näheren Sinn. Das rührt zum einen daher, dass dieses Weltgedicht verschiedene Epochen und Gesellschaftsformen miteinander verschränkt und verdichtet und damit eine etwaige soziale Zielgenauigkeit zugunsten überzeitlicher Aussagewerte einbüßt. Zum anderen durchdringen sich in diesem Drama soziale und symbolische Welten; ein steter Wechsel von wirklichkeitsnäheren und sinnbildlichen Geschehnismomenten durchzieht die Szenen- und Aktfolgen, wodurch die Moral- und Gesellschaftskritik atomisiert und in ihrem Wirkungsgewicht gemindert wird. Zum Dritten wirkt – zumal im Zweiten Teil – die artifizielle Versifizierung als prangende und in gewissem Sinne blendende Einfassung der Invektiven, die erst bei einer prosaischen Übersetzung so recht spürbar werden.

Letztlich jedoch ist Gesellschaftskritik – von einigen Rudimenten der anfänglichen Sturm-und-Drang-Opposition abgesehen – niemals eigentlicher Zweck des *Faust*. Die Gebrechlichkeit der Welt wird eher vorausgesetzt als eigens thematisiert, es fehlt das Ethos der Veränderbarkeit: der Mensch wird bestimmt durch Eigennutz, Kleinlichkeit und Rohheit; Machtgelüst, Parteienstreit und Desorganisation kennzeichnen das Staatswesen, gleichviel, ob in Mittelalter, Neuzeit oder Industriezeitalter. **Gold** und **Schwanz**, Triebhaftigkeit ist das Getriebe der Welt, wie es Satan in der ausgesparten Messe proklamiert (vgl. S. 90) – die übrigens mit ihrem speichelleckenden und afterkriechenden Teufelsvasallen einen Höhepunkt der **Zeitsatire und Gesellschaftssatire**, ein **Finale von höllisch-obszöner, wüster Großartigkeit** abgegeben hätte.[170] Geschichte und Gesellschaft werden nur im Vorbeigehen beleuchtet; als Weltspiel und Menschheitsdrama zielt die Dichtung auf den ganzheitlichen Seinszusammenhang und auf den Erlösungsweg des Menschen. Die soziale Wirklichkeit, im ersten Dramenteil noch schärfer umrissen und leidenschaftlicher satirisch gegeißelt, geht im zweiten Teil in ein mehr und mehr typisiertes und generalisiertes Gesellschaftsbild über, das eher mit dem gelassenen Abstand des Humors gezeichnet scheint. Das Symbol übergreift den Gesellschaftszustand: **Alles Vergängliche / Ist nur ein Gleichnis** (12 104 f.).

13 Resümee und Rekurs auf den ›Prolog‹: Lebensblindheit und die Klarheit im Tode

Zwei Lesarten von Fausts exzentrischer Existenz haben sich abgezeichnet: Faust ist der häretische Gottessucher, ihn treibt eine verkappte Gottessehnsucht, im Grunde sucht er den vergotteten Augenblick, an den er nicht glauben kann und den er mit dem Tode bezahlen würde. Oder: Faust ist titanischer Gottesneider, ihn treibt geheime Größenlust, im Grunde verachtet er das mediokre Menschenlos und würde lieber sterben, als sich mit dem mittelmäßigen Glück eines Homo sapiens zufrieden zu geben. Fausts ›hohes Streben‹ wäre Zurückkehren – oder gerade Abfallen vom Ursprünglichen, dunkler Drang nach dem Urquell oder obskurer Hang zur Selbstüberhebung.

Faust wird in diesem Zwielicht verbleiben. GOETHE scheint ihn einmal so gedacht, ein andermal so geschrieben zu haben. Es sind letztlich auch nicht nur alternative Lesarten der Figur, sondern polare Züge in dem Menschheitsrepräsentanten selbst, denn der Mensch ist bedingt und unbedingt zugleich, er schwankt zwischen Konzentration und Expansion, zwischen Selbstbehauptungswillen und Hingabe an ein Überpersönliches. In Faust begegnet all dies extrem: von der Aufhebung der Individuation, dem Eingehen in den göttlich-natürlichen Lebensgrund, bis zur anmaßlichen Selbstüberschätzung und Selbstvergottung gehen seine widersprüchlichen Verlangen und Gelüste.

Im ›höchsten Augenblick‹ indes laufen beide Lesarten und Pulsschläge zusammen: Faust findet den Modus, wie er sinnvoll und in Übereinstimmung mit seinen hochstrebenden Sehnsüchten leben könnte – im Hinwirken auf menschliche Freiheit und ein Gemeinwohl –, und seine Lebensverachtung wird eines Besseren belehrt: Im Streben nach der idealen Gesellschaft liegt ein Sinn und bereits das Glück dieser Erde. Das Drama mündet in eine Apotheose von Fausts Streben – sei es nun im Anfang respektabel oder frevelhaft. Am Ende ist es Streben für die Menschlichkeit und damit für Gott, und es ist das menschenmögliche Zutun für das metaphysische Heil: **Wer immer strebend sich bemüht, / Den können wir erlösen** (11 936 f.).

Wie steht es im Lichte dieses Ausgangs um die Eingangsfragen des **Prologs im Himmel** (vgl. Kap. 4.2 und 4.3.)? Hat nun der Herr Recht mit seinem Menschenbild oder Mephisto?

Ein organisches, damit stetiges Wachstum seiner Person, wie es des Herrn Bild vom Früchte tragenden Bäumchen insinuiert, hat der Menschheitsvertreter nicht vollzogen. Noch in den letzten Tagen seines Lebens ist Faust der machtbesessene Herrscher, der Menschenleben hinwegraffen lässt, um seine prätendierte Allgewalt durchzusetzen, während er in seinen frühen Tagen Gretchens Untergang sehenden Auges heraufbeschworen hat. Da scheint schon Mephisto mit seinem Bild des ewig sich wiederholenden und nicht höher tragenden Zikadensprunges Recht zu haben. Fausts Lebensgeschichte ist kein schöner Entwicklungsroman; eine stete moralische Vervollkommnung, eine kontinuierliche sittliche Läuterung ist nicht zu verzeichnen – wohl aber eine abrupte. Im Moment der Erblindung erfährt nämlich Faust die innere Erleuchtung – **Die Nacht scheint tiefer tief hereinzudringen, / Allein im Innern leuchtet helles Licht** (11 499 f.) –, im Todesmoment findet er den Lebenssinn. Mit der Sozialutopie hat der Gottessucher ein Ziel im Leben gefunden, ist die titanische Lebensverneinung überwunden, scheint ein Sinn der Existenz und der Schöpfung auf. Indem der Nihilismus aufgehoben und indem das – in Fausts Frevel, Verbrechen und Schuld verkörperte – Böse mit der Erlösung des ›Irrenden‹ als notwendig und verzeihlich gerechtfertigt wird, ist das im **Prolog** aufgeworfene Theodizee-Problem tröstlich gelöst.

Die Voraussage des Herrn hat sich also erfüllt: Letztlich hat Faust zur ›Klarheit‹ über einen ›rechten Weg‹ gefunden. Die Lebensblindheit springt über in die Klarheit des Todes. Und nicht ganz fruchtlos war dieses Dasein: Am Ende steht das Vermächtnis der Freiheit und der Fürsorge für das menschliche Gemeinwohl.

14 Zum Verhältnis von »Faust I« und »Faust II«

Der erste Teil ist fast ganz subjektiv; es ist alles aus einem befangeneren, leidenschaftlicheren Individuum hervorgegangen, sagt GOETHE, **im zweiten Teil aber ist fast gar nichts Subjektives, es erscheint hier eine höhere, breitere, hellere, leidenschaftslosere Welt.**[171]

Subjektiv ist der erste Dramenteil, weil er (annähernd) als Charakterdrama anzusprechen ist; er findet seine Einheit in den sich gleich bleibenden Figuren Faust und Gretchen sowie in einer (annähernd) schlüssigen, aus diesen Figuren hervorwachsenden Handlung. Der zweite Dramenteil findet weder in der Psychologie der Figuren noch in der Kontinuität der Handlung einen wirklichen Zusammenhalt. GOETHE **benutzt die Fabel eines berühmten Helden bloß als eine Art von durchgehender Schnur** um daran sein eigentliches Anliegen anzuknüpfen, **eine mannigfaltige Welt auszusprechen.**[172] Der Charakter Faust wandelt sich zur Kunst- und Demonstrationsfigur Faust, mithilfe derer verschiedene Facetten von Welt und Gedankenwelt zur Anschauung gebracht werden.

Aber nicht allein der dramatische Charakter, sondern auch die dramatische Fabel verliert an Bedeutung. Die einzelnen Geschehnismomente greifen nicht handlungsschlüssig ineinander, sondern assoziieren sich als **lauter für sich bestehende Weltenkreise, die, in sich abgeschlossen, wohl aufeinander wirken, aber doch einander wenig angehen.**[173] Die Ereignisfolge im Zweiten Teil ist weniger stringent, kausal und linear verknüpft als sprunghaft, spektrisch und zyklisch miteinander verklammert.

Indem die Einheit der Person und der Handlung ausgesetzt werden, verliert das Drama des Weiteren sein realistisches Gepräge und wird mehr und mehr zur Wirklichkeit stilisierenden oder nur symbolisch repräsentierenden Gedankendichtung. Wenn aber das Weltspiel immer mehr in eschatologische Dunkelzonen vordringt, wenn es in den Bereich des eigentlich **Unzulängliche**[n] (d. h.: Unerreichlichen) und **Unbeschreibliche**[n] vorstößt (12 106 ff.), so muss es nicht allein im Gesamtcharakter gleichnishaft werden, sondern auch im Sprachstil einen Zug ins Gnomische, ins Abstrakte, in die letzte Formel aufweisen.

> **Dem symbolischen Gestaltungs- und Kompositionsprinzip im großen entspricht im einzelnen ein ebenso verweisender, abstrahierender, indirekter Sprachstil. Nur selten noch spricht der späte Goethe unmittelbar; die Sprache dient nicht mehr dem Ausdruck von Erlebtem, sondern gibt Verweisung und Hindeutung. Dieser Stil des Alters lebt aus der ständig bewußt gehaltenen Spannung von Ausgesprochenem und Unaussprechlichem.**[174]

Damit setzt Goethe bewusst einen Leser voraus, **der sich auf Mine, Wink und leise Hindeutung versteht** und der bereit ist, der andeutend-verschlüsselten Dichtungsgestalt etwas **zu supplieren.**[175] Goethes Spätstil wird **rätselhaft, dicht und lakonisch** und sein Gestus ist **kündend, erhaben und großartig, von eindringlicher Gewalt.**[176]

Zugespitzte Gegenüberstellung der beiden Dramenteile

Erster Teil	Zweiter Teil
›subjektiv‹: Charakterdarstellung	›objektiv‹: Weltdarstellung
Einheit der Person: Charakter	ohne Einheit der Person: Kunst- und Demonstrationsfigur
Einheit der Handlung: kausale und lineare Geschehnisfolge	ohne Einheit der Handlung: diskontinuierliche und spektrische Geschehnisanordnung
realistischer und satirischer Charakter; Erlebnisdichtung; dynamisch, vital	stilisierter und symbolischer Charakter; Gedankendichtung; statuarisch, reflektierend
Sprachcharakteristik; Wirklichkeitsbezug satirischer Sprache	abstrahierender, indirekter, gleichnishafter Sprachstil

Eine letzte wichtige und gerade für die unterrichtliche Behandlung bedeutsame Frage, die das Verhältnis der beiden Dramenteile betrifft, muss noch aufgeworfen werden: Bedarf der Erste Teil des Zweiten, ist er nur im Zusammenhang mit dem Zweiten zu lesen, zu verstehen? Mit anderen Worten: *Ist Faust I ein Fragment?*

In der Tat ist der Erste Teil, was die Fausthandlung und die gesamte geistige Grundlegung anbelangt, Fragment; allein die Gretchentragödie wird in sich vollständig und abgeschlossen dargeboten. Die himmlische Rahmenhandlung, wie sie im **Prolog** eröffnet wird, schließt sich erst mit den beiden letzten Szenen **Grablegung** und **Bergschluchten**; erst dann werden die anfangs gestellten Fragen endgültig beantwortet, ob der Mensch zur ›Klarheit‹ des ›rechten Weges‹ finde und trotz seines – teilweise grässlich – ›irrenden Strebens‹ erlöst werden kann. Das mit dem Pakt entworfene Erkundungsprogramm für eine ›kleine‹ und eben auch ›große Welt‹ wird nur mit den Stationen des Zweiten Teils eingelöst; die mit der Wette lancierte Frage, ob Faust jemals einen ›höchsten Augenblick‹ erleben werde, entscheidet sich erst in der drittletzten Szene **Großer Vorhof des Palastes.** Auch entwicklungsgeschichtlich ist nachzuweisen, dass Goethe schon vor der Fertigstellung des Ersten Teils an Teilen des Zweiten gearbeitet hat (vgl. S. 27), dass diese also gleich ursprünglich zur Gesamtkonzeption gehören wie der 1808 veröffentlichte, immerhin durch die Gretchenhandlung einigermaßen abgerundete Zwischenzustand.

Faust I ist also im Grunde Fragment. Weil man sich – zumal auf der Bühne oder in der Schule – nur selten an den Zweiten Teil heranwagt, weil schon dieser Erste Teil so prangt in seiner Sprachkraft und so verwirrt in seiner gedanklich-philosophischen Tiefe, hat man sich nahezu daran gewöhnt, ihn als ein ganzes und abgeschlossenes Werk hinzunehmen. Das sollte aber nicht zur irreversiblen Regel werden. Teile von *Faust II* – mindestens **Palast** und **Grablegung**, möglichst aber auch **Anmutige Gegend** (farbiger Abglanz) und **Hochgebirg** (Versuchung von Herrschaft, Plan der Kolonisation) – müssten auch zur schulischen Behandlung des Dramas gehören. Man kann nicht mit den Schülern in großer Kraftanstrengung die Ausgangsfragen des Dramas herausarbeiten (Prolog, Pakt) um diese dann, nach der herzerschütternden und die Aufmerksamkeit ablenkenden Gretchentragödie, als **umnebelnd Himmelsglut** (3458) in der Luft hängen zu lassen.

15 Zur Gattungsfrage: Tragödie, Komödie und Mysterienspiel

Goethe nennt dieses Mensch- und Weltenspiel eine Tragödie. Und dies, obgleich Fausts sinnbildlich dargestellte Erlösung außer Frage steht, ebenso wie die Rettung Gretchens. Auch nachdem Fausts Verklärung feststand, hat Goethe die Gattungsbezeichnung beibehalten; Grund genug, sie ernst zu nehmen. In der Tat lässt sich ein tragischer Grundcharakter des Dramas nachweisen – aber zugleich auch Gegengewichte, die das Tragische ausbalancieren und letztlich in eine übertragische Weltsicht einmünden lassen.

Tragisch ist im Grunde Fausts gesamte irdische Existenz; Faust scheitert sein ganzes Leben lang, nur eben nicht in der Sterbesekunde und nach dem Tod (in der Sphäre eines reineren Strebens in die Unendlichkeit). Der Gelehrte mit seiner Sehnsucht nach der existenzerhellenden Erkenntnis scheitert (vgl. Kap. 7.2); der Lebenshungrige mit seiner mystisch-orgiastischen Entgrenzungssehnsucht scheitert (vgl. Kap. 7.3); der Titan, der sich den Göttern gleichheben und an ihrer Schaffenslust teilhaben will, scheitert ebenfalls (vgl. Kap. 7.4). Aber mehr noch: Durch seine **ungute Mischung von Triebwunsch und Heiligenverehrung** führt der Liebende auch die Beziehung zu Gretchen in die Tragödie: **Scheitert Faust im Gelehrtendrama mit dem Versuch, sich selbst Gott gleich zu machen, so scheitert hier sein Versuch, einen anderen Menschen heilig zu sprechen und göttlich zu verehren.**[177] Mit dem Tod des gemeinsamen Sohnes und der Auflösung der Helenaerscheinung endet Fausts Kunst- und Schönheitsliebe ebenfalls tragisch (obgleich die wirklichkeitsentrückte und zeitenthobene Symbolsphäre ein tragisches Gefühl nicht aufkommen lässt). Der Küstenherrscher schließlich scheitert einerseits, wie gesagt, aufgrund seines titanischen Größenwahns – als machtbesessener Imperator duldet und initiiert er Raub und Totschlag –, andererseits an der Vergeblich- und Vergänglichkeit seines Kolonisationswerks: den Wellen, dem mit Mephisto verbündeten **Wasserteufel,** wird es wieder anheim fallen (wenn man Mephisto glauben darf, vgl. 11 544–50). Selbst Fausts letzter, ›höchster Augenblick‹ steht im Halbschatten des Scheiterns: Faust täuscht sich über die Situation; nicht an seinem Zukunftsstaat wird da geschaufelt, sondern an seiner Todesstätte.

Eine große Bilanz des Scheiterns, und sie wird grausig, wenn man sich nur einige der Opfer vor Augen hält, die sie verzeichnet: **Ich will dir die Gräber beschreiben, / Für die mußt du sorgen / Gleich morgen; / Der Mutter den besten Platz geben, / Meinen Bruder sogleich daneben, / Mich ein**

wenig bei Seit, / Nur nicht gar zu weit! / Und das Kleine mir an die rechte Brust (4521–28).

Eine solche Bestandsaufnahme der Schuld und des Verfehlens ist im allgemeinen Wortverstande unzweifelhaft eine Tragödie. Freilich muss im spezifischen – gattungstheoretischen oder wirkungspsychologischen – Sinne noch anderes hinzukommen, um die eigentümliche Seelenerschütterung (Katharsis) der Tragödie zu erzeugen. Tragik ist ja nicht bloß Unglück und Leid oder schiere Schurkerei. Es muss da schon etwas über den Verstand gehen und in die Grenzbereiche des menschlichen Erlebens führen. Jemand muss unschuldig, mit den lautersten Vorsätzen und den hehrsten Absichten, schuldig werden; da müssen sich unlösbare Konflikte gleichberechtigter Werte ergeben.

Auch solche Tragik betrifft Faust – jedenfalls, wenn man die apologetische Lesart seines ›hohen Strebens‹ zugrunde legt:

> **Diese wilde Fülle, die Gretchens Hütte zerstört und ihr Leben verwüstet hat, ist gleichwohl die göttliche Kraft im Menschen, die vom Himmel stammt. Es ist die Fülle der Begeisterung und Sehnsucht. […] So kann das Irdische nicht bloß am Mangel, sondern auch an der Fülle des Göttlichen zugrundegehn. […] Wo liegt die Schuld, wenn nicht bei dem, der solche Fülle zum Irdischen gehören läßt?!**[178]

Es wäre die Tragik des gleichzeitig mit dem *Faust* konzipierten *Werther*, dass das, was den Menschen erhebt und überhöht, ihn zugleich niederreißt und zerstört. Es ist zudem – und im Besonderen – die Tragik Gretchens: alles, was sie in Schuld und Vernichtung **trieb, / Gott! war so gut! ach war so lieb!** (3585 f.). So scheitert also einer, der nur das Beste und Höchste wollte: **Dieser Enthusiast handelt verblendet, aber subjektiv aufrichtig. […] der Enthusiast, der in dieser Welt nach dem Göttlichen zu greifen sucht, zerstört nur das Irdische, an dem es aufscheint**[179]; Faust **ist der Prototyp jener neuzeitlichen Figuren, die das Wirkliche in das Überwirkliche erweitern wollen, aber, unterwegs zum Unbedingten, das in seiner Bedingtheit Mögliche verfehlen.**[180] Ähnlich hat es übrigens Goethe selbst, freilich ins Allgemeine gesprochen, formuliert: **Es ist nichts trauriger anzusehen als das unvermittelte Streben ins Unbedingte in dieser durchaus bedingten Welt.**[181] Ein solcher tragischer Protagonist braucht keinen Antagonisten (Mephisto ist ja letzten Sinnes kein Gegenspieler, sondern die Verkörperung der ›einen‹ Seele Fausts), und er liegt auch nicht eigentlich im Kampf mit äußeren Mächten und Hindernissen. Die Tragik ist ganz nach innen verlagert, sie erwächst aus der eigenen Charakterstruktur. Charakter ist Bestimmung, Persönlichkeit ist Schicksal, tragisches Schicksal. ***Faust*** **bedeutet damit Höhepunkt und zugleich Krise des Subjektivismus**[182] (wenn denn diese abstrakte Formulierung noch etwas aussagt).

Der Gotteserfüllte und Gottesbegeisterte verstrickt sich in Sünde und Frevel, symbolisiert in seinem Bündnis mit Mephisto. Somit kann man Fausts Tragik auch aus einem anderen Blickwinkel sehen. Wahrscheinlich bleibt GOETHE bei der tragischen Gattungsbezeichnung, weil der Weg des Menschen zu den Sphären **reiner Tätigkeit** (705), zur metaphysischen Rettung und Erlösung, durch Not und Schuld führt, weil der Mensch **irrt [...], so lang er strebt** (317), weil das Drama die **tragische Paradoxie** ausspricht, **daß der Mensch nur durch den Teufel zu Gott gelangen kann.**[183]

Aber in den Kontraktionen des Lebensgesetzes geben die Pulsschläge des Vergehens und der Schuld für GOETHE nicht den Ausschlag. Zu groß ist sein Glaube, seine Sehnsucht nach dem Heil der Weltordnung. Es bleibt ihm zuletzt nichts anderes als die Formel *Gott* für diesen Glauben. **Das *Disparatwerden der Gegensätze* erfährt in Gott seine *mystische Einigung.* Was im Menschlichen unauflösbar ist, kann im Göttlichen seine Entwirrung finden.**[184] In einem katholisierten Himmel wird Faust verklärt, die Tragödie geht über und löst sich auf im Mysterienspiel, das mit dem **Prolog im Himmel** schon längst eröffnet war. Wie im geistlichen Drama des Spätmittelalters (hier besonders die Antichrist- und die Marienmirakelspiele sowie die Moralitäten) oder im barocken Welttheater (Calderon) wird das Schicksal des Menschen in überweltliche und heilsgeschichtliche Zusammenhänge eingerückt. Das irdische Dasein mit seiner Verstrickung in Irrtum und Schuld ist für GOETHE eine Tragödie, doch diese ist aufgehoben in einem Erlösung verheißenden Mysterium.

Dem Tragischen, dem die Zukunftsgewissheit und Erlösungssicherheit des rahmenden Mysterienspiels entgegenwirkt, sind auch im Verlaufe des Dramas Gegengewichte gesetzt. Von den Anfängen an – sei es im Volksbuch, sei es bei MARLOWE, den Wanderbühnen oder den Puppenspielen – ist Fausts tragische Geschichte mit komischen Elementen, mit Schwänken, Hans-Wurstiaden oder Kasperklamauk durchsetzt und ist es – freilich in veredelter Form – noch bei GOETHE. Diese komischen Züge reichen vom vereinzelten Sprachwitz (**So wird's Euch an der Weisheit Brüsten / Mit jedem Tage mehr gelüsten**, 1892 f.; **Ihr Mann ist tot und läßt sie grüßen**, 2916) über humoristisch-lustspielhafte Einlagen (Walpurgisnachtstraum, mokantes Mäkeln der Hofgesellschaft an den Musterkörpern Helenas und Paris', vgl. 6453–6548) und Momente der heiteren (**Der Teufel kann nicht aus dem Haus**, 1408; **Die hielte wohl den Teufel selbst beim** [Heirats-] **Wort**, 3005) sowie der derben Komödie (**Uns ist ganz kannibalisch wohl, / Als wie fünfhundert Säuen!**, 2293 f.) bis hin zu den schärferen satirischen Tönen Mephistos (vgl. Kap. 11), der närrischen Farce der **Hexenküche**, der objektiven Tragikomik des **höchsten Augenblicks** (Graben – Grab) und der absurden Groteske der **Grablegung.** Alle Facetten von Komik sind also in dieser Tragödie vertreten: Situations- und Typenkomik; Leichtsinn, Neckerei und Übermut; Scherz und Narretei; Nonsens-Poesie; Heiterkeit und Humor; Witz, Ironie und Satire; Tragikomik, Farce und Groteske. Welch große Komödie!

Aber die Komödie ist noch grundlegender und unauflöslicher in den Aufbau des Dramas eingegangen. Bereits in der Grundkonstellation Faust–Mephisto wird dem pathetischen und potenziell tragischen Helden ein schalkhafter und schelmischer Antipode hinzugesellt: **Die Darstellung des ungeheuren Geschehens kann nicht ohne Ironie, nicht ohne die Mitgift des Antipathetischen geschehen.**[185] GOETHE hat sich mit diesem Hofnarren der Schöpfung **die Möglichkeit geschaffen, vom Anfang bis zum Ende dieses Riesendramas in jedem Augenblick einen in metaphysische Spekulation entgleitenden Gedankengang oder eine ins Grausige sich entwickelnde Handlung mit Hilfe des Spottes, des Hohns oder auch der bloßen Neckerei wieder ins Gegengewicht zu bringen.**[186] GOETHE, der Prophet der Polarität, musste auch sein Weltgedicht aus beiden – scheinbar auseinander liegenden – Grundgattungen des Dramas speisen.

Tragödie und Komödie treten in diesem Menschheitsdrama in die verschiedensten Beziehungsformen: **es kann sich um härtestes Nebeneinander, bunte Mischung, innige Verschlungenheit und homogene Verschmelzung von beiden handeln.** Als These zumindest soll Meyers Ausgangsbehauptung am Ende stehen: **sie verbinden sich zur höheren Einheit in dem Werke als Ganzem, nicht in jedem seiner einzelnen Teile.**[187]

Fasst man nur die wichtigsten Gattungszüge ins Auge – von den Genrekomponenten der Idylle, des Maskenzugs, des Festspiels, der Oper u. a. einmal ganz zu schweigen –, so hat GOETHE mit seiner Faustdichtung **das kühne Experiment gewagt, drei an sich wesensverschiedene Dichtungsarten, *Tragödie, Komödie* und *Mysterienspiel* in einem Werk zu vereinen.**[188] Will man dieses kosmische Spiel nicht als ›Ragout‹ im Sinne des Direktors ansehen, so wird man es wohl als inkommensurabel und als eine *Gattung sui generis* bezeichnen müssen.

16 Offene und geschlossene Dramenform

GOETHES *GÖTZ VON BERLICHINGEN* (1773) und J. M. R. LENZENS *HOFMEISTER* (1774) und *SOLDATEN* (1776) begründen die Sprach- und Formrevolution des Sturm und Drang auf dem Gebiete des Dramas. Der *URFAUST*, 1772–1775 entstanden, aber erst 1887 veröffentlicht, wäre hinzuzurechnen, obgleich er keine zeitgenössische Wirkung entfalten konnte. Der Genius SHAKESPEARES wird gegen die **so erschröckliche jämmerlichberühmte Bulle von den drei Einheiten** (wie LENZ sie in seinen *ANMERKUNGEN ÜBERS THEATER* nennt[189]) ins Feld geführt; es bildet sich das heraus, was Volker Klotz typologisch zugespitzt und verallgemeinert die offene im Gegensatz zur geschlossenen Dramenform nennt.

Geschlossene und offene Dramenform (nach Klotz)[190]

Geschlossene Form des Dramas	Offene Form des Dramas
1. Handlung Einheit der Handlung: Einsträngigkeit; Seitenstränge dienen der Haupthandlung. Geschlossenheit der Handlung: in sich abgeschlossen und vollständig; keine wesentlichen Sprünge und Lücken.	1. Handlung Vielfalt der Handlung: Mehrsträngigkeit; relativ autonome Nebenhandlungen. Offenheit der Handlung: schlaglichtartig, bruchstückhaft und fortsetzbar; sprunghaft, mit vielen Aussparungen.
2. Zeit Einheit der Zeit: geringe Zeiterstreckung. Zeitverlauf wichtiger als Zeiteindruck: szenische Gegenwart überlagert von Vorwärts- und Rückwärtsbezügen.	2. Zeit Vielfalt der Zeit: weite, z. T. unbestimmte Zeiterstreckung. Intensiv erlebter dramatischer Augenblick wichtiger als Sukzession: sprachlich, gestisch, akustisch und optisch dichte Situationen.
3. Raum Einheit des Ortes: kein dramatisch wirksamer Ortswechsel. Raum typisiert; nur Rahmen, kein Handlungsfaktor.	3. Raum Vielfalt des Ortes: Fülle verschiedengearteter, eigentümlicher Lebens- und Handlungsräume. Raum charakteristisch, Mitspieler; bezeichnet Menschentyp, Stand, Milieu, Atmosphäre, Sprache.
4. Personen Einheit des Standes: Personal sozial einheitlich, mit gemeinsamem geistigen Bezugssystem. Ständeklausel: Tragödie höfische, Komödie bürgerliche Sphäre.	4. Personen Vielfalt des Standes: Aufeinandertreffen verschiedener sozialer Schichten und Weltbilder. Keine Standesvorbehalte: jeder Stand tragikwürdig und komikanfällig.

Geschlossene Form des Dramas	Offene Form des Dramas
Klare personelle Gegnerschaften. Mündige, verantwortliche, reflektiert handelnde Persönlichkeiten. Antriebsmomente im Wesentlichen das Geistige und das geläuterte Seelische.	Person im Kampf mit allgemeinen Welt-, Klassen-, Milieuverhältnissen. Auch unreife, unfreie, unfertige, dumpf getriebene Menschen. Ebenbürtige Antriebsmomente: das Kreatürliche, Körperliche, Triebhafte, das Unbewusste und das Soziale.
5. Sprache Einheit der Sprache: Vers, Dichtungssprache, hoher Stil. Sprache fast ausschließliches Ausdrucksmedium. Satzbau unterordnend; Satzfolge beständig, schlüssig, grammatisch stimmig; Sprache kunstvoll, zielgerichtet, logisch folgernd, dialogisch.	5. Sprache Vielfalt der Sprache: Sprechweisen verschieden nach Stand, Charakter, Situation; Prosa, auch Alltagssprache, Stilmischung. Neben der manchmal versagenden oder aussetzenden Sprache: Mimik, Gestik, Gebärde – der Körper spricht mit (Zunahme der Regieanweisungen). Satzbau nebenordnend; Satzfolge auch sprunghaft, stockend, brüchig, kreisend; Sprache auch unbeholfen, zerfahren, assoziativ, monologisch.
6. Aufbau Geschlossene, straffe, eng verkettete, geordnete Komposition. Aufbau von oben nach unten: Akt wichtiger als Szene. 5 Akte, symmetrisch gefügt, der dritte Akt als Mittelachse.	6. Aufbau Offene, lockere Komposition; reigen-, stationen-, mosaik- oder kaleidoskopartiger Charakter. Aufbau von unten nach oben: Szene als dramatische Urzelle. Zusammenhalt durch zentrales Ich, metaphorische Verklammerung, komplementäre Stränge (Einzelner – Kollektiv) oder Integrationspunkt (Schlüsselpassage).
7. Allgemeine Stilzüge Ausschnitt als Ganzes; Geschlossenheit, Begrenztheit, innere Verweisung. Vorrang der Idee vor dem Stoff; geistige Totalität. Geschlossenes Weltbild der Hierarchie, Ordnung, Gesetzlichkeit.	7. Allgemeine Stilzüge Das Ganze in Ausschnitten; Offenheit, Unbegrenztheit, Verweisung über sich hinaus. Vorrang des Stoffes vor der Idee; empirische Totalität. Offenes, disparates, brüchiges Weltbild.

Der Zweite Teil der Faustdichtung ist in 5 Akte geteilt; das scheint ihn für die klassische, geschlossene Dramenform auszuweisen; der Erste Teil ist in mehr als 20 Szenen gegliedert; das scheint ihn für die offene Dramenform zu qualifizieren.

In der Tat ist das bürgerliche Trauerspiel ›Gretchen‹ noch ganz in der offenen Dramenform ausgeführt. Mit wenigen charakteristischen Strichen wird Gretchens ganze Existenz bezeichnet und ihre tragische Beziehung zu Faust umkreist. Einige prägnante Augenblicke genügen: Gretchen in ihrer Kammer, Gretchen bei Marthe, Gretchen mit Faust im Garten, Gretchen im Zwinger, Gretchen im Kerker; jeweils atmosphärisch dichte und viel sagende Situationen. Alle aktionalen Höhepunkte hingegen sind ausgespart: die Liebesnacht (-nächte), das Sterben der Mutter, die Tötung des Kindes, Gefangennahme, Prozess und Hinrichtung. Dennoch genügen die Ausschnitte, das Ganze fühl- und verstehbar zu machen.

Ebenso war der *Urfaust* noch ganz im Geiste der offenen Form geschrieben – mit seiner noch gänzlich fragmentarischen Fügung, mit der (neben **Offen Feld**) zusätzlichen Fetzenszene **Land Strase**, mit seinem stärker mundartlich und umgangssprachlich gefärbten Sprechton und mit seinen umfänglicheren Prosateilen. Allerdings haben sich um den *Urfaust* die Jahresringe verschiedener Literaturepochen gelagert, und das schlägt sich auch in der Dramenform nieder. Die Versifizierung wurde weiter fortgetrieben und damit die **Natürlichkeit und Stärke** des Stoffes **gedämpft**, wie Goethe selbst erläutert[191]; die sehr autonomen Szenen werden durch Pakt und Weltfahrtprogramm in einen schlüssigen Zusammenhang gebracht. Die entscheidende Domestizierung der offenen Form aber wird durch den hinzugefügten **Prolog im Himmel** ausgelöst, denn nun stehen die ungebärdige Genietragödie ›Faust‹ und das weltanklägerische Sozialdrama ›Gretchen‹ auf einmal da im versöhnlichen Ausstrahlungsbereich einer gütigen Weltordnung. Der ebenfalls angefügte und dramatisch so unbefriedigende Kurzepilog des Ersten Teils – **Ist gerettet!** (4611) – ist nur die zwingende Konsequenz dieser Umschmelzung des offenen, brüchigen Weltbildes in das geschlossene der Ordnung und Gesetzlichkeit.

Der Zweite Teil nun scheint in manchen Eigenschaften der geschlossenen Dramenform zuzugehören: Akteneinteilung, stilisierte Sprache, Vorrang des Ideellen vor dem Stofflichen. Doch diese Akte sind innerlich nicht eigentlich miteinander verzahnt, es sind **lauter für sich bestehende Weltenkreise** (vgl. S. 125), sie besitzen Autonomie wie im offenen Drama die Szenen. Es gibt kein klares Kräftespiel, keine Einheit der Handlung – man denke an die verselbstständigte Kaiser- oder Homunculushandlung –, keine Einheit der Zeit – die sich von der Antike über das Mittelalter bis in den Frühkapitalismus erstreckt – oder des Ortes – der von der Reichsstadt bis nach Sparta und dann wieder an die Nordseeküste führt –; keine formale Geschlossenheit also.

So liegt Goethes Faustdrama wieder einmal quer zu den Rubriken: wie bei den Gattungen, so bei der Dramenform. Das anfänglich offene Drama konvertiert im Laufe seiner Werkgeschichte zur geschlossenen Form, aber das geschlossene Drama transzendiert am Ende beide Kategorien.

17 Dramenaufbau und Dramenstruktur

In der Tat hat Goethe sich nicht gequält, die Fausthandlung auf die **magere Schnur einer einzigen durchgehenden Idee** (vgl. S. 28 und 125) zu zwängen, und sei es die der Wette oder zumindest die einer Handlungskontinuität oder Charakteridentität.

Die mit so viel Kraftaufwand abgeschlossene Wette – wie bedeutungslos scheint sie im Zuge der gesamten Fausthandlung zu werden! Dass Auerbachs Keller eine erste, Gretchen eine zweite, die Walpurgisnacht eine dritte Versuchung Mephistos im Sinne seines angestrebten Wettgewinns seien: davon spricht das Drama kein einziges *explizites* Wort, das sind lediglich Hilfskonstruktionen des Verstehens, wenn auch noch recht plausible. Diese Plausibilität verliert sich dann aber rasch im Zweiten Teil: Wo sind Fausts Versuchungen am Kaiserhof, in der Klassischen Walpurgisnacht, in der Helenabegegnung? Allein die Anfechtungen des Herrschers und Kolonisators fügen sich wieder dem Schema.

Ebenso fragwürdig, so verlockend es auch scheint, ist das Erklärungsraster von ›kleiner‹ und ›großer Welt‹, das zugleich die Trennscheide von Erstem und Zweitem Teil abgeben soll: Wieso soll die symbolische Region der nordischen Walpurgisnacht einer ›kleinen‹, die der südlichen Walpurgisnacht aber einer ›großen Welt‹ zugeordnet werden? Was hat der Helenaakt, die Sinnbildlichkeit der Kunst, mit der ›großen Welt‹ zu schaffen?

Blickt man der Dichtungsrealität unvoreingenommen ins Auge, so gibt es keine homogene Textintention in allen Teilen des Faustdramas. Nüchtern betrachtet ist davon auszugehen, dass die Handlungslinie des *Faust* einerseits von Symbolzusammenhängen überlagert und andererseits von relativ verselbstständigten, nur lose mit der Faustfabel verknüpften Darstellungsinteressen unterbrochen wird.

Waren die Helenabegegnung und Fausts Erlösung ursprünglich die Hauptpfeiler des Zweiten Teils, während das Geschehen des jetzigen ersten, zweiten und vierten Aktes nur die nötigen Verbindungen und Übergänge schaffen sollte, so wachsen sich nunmehr Kaiserhandlung und ›Klassische Walpurgisnacht‹ zu recht eigenwertigen Themenbereichen aus.

Weder das Ordnungsschema von Pakt und Wette noch das von kleiner und großer Welt kann also der Dichtung in allen Bezügen gerecht werden. Da das Band einer konventionellen Handlung fehlt und da schließlich kein geschlossenes Drama vorliegt (vgl. Kap. 16), müssen auch andere Schemata der Fabelknüpfung bzw. der dramatischen Fügung – wie etwa eine schlüssige Folge von Exposition, erregendem Moment, steigender Handlung, Peripethie, fallender Handlung, Katastrophe – versagen.[192] Der Tatsache eingedenk, dass damit die Faustdichtung nur einäugig erfasst wird, soll dennoch der Versuch einer Strukturskizze unternommen werden, um die überbordende Geschehnisfülle etwas überschaubarer zu machen (siehe Skizze auf S. 138 f.).

Die ersten beiden Auftakte, die den Dichtungsprozess als solchen thematisieren, stehen jenseits der Handlung. Der **Zueignung** sollte ursprünglich ein **Abschied**, dem **Vorspiel** eine **Abkündigung** entsprechen.[193] Der dritte Auftakt hingegen, der **Prolog im Himmel**, ist bereits Teil der Dramenhandlung; er fasst das irdische Geschehen ein und stellt es in ein spezielles Licht. Die überirdische Rahmenhandlung macht sich am Ende der Gretchentragödie als **Stimme von oben** bemerkbar und nimmt am Ende die vom Irdischen ins Himmlische strebende Entelechie Fausts in sich auf. Nach der Exposition der Erdenhandlung durch Fausts Erkenntnis- und Lebenskrise bilden Pakt und Wette die Klammer für die mehr oder minder stark auf diesen Verstehensrahmen beziehbaren Erlebnisse und Erkundungsstationen. Irdische Wette und himmlische Scheinwette stehen in Korrespondenz, sie bilden den heilsgeschichtlichen und den weltlich-psychologischen Blickwinkel auf das Geschehen. Abseits der durchgehenden Handlung liegen die panoramatische Ständedarstellung vor dem Tor, das genüssliche Durchhecheln der Fakultäten, der dramatisch-humoristische Unsinn von Hexenküche und Walpurgisnachtstraum, der opulente Maskenzug am Kaiserhof, das Verleiblichung suchende künstliche Menschlein (und im Grunde auch Fausts allzu ausschweifende Odyssee durch die Gefilde der ›Klassischen Walpurgisnacht‹) sowie der recht einlässlich geschilderte Thronverteidigungskrieg und die Reichsämtervergabe (die Strukturskizze vermerkt also nur die auffälligsten Digressionen).

Wenn auch der Handlungsfaden im *Faust* nicht sehr straff gespannt ist, so weist das Drama doch eine Vielzahl *motivischer Vernetzungen* auf. Diese Motivverwebungen haben den Charakter von Vorausdeutungen und Rückverweisen – also von motivischem Vorgriff und zurückweisender Wiederaufnahme – sowie von Parallelisierung und Kontrast – also von erhellender Gegenüberstellung des Vergleichbaren, aber anderen. Dies sei am Beispiel des Ersten Teils kurz aufgewiesen:

Die Revueszene **Vor dem Tor** stellt ein Gegenbild zur im Wesentlichen monologischen Eingangsszene **Nacht** dar: **Der helle Tag kontrastiert mit der Nacht, die Weite der Landschaft mit der Enge des gotischen Zimmers, die Fülle der auftretenden Personen mit Fausts Einsamkeit, der Realismus des Geschehens mit der von ihm beschworenen Geisterwelt.**[194] Zugleich ist die Szene Vorgriff und Vermittlung zur Gretchenhandlung: In den Bürgermädchen erscheint Gretchen, in den Soldaten Valentin, in der **Alten** Marthe präfiguriert. Das derberotische Bauernidyll (Schäferlied) weist bereits auf die arkadische Sphäre des Helenaaktes voraus – wie übrigens auch die liebliche Phantasmagorie der Geister im **Studierzimmer**, die Faust in den Schlaf wiegt (vgl. 1447–1505).

Die Universitätssatire ist ein parodistischer Rückverweis auf den Eingangsmonolog (Durchgehen von Wissenschaftsdisziplinen) und ein Vorgriff auf **Auerbachs Keller**; der Schüler leitet in die Studentenwelt über.

Auerbachs Keller umspielt wiederum das Motiv *Universität*; er zeigt die akademische Welt von unten, von ihrer trivialen Kehrseite. Das zotige Gezänk über Liebe und Liebschaften weist auf die Gretchenhandlung voraus; die politischen Anspielungen und Mephistos Flohlied präludieren das Staatsgeschehen des Zweiten Teils; die Zaubereien verweisen auf die kommende Szene **Hexenküche.**

Die **Hexenküche** bewerkstelligt die aus Plausibilitätsgründen notwendige Verjüngung Fausts; strukturell gesehen ist sie Vorausdeutung auf die Hexensphäre der **Walpurgisnacht** und bildet auch durch ihre zeitsatirischen Einsprengsel ein Beziehungsgeflecht zum Blocksberggeschehen sowie zum **Walpurgisnachtstraum.** Das zauberhafte Frauenbild im Spiegel ist Vorgriff und Verklammerungsmoment mit dem Zweiten Teil, mit der Helenabegegnung; indem die erotische Leidenschaft zunächst auf Gretchen gelenkt wird, leitet das Zauberbild auch unmittelbar in die Gretchenhandlung über.

Die **Walpurgisnacht** als Hofhaltung des Satans ist Gegenstück zur Himmelsaudienz des **Prologs**; als nordisches Pendant zur südlich-klassischen Walpurgisnacht bildet sie wiederum ein Verspannungselement beider Dramenteile.

Zur inneren Dramaturgie der Handlungskurve (z.B. Retardationen, Wendepunkte u. Ä.) vgl. auch die Tabelle in Kapitel 2.

So groß die Zäsur zwischen Erstem und Zweitem Teil auch sein mag, gibt es doch auch zahlreiche *Verzahnungs- und Verklammerungselemente:*

Personelle Kontinuitäten bilden neben Faust und Mephisto der Schüler, der als Baccalaureus wiederkehrt, Famulus Wagner, der als Professor wieder auftritt, und Gretchen, die in der Wolkenvision des **Hochgebirgs** sowie als himmlische Fürsprecherin in den **Bergschluchten** wieder erscheint.

Daneben stehen *Fabelverknüpfungen:* Das Helenamotiv des Zauberspiegels wird mit der Helenabeschwörung, -suche und -begegnung fortgesetzt. Das Wettmotiv scheint in der Versuchungssituation des **Hochgebirgs** wieder auf und rundet sich im ›höchsten Augenblick‹ der Sozialutopie. Was Faust in der Situation der Freitodüberlegung erhofft hat, auf **neuer Bahn den Äther zu durchdringen, / Zu neuen Sphären reiner Tätigkeit** (704 f.) aufzusteigen, wird in der Schlussszene **Bergschluchten** anschauliche ›Realität‹.

Schließlich begegnet eine Vielzahl *struktureller* und *motivischer Beziehungen:* Beide Dramenteile sind zu einem Gutteil um Frauengestalten zentriert: der Erste Teil um Gretchen, der Zweite um Helena. Beginnt der **Prolog im Himmel** mit Raphaels Hymnus an die Sonne (**Die Sonne tönt nach alter Weise**, 243), so steht am Anfang des Zweiten Teils Ariels Preis des Sonnenaufgangs (**Phöbus' Räder rollen prasselnd**, 4670).

Hebt die Fausthandlung mit dem großen Eingangsmonolog an, der Faust am Tiefpunkt seiner Erkenntnisverzweiflung zeigt (**Und sehe, daß wir nichts**

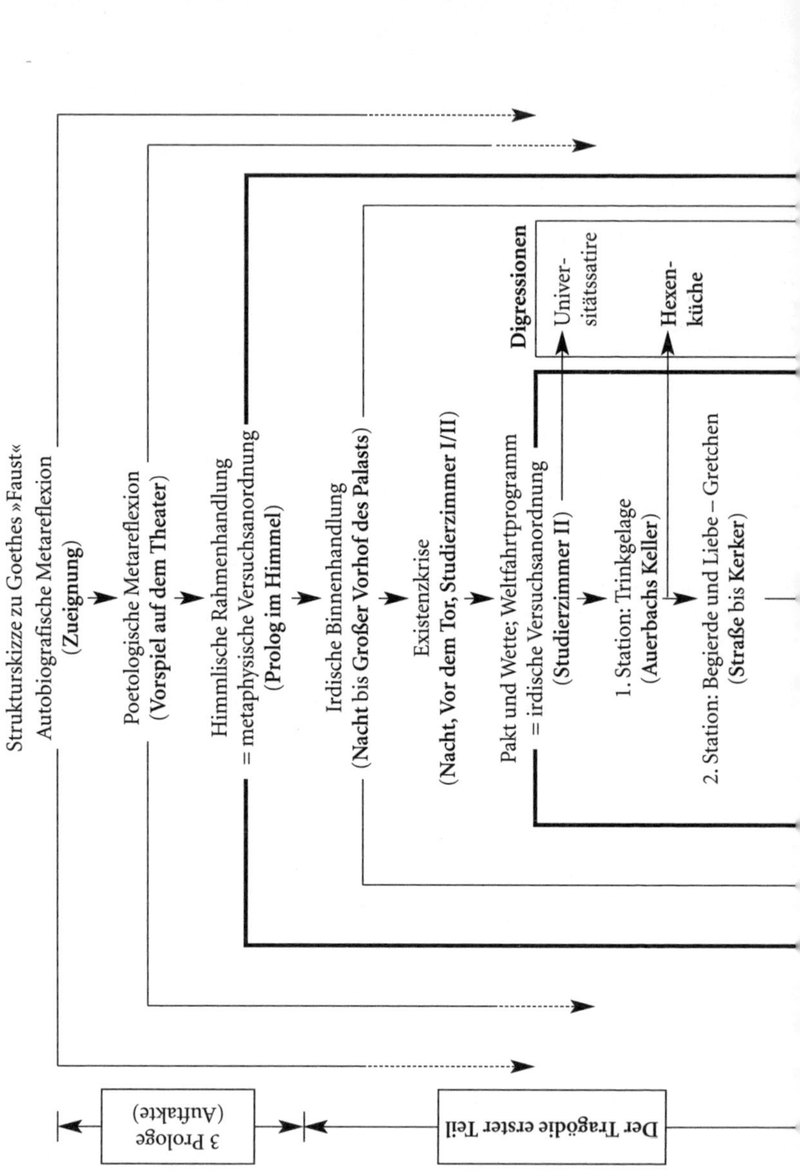
Strukturskizze zu Goethes »Faust«
Autobiografische Metareflexion
(Zueignung)
Poetologische Metareflexion
(Vorspiel auf dem Theater)
Himmlische Rahmenhandlung
= metaphysische Versuchsanordnung
(Prolog im Himmel)
Irdische Binnenhandlung
(Nacht bis Großer Vorhof des Palasts)
Existenzkrise
(Nacht, Vor dem Tor, Studierzimmer I/II)
Pakt und Wette; Weltfahrtprogramm
= irdische Versuchsanordnung
(Studierzimmer II)
1. Station: Trinkgelage
(Auerbachs Keller)
2. Station: Begierde und Liebe – Gretchen
(Straße bis Kerker)
Digressionen
Univer-
sitätssatire
Hexen-
küche
3 Prologe
(Auftakte)
Der Tragödie erster Teil

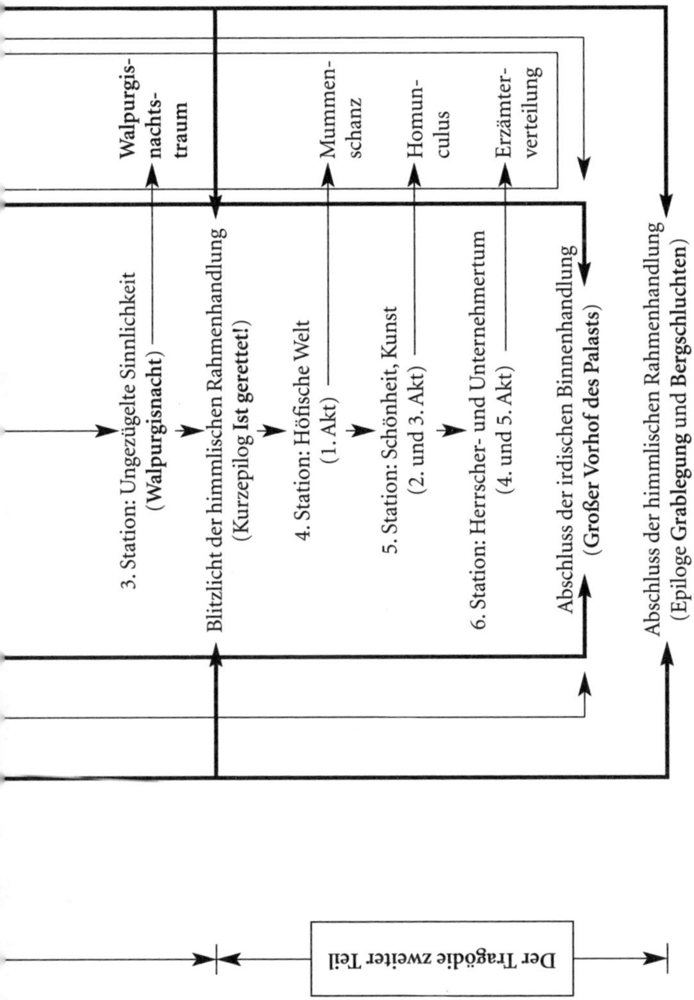

Walpurgis-
nachts-
traum
Mummen-
schanz
Homun-
culus
Erzämter-
verteilung
3. Station: Ungezügelte Sinnlichkeit
(Walpurgisnacht)
Blitzlicht der himmlischen Rahmenhandlung
(Kurzepilog Ist gerettet!)
4. Station: Höfische Welt
(1. Akt)
5. Station: Schönheit, Kunst
(2. und 3. Akt)
6. Station: Herrscher- und Unternehmertum
(4. und 5. Akt)
Abschluss der irdischen Binnenhandlung
(Großer Vorhof des Palasts)
Abschluss der himmlischen Rahmenhandlung
(Epiloge Grablegung und Bergschluchten)
Der Tragödie zweiter Teil

wissen können!, 364), so hebt der Zweite Teil wiederum mit einem Faustmonolog an, der ihn diesmal auf dem Höhepunkt seines Erkenntnisfortschritts zeigt (**Am farbigen Abglanz haben wir das Leben**, 4727). Musste sich Faust vormals vor der Übermacht der Erdgeisterscheinung abwenden (**Weh! ich ertrag dich nicht!**, 485), so nunmehr vor dem Flammenübermaß der Sonne (**Sie tritt hervor – und leider schon geblendet, / Kehr' ich mich weg, vom Augenschmerz durchdrungen**, 4701 f.). Hatte Faust in der tiefsten Lebenskrise ein Osterchor von Selbstmordgedanken geheilt, so heilt ihn jetzt ein Naturgeisterchor von den grimmigsten Schuldgefühlen.

Zeigte die nordische Walpurgisnacht Faust auf dem Weg zum anarchischen Urgrund der Sexualität, so zeigt ihn die südliche Walpurgisnacht auf dem Weg zum sublimierten Höchstzustand von Erotik: zur in Helena verkörperten Kunstliebe.

Die kontemplative Situation von **Wald und Höhle** wiederholt sich im **Hochgebirg**; endete sie dort mit der düsteren Einsicht in das Zerstörerische der Gretchenliebe, so läuft sie hier in das Erlösende seiner Gretchenliebe aus; diese repräsentiert das **Beste meines Innern**, sagt Faust; er wird schon hier von Gretchen **fort**gezogen, also im Vorklang auf die Schlussszene gen Himmel geführt (10 066).

Wendet sich Gretchen in ihrer Verzweiflung an die Mater dolorosa, so wendet sie sich in ihrer Verklärung an die Mater gloriosa.

Interessant ist – zuletzt – noch die Parallele der Erzämtervergabe des Kaisers zur Vasallenbeleihung des Satans in der – ausgesparten – schwarzen Messe: es wäre in gegenseitiger Spiegelung der Höhepunkt der Satire gegen den Feudalabsolutismus gewesen.[195]

Das Faustdrama ist also neben der nicht sehr stringenten linearen Verknüpfung durch ein dichtes Netz spektrisch sich entfaltender oder zyklisch wiederkehrender Motivfäden und Strukturzüge verwoben. Diese Vernetzungen fügen sich keinem System, keiner Strukturformel, aber es sind Momente ästhetischer Bedeutungssteigerung, Verdichtung und Zusammenbindung.

18 Kompositionsmittel I: Konfiguration und Spiegelung

Was bislang zu Form und Struktur der Faustdichtung gesagt wurde, hatte eher den Anklang von Dekomposition als von Komposition. Gewiss auch ist *Faust* keine konventionelle Komposition, doch neben den im vorigen Kapitel angedeuteten motivisch-strukturellen Vernetzungen weist das Werk noch andere Baugesetzlichkeiten auf, die in diesem und dem folgenden Kapitel analysiert werden sollen.

Goethe selbst hat ein besonderes Kompositionsmittel für sich in Anspruch genommen:

> **Da sich manches unserer Erfahrungen nicht rund aussprechen und direkt mitteilen läßt, so habe ich seit langem das Mittel gewählt, durch einander gegenübergestellte und sich gleichsam ineinander abspiegelnde Gebilde den geheimeren Sinn dem Aufmerkenden zu offenbaren.[196]**

Aussagegehalte werden also in Strukturen überführt, in Konfigurationen, die zueinander in der Beziehung der Spiegelung stehen. Spiegelung heißt: Die Gebilde oder Verhältnisse sind ähnlich, wieder erkennbar; doch zugleich sind sie spiegelbildlich verkehrt, also anders, gegenläufig. Spiegelung bedeutet Abbildlichkeit und Gegenbildlichkeit zugleich, Analogie und Kontrast.

Das Kunstmittel der Spiegelung begegnet vor allem in bestimmten Figurenkonstellationen. Der Figurenentwurf ist aber zunächst unabhängig vom Gedanken der Spiegelung zu betrachten – in den er schließlich einmünden wird –, weil hier noch andere Baugesetze vorwalten.

Goethes Grundgedanke der *Polarität* findet hier Einschlag, aber auch das Prinzip der *Prä- und Postfiguration*, d. h. der Vorausdeutung einer Figur auf eine andere, die wiederum auf die vorangehende zurückweist. Sowohl die polare als auch die präfigurale Figurenzeichnung führt zur gegenseitigen Erhellung und Profilierung der Einzelgestalten.

Polare Paarformationen bilden etwa Faust (Streben) und Gretchen (Liebe), Faust (Mittelalter) und Helena (Antike) oder Gretchen (Natürlichkeit, Liebe, Realität) und Helena (Kunst, Schönheit, Idealität). Die Figuren kontrastieren zueinander, doch sie ergänzen einander auch als verschiedene Komponenten einer übergreifenden Einheit (etwa des Menschlichen, der Geistesepochen, des Weiblichen). Die Figurenpolarität ist also komplementär oder spektrisch angelegt.

Eher antithetische oder kontradiktorische Figurengegensätze bilden hingegen Gretchen (Liebe) und Mephisto (Teilnahmslosigkeit), Gretchen (Naivität) und Marthe (Beschlagenheit), Helena (Schönheit) und Phorkyas-Mephisto (Hässlichkeit) sowie Plutus-Faust (Reichtum) und Geiz-Mephisto.

Präfigurale Paarbeziehungen bestehen zwischen Bürgermädchen und Gretchen, Soldaten und Valentin, der Alten und Marthe (**Vor dem Tor**). Das **am Brunnen** erörterte Schicksal Bärbelchens nimmt Gretchens kommende Situation vorweg, Bärbel präfiguriert also Gretchen. Als Allegorie der Poesie weist der Knabe Lenker auf Euphorion voraus.

Neben den Paarkonstellationen weist die Figurenfügung manche Dreier- oder Viererkonfiguration auf, die aus den Paarformationen hervorgeht oder unabhängig davon auftritt. Eine solche Konfiguration hat in der Regel die Funktion, ein Spektrum von Meinungen, Haltungen oder Verhaltensweisen in einem bestimmten Problem- oder Daseinsbereich zu entfalten. Die Positionen relativieren und komplettieren sich gegenseitig.

Die erste Dreierkonfiguration ist die des **Vorspiels:** Im Beziehungsgefüge von Dichter, Direktor und Lustiger Person wird das Bedingungsgeflecht eines Theaterstückes, letztlich aber der Dichtung überhaupt, sichtbar (vgl. Kap. 3).

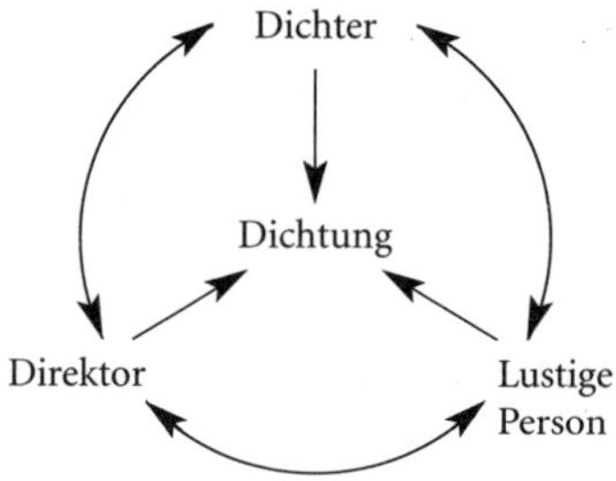

spektrische Konfiguration

Auch Fausts Beziehungen zum Weiblichen bilden eine Dreierkonfiguration. Die reine Geschlechtlichkeit erfährt Faust in der Begegnung mit der jungen Hexe; das Erlebnis der Schönheit als Ideal vermittelt Helena; die Liebe zu Gretchen vereint Wohlgefallen und Begehren.

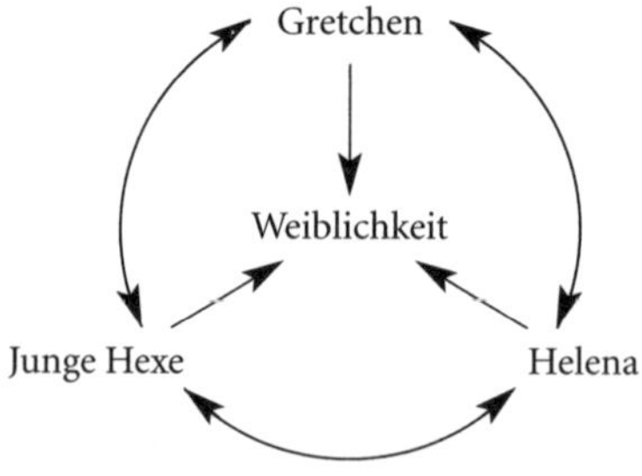

spektrische Konfiguration

Die **Hexenküche** ist Knotenpunkt dieser Konfiguration des Weiblichen: In der Sphäre des Hexenwesens, d. h. auch der entbundenen Sexualität, wie sie mit der Hexe in der Walpurgisnacht wiederkehrt, wird im Zauberspiegel Fausts Schönheitsliebe zu Helena entflammt, die zugleich durch den Zaubertrank in das Verlangen nach Gretchen umgemünzt wird. Gretchen erscheint in diesem Betracht als Ersatz oder Vorstufe, als Präfiguration Helenas (sie wächst freilich mit ihrer Eigenbedeutung darüber hinaus).

Faust, sein Famulus Wagner und der angehende Student (**Schüler**) verkörpern verschiedene Arten des Umgangs mit Wissenschaft (vgl. Kap. 12.2). Diese Dreierkonfiguration wird zum Teil einer höheren Beziehungsstruktur, indem sie im Zweiten Teil (**Hochgewölbtes gotisches enges Zimmer** und **Laboratorium**) wieder aufgenommen und in der Dreierkonfiguration Mephisto, Doktor Wagner und Baccalaureus (ehemaliger Schüler) gespiegelt wird. Zum Strukturmoment der spektrischen Konfiguration tritt also das der gegenseitigen Erhellung durch das Moment der Spiegelung.

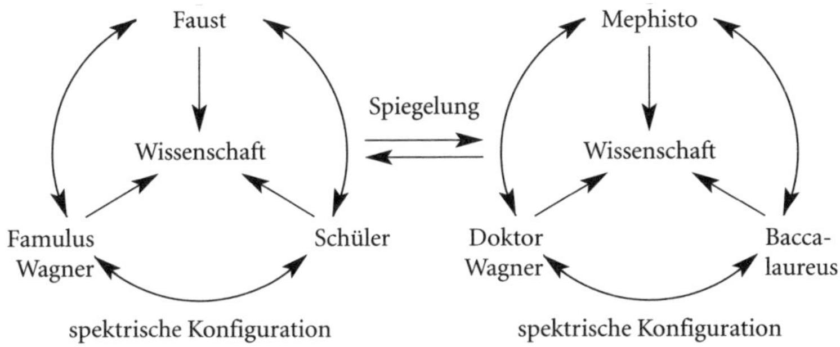

Als verzerrtes Originalgenie und Fichteanhänger beweist der Baccalaureus ein anmaßendes und kurzsichtiges Wissenschaftsverständnis fernab von Empirie und Tradition, während Mephisto mit seinen Pointen diesmal den vernünftigen Part einnimmt und die Einbindung der Wissenschaft in Erfahrung und Kontinuität einfordert. Wagner, als Famulus noch klassischer Philologe und Rhetoriker, erscheint nunmehr als unerschrockener moderner Forscher und Experimentator, der die antiquierten Zeugungsmethoden überwinden und den künstlichen Menschen schaffen will. Die drei Facetten des Gelehrtentums im Ersten Teil erweitern sich mit dem Zweiten Teil zu sechs Möglichkeiten des Wissenschaftsverständnisses.

Eine Viererkonfiguration bildet sich in der Szene **Garten** heraus; abwechselnd und miteinander verschränkt treten die Paare Faust und Gretchen sowie Mephisto und Marthe in Erscheinung. Vorherrschend ist das Prinzip des Kontrastes zwischen der Naivität und Innigkeit des einen Paares und der Abgefeimtheit und Beziehungstaktik des anderen. Diese Konfiguration wiederholt und variiert sich in der Walpurgisnacht: Faust tanzt mit der jungen Hexe, ihre freie Erotik ist in die Poesie des Hoheliedes gekleidet; Mephisto tanzt mit der alten Hexe, ihre Sinnlichkeit erscheint drastisch und wüst. Die Konfiguration der Walpurgisnacht spiegelt die des Gartens (oder umgekehrt); ging es bei dieser um zarte Liebesgefühle (erstes Paar) und um praktische Ehebündnisse (zweites), so bei jener um erotische Sinnlichkeit (erstes Paar) und um vulgäre Sexualität (zweites). Bei aller inneren Kontrastierung wird auch eine spektrische Funktion deutlich: die Gesamtkonfiguration umkreist vier Spielarten der Mann-Frau-Beziehung.

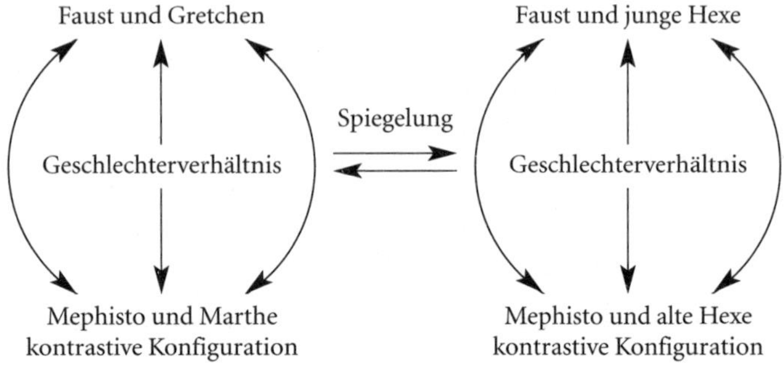

Das Kunstmittel der Spiegelung begegnet indes nicht allein in den Figurenkonstellationen, sondern auch in den motivischen und strukturellen Entsprechungen (wie sie auf S. 137 und 140 aufgeführt sind), etwa im Verhältnis der beiden anfänglichen Faustmonologe, der beiden Blendungserfahrungen, der beiden Walpurgisnachtserlebnisse oder z.B. auch des Schöpfungspreisgesanges der Erzengel und des Erospreises der Sirenen. Selbst im Bereich der Metrik begegnet das Phänomen der Spiegelung (vgl. S. 164 f. und 166). Dem Aufmerkenden bleibt im *Faust* also allerorts genug zu entdecken und zu enträtseln, zu kombinieren und zu supplieren übrig.

19 Kompositionsmittel II: Leitmotive und Symbolik

Ein leitmotivisches Gewebe aus wiederkehrenden Vorstellungen, Metaphern und Symbolen stiftet in der Faustdichtung poetischen Zusammenhalt jenseits – oberhalb – von Handlungssverknüpfung und Szenenfolge.

19.1 Licht und Finsternis, Geist und Stoff, Quelle und Staub

Zentral ist die *Licht-Finsternis-Symbolik*, denn sie involviert das Thema der zwei Seelen in Faust und seine gesamte Daseinsproblematik im Spannungsfeld zwischen dem Herrn und Mephisto. Mit den Bildern von Licht und Finsternis verbinden und durchdringen sich die Vorstellungen von *Schwerelosigkeit und Körperschwere* bzw. von *Geist und Stoff* sowie das Leitmotiv des *Fliegens* – des Strebens zum Licht, des Wunsches nach Schwerelosigkeit.

Fundstellenverzeichnis:
Licht–Finsternis, Schwerelosigkeit/Fliegen–Körperschwere, Geist–Stoff

243 *Sonne tönt nach alter Weise*
284 *Schein des Himmelslichts*
288 ff. *sich aufschwingende, stets niederfallende Zikade*
394 *um Bergeshöhle mit Geistern schweben*
400 *Himmelslicht trüb durch Scheiben*
439 *bin ich ein Gott? Mir wird so licht*
nach 480 *rötliche Flamme des Erdgeistes*
493 *den Geistern gleichheben*
616 f. *Himmelsglanz […] abgestreift den Erdensohn*
634 f. *Herrlichstem, was Geist empfangen, drängt fremder Stoff sich an*
702–705 *Feuerwagen schwebt heran […] zu neuen Sphären reiner Tätigkeit*
1070–75 *O daß kein Flügel mich vom Boden hebt, der Sonne nachzustreben*
1086 f. *ich eile fort, ihr ew'ges Licht zu trinken* (auch → Quelle), *vor mir der Tag und hinter mir die Nacht*
1090 f. *ach, daß zu des Geistes Flügeln kein körperlicher sich gesellt*
1116 f. *andere Seele hebt gewaltsam sich vom Dust* (auch → Staub)
1196 *dann wird's in unserm Busen helle*
1350 *Teil der Finsternis, die sich das Licht gebar*
1353 f. *Licht, soviel es strebt, verhaftet an den Körpern klebt*
1780–84 *Gott im Glanze, Mephisto in der Finsternis, Mensch zwischen Tag und Nacht*
2431 f. *O Liebe, leihe mir den schnellsten deiner Flügel*
4695–4725 *ewiges Licht […] Flammenübermaß […] am farbigen Abglanz haben wir das Leben*

11 936–41	*wer immer strebend sich bemüht [...] und hat die Liebe von oben teilgenommen*
11 954–65	*Erdenrest [...] geeinte Zwienatur, nur ewige Liebe vermag's zu scheiden*
11 991–96	*Himmelskönigin im Glanze, nach oben schwebend*
12 110 f.	*das Ewig-Weibliche zieht uns hinan*

Das durch diese Metaphorik verklammerte Weltbild der Dichtung ist durchgehend und einheitlich. Gott **findet sich in einem ew'gen Glanze**; die luziferische Region ist die **Finsternis**; für den Menschen **taugt einzig Tag und Nacht** (1782 ff.). Das göttliche Licht ist absolut, Anfang und Ende; dass Mephisto die Verhältnisse an einer Stelle bewusst auf den Kopf stellt (**Ich bin ein Teil des Teils, der anfangs alles war, / Ein Teil der Finsternis, die sich das Licht gebar**, 1349 f.), ist nur dem verzweifelten Stolz des gefallenen Engels und **Lügengeist[es]** (1858) zuzuschreiben (vgl. GOETHES Kosmogonie, den Luzifer-Mythos, unter Anm. 52). Nicht nur die Finsternis, sondern auch der Stoff, die Materie, bildet die Antithese zum Licht: **Ein Körper hemmt's auf seinem Gange** (1356), während als polare Entsprechung zum Stoff wiederum der Geist zu denken ist (**Dem Herrlichsten, was auch der Geist empfangen, / Drängt immer fremd und fremder Stoff sich an**, 634). Der zweiseelenhafte Mensch hat teil an Licht und Finsternis, er ist **geeinte Zwienatur** (11 962) von Geist und Stoff (vgl. Kap. 5.1 und 5.3). Da **Himmelslicht** (284) und **Erdenrest** (11 954) sich in ihm verschränken, ist er der **Getrübte** (12 074) – in symbolischer Funktion nimmt GOETHE hier Vorstellungen seiner Farbenlehre auf: das Trübe, das Medium der Farbe, ist die Mischung von Licht und Materie. **Die göttliche Sphäre erscheint als Licht und Schwerelosigkeit, die mephistophelische als Materie und Dunkel, der Mensch als das Trübe, zwar materiell, aber Licht in sich aufnehmend und es zu Farbe machend, Abglanz des Urlichts.**[197]

Der Drang zum Göttlichen – das Streben – erscheint in der Bildwelt des Dramas als Wunsch, sich zum Licht zu erheben, zu fliegen: **O daß kein Flügel mich vom Boden hebt, / Ihr** [der Abendsonne] **nach und immer nach zu streben!** (1074 f.). **Gewaltsam** drängt die eine Seele Fausts danach, **sich vom Dust** hinaufzuschwingen (1116 f.); immer wieder kehrt der Wunsch, sich schwerelos den **Geistern gleich zu heben** (493). Doch dieser Flugdrang wird durch die Erdenschwere gehemmt und zum Scheitern verurteilt; Mephisto fasst es gleich anfangs in das Gleichnis der Zikade, die immer wieder Anläufe zum Aufschwung nimmt, stets aber nur kläglich auf die Erde zurückfällt (vgl. 287–292). Versucht der titanische Gelehrte noch Gottes Ebenbildlichkeit trotzig einzufordern, glaubt er den **Erdensohn** abstreifen und den **Himmelsglanz** unmittelbar schauen zu können (614–617), so weiß der nach dem Heilschlaf geläuterte Faust, dass der Mensch das **Flammenübermaß** (4788) des **ewigen Lichts** (4697) niemals unmittelbar gewahren kann, sondern allein in seiner irdischen Gebrochenheit und Abspiegelung (Trübung). Die blendende Sonne, Symbol des Absoluten, kann nur in ihrer durch Materie vermittelten Erscheinung, dem Regenbogen, erschaut werden: **Am farbigen Abglanz haben wir das Leben** (4727).

Die Bildsymbolik des Endes (der **Bergschluchten**) erscheint nunmehr als **genaue Antwort und Lösung der in den Bildsymbolen des Anfangs gestellten Frage.**[198] Im Bild des stufenweisen Emporsteigens (vgl. 12 094) erfüllt sich nach seinem Tode Fausts Entgrenzungssehnsucht, sein Streben zum Himmelslicht. Zugleich wird die Durchdringung von Geist und Stoff gelöst – **Die ewige Liebe nur / Vermag's zu scheiden** (11 964 f.) –, Faust ist der **nicht mehr Getrübte** (12 074), er ist rein (**reinlich**, vgl. 11 957), d. h. reine Entelechie (damit übrigens auch Inversion von Homunculus: Entelechie nach der Verkörperlichung – Entelechie vor ihrer Verkörperlichung).

Zu dem Bildfeld von Licht und Stoff gehören des Weiteren die Symbole des Schleiers und der Wolke.

Fundstellenverzeichnis: Schleier und Wolke

1–6	*schwankende Gestalten in Dunst und Nebel*
673	*Natur läßt sich des Schleiers nicht berauben*
2435	*Helenas Bild nur als wie im Nebel*
nach 9954	*Helenas Gewande lösen sich in Wolken auf, heben Faust in die Höhe*
10 039–66	*Helena und Gretchen als Wolkengebilde; Gretchen zieht das Beste von Fausts Innern mit sich fort*
11 890–93	*selige Knaben als Morgenwölkchen*
12 013 ff.	*Büßerinnen als leichte Wölkchen*

Im Schleier, dem Regenbogen verwandt, erscheint die Himmelsklarheit vermischt mit irdischen Partikeln. **Der Schleier verhüllt und entbirgt zugleich das Absolute. [...] Der Schleier wird zugleich zum Symbol der Kunst, die die Wahrheit des Absoluten ins poetische Bild setzt, um das Wahre nur anzudeuten und ihm den Charakter des Rätselhaften, Geheimnisvollen zu lassen.**[199] Diese vor allem im Zweiten Teil entfaltete Symbolik klingt bereits im Ersten an, wenn Faust daran verzweifelt, dass die Natur sich nicht **des Schleiers berauben** lasse (673), oder wenn er die absolute Schönheit Helenas **nur als wie im Nebel sehn** kann (2435). Die Wolke schließlich – schleierhaft, lichtdurchschienen, aufsteigend, dem Himmel nahe – vereint in sich die Sinnbildlichkeit von Abglanz, Schleier und Fliegen: **Es gibt Irdisches, das ganz leicht, luftig, geistig ist, das sich mit Licht sättigen kann, zwar noch irdisch, aber schon lichtdurchdrungen; es steigt auf und löst sich auf im Himmelsglanz. In der Schlußszene erheben sich zwischen den Felsen der Erde und dem Lichtglanz der Himmelskönigin die *leichten Wölkchen* der seligen Knaben und der Büßerinnen [...]. Die Wolke ist das Leichteste aller Materie, sie steigt empor und löst sich auf, Sinnbild der Steigerung.**[200]

Mit seinen Qualitäten des bloß Materiellen und des Niedrigen wird der *Staub* zum Inbegriff des abwertend verwendeten Stofflichen und zum schärfsten Gegenbegriff der Transzendenz.

Fundstellenverzeichnis:
Quelle und Staub, Feuchtigkeit und Trockenheit

324	*zieh diesen Geist von seinem Urquell ab*
334	*Staub soll er fressen*
397	*im Tau gesund mich baden*
426 f.	*umsonst, daß trocknes Sinnen hier die heil'gen Zeichen dir erklärt*
445 f.	*bade, Schüler, die ird'sche Brust in Morgenrot*
455 f.	*wo faß ich euch Brüste der Natur, Quellen alles Lebens*
501–505	*Lebensfluten [...] ein ewiges Meer* (Erdgeist)
521	*Wagner, der trockne Schleicher*
562–569	*Pergament keine Quelle, kein heil'ger Bronnen*
653 f.	*dem Wurme gleich ich, der den Staub durchwühlt*
656 f.	*Staub verengt Fächerwand*
698 ff.	*des Geistes Flutstrom ebbet nach und nach, ins hohe Meer werd ich hinausgewiesen*
762 f.	*was sucht ihr Himmelstöne mich im Staube*
903	*vom Eise befreit sind Strom und Bäche*
1086	*ich eile fort, der Sonne ew'ges Licht zu trinken* (auch → Licht)
1116 f.	*andere Seele hebt gewaltsam sich vom Dust*
1200 f.	*man sehnt sich nach des Lebens Bächen, nach des Lebens Quelle hin*
1212	*warum muß der Strom so bald versiegen*
3350 f.	*Wassersturz, begierig nach dem Abgrund zu*
7856	*im Feuchten ist Lebendiges entstanden*
8435 f.	*alles ist aus dem Wasser entstanden, alles wird durch das Wasser erhalten*
8469–73	*Homunculus zerschellt am Muschelwagen der Galatea* (Sinnbild des Meeres)
10 198–233	*mein Auge ist aufs hohe Meer gezogen* (Plan der Landgewinnung aus dem Meer)
11 093	*schmälerten des Meeres Rechte*
11 546–50	*bereitest schon dem Wasserteufel Schmaus, denn auf Vernichtung läuft's hinaus*

Mephistos Ziel ist es von Anfang an: **Staub soll er fressen, und mit Lust** (334), d. h., Faust soll sich einbilden, die Niedrigkeit sei bereits **höchste[s] Dasein** (4685). Letztlich möchte Mephisto einen Keil zwischen Faust und den Schöpfer treiben; wie die Urversucherin, die Schlange, soll Faust vom Herrn zum Bauchkriechen und Erdefressen verdammt sein (vgl. 1. Mose 3,14). In den Momenten der Depression fühlt sich Faust in diesen Staub gedrückt – **Dem Wurme gleich ich, der den Staub durchwühlt** (653, ebenso 762 f.) –, doch das Streben seiner ›einen‹ Seele erhebt ihn auch wieder **gewaltsam** vom **Dust** (1116 f.).

Der Staub steht als Materielles und Schmutziges dem schwerelosen, klaren Licht gegenüber; er steht als Trockenes und Poröses zudem im Gegensatz zum Feuchten und Fließenden, zu *Quelle, Strom und Meer.*

Faust in Mephistos Region, in den Staub zu drücken hieße, seinen **Geist von seinem Urquell**, vom Herrn, abzuziehen (324). Die Sehnsucht nach dem Schöpfer und nach Teilhabe an der Schöpfung, an Natur und Leben, äußert sich als Sehnsucht **nach des Lebens Bächen, / Ach, nach des Lebens Quellen hin** (1200 f.); das Verlangen nach göttlichem Licht und göttlicher Quelle vereint sich in Fausts Wunsch, der Sonne **ew'ges Licht zu trinken** (1086). Ist der Geist dem Licht oder den **Lebensfluten** (501) nahe, so wird er selbst zum **Strom** (1212) und der Brust entquillt Befriedigung (vgl. 1211), wie den Brüsten der Natur das Leben entquillt (vgl. 456). Der Geist dürstet, die Brust ist welk, wenn diese Teilhabe verloren geht (vgl. 458 f.); ein **trockner Schleicher** (521) ist derjenige, der allein im Pergament den **heil'ge[n] Bronnen** sieht, **woraus ein Trunk den Durst auf ewig stillt** (566 f.).

Strom und Fluss sind im Sturm und Drang allgemeine Symbole des machtvoll drängenden Genies:

> **O meine Freunde! Warum der Strom des Genies so selten ausbricht, so selten in hohen Fluten hereinbraust und eure staunende Seele erschüttert? – Liebe Freunde, da wohnen die gelassenen Herren auf beiden Seiten des Ufers, denen ihre Gartenhäuschen, Tulpenbeete und Krautfelder zugrunde gehen würden, die daher in Zeiten mit Dämmen und Ableiten der künftig drohenden Gefahr abzuwehren wissen.**
> **(*Werther*, Brief vom 26. Mai)**

Zeigt aber der Briefroman auch das Selbstzerstörerische dieses Geniestromes, so das Drama das Fremdzerstörerische: Gretchen reißt dieser **Wassersturz** (3350) in den Abgrund. Und merkwürdigerweise beschäftigt sich das

Ein Symbolkreis in Goethes *Faust*

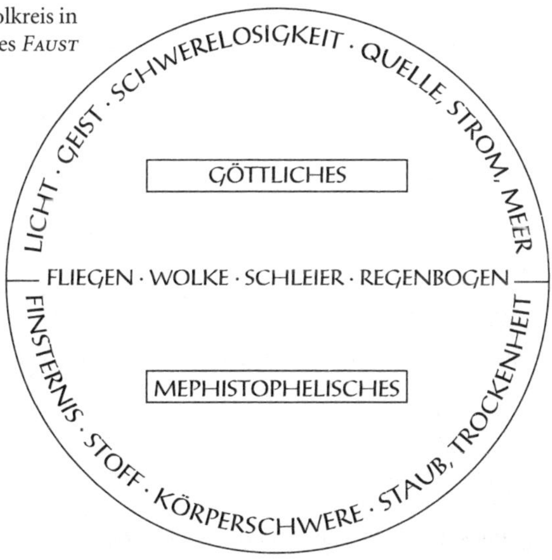

Genie im *Faust* selbst mit **Dämmen und Ableiten**. Ausgerechnet gegen das **hohe Meer** (699) kehrt sich zuletzt Fausts titanischer Drang. Denn neben der Quelle ist auch dieses Meer Sinnbild des Göttlichen: seiner Unendlichkeit, der polaren Gezeitlichkeit seiner Schöpfung (vgl. 501–505, 11 075–78). Das Meer ist Entstehungs- und Erhaltungsmedium allen Lebens (vgl. 7856, 8435 f.); Homunculus, der den organischen Weg des Werdens sucht, muss sich dieser Lebensfeuchte des Urelementes hingeben (vgl. 8469–73). Indem Faust den Kampf mit dem göttlich-hohen Meer aufnimmt, verfällt er wieder der Hybris – wie am Anfang, als er sich den Göttern gleichsetzen wollte (vgl. Kap. 7.4).

19.2 Wort und Gefühl, Buchstabe und Geist

Ein zweiter Komplex von Leitmotiven umkreist die antithetischen Vorstellungen Wort und Gefühl, Buchstabe und Geist. Darin drückt sich zum einen eine grundsätzliche Sprachskepsis aus, die die Ausdrucks- und Darstellungsfunktion der Sprache in Frage stellt, zum anderen die Abkehr von Buchstabengläubigkeit und Rhetorik als autoritative und artifizielle Verstellungen von Mitteilungswahrheit.

Diese Leitmotivkette entfaltet sich in drei miteinander verwobenen Strängen:

a) die Unzulänglichkeit des Wortes für den Ausdruck wahrer Gefühle und Gewissheiten;
b) die Ertötung des Geistes im geschriebenen Wort;
c) der schönrednerische und der betrügerische Missbrauch der Sprache.

Fundstellenverzeichnis: Wort und Gefühl, Buchstabe und Geist

385	*tu nicht mehr in Worten kramen*
533–557	*ist's nötig, Worten nachzujagen? wenn es euch nicht von Herzen geht […]*
566	*das Pergament, ist das der heil'ge Bronnen?*
765	*die Botschaft hör ich wohl, allein mir fehlt der Glaube*
1224 ff.	*im Anfang war das Wort – ich kann das Wort so hoch unmöglich schätzen*
1328	*die Frage scheint mir klein für einen, der das Wort so sehr verachtet*
1716–19	*was Geschriebnes forderst du Pedant?*
1726–29	*ein Pergament ist ein Gespenst, vor dem sich alle scheuen*
1950–53	*was in des Menschen Hirn nicht paßt […] ein prächtig Wort zu Diensten steht*
1961 ff.	*daß er nichts sagt, als was im Buche steht*
1966 f.	*was man schwarz auf weiß besitzt, kann man getrost nach Hause tragen*
1972–79	*es erben sich Gesetz' und Rechte wie eine ew'ge Krankheit fort*

1988–92	*im ganzen – haltet Euch an Worte, dann geht Ihr in den Tempel der Gewißheit ein*
1993–2000	*wo Begriffe fehlen, da stellt ein Wort zur rechten Zeit sich ein*
2565 f.	*gewöhnlich glaubt der Mensch, wenn er nur Worte hört, es müsse sich dabei doch auch was denken lassen*
3041–45	*ist es das erstemal, daß Ihr falsch Zeugnis abgelegt? habt Ihr von Gott, Welt [...] Definitionen nicht gegeben?*
3052–66	*wirst Gretchen nicht mit Worten betören? [...] wenn das Gefühl nach Namen sucht [...]*
3184 f.	*Blumenwort als Götterausspruch*
3432	*wer darf ihn nennen?*
3452–58	*nenn es, wie du willst, ich habe keinen Namen; Gefühl ist alles, Name ist Schall und Rauch*
11 581	*zum Augenblicke dürft' ich sagen [...]*
11 613	*ich zeig ihm rasch den blutgeschriebnen Titel*
12 108 f.	*das Unbeschreibliche, hier ist's getan*

Faust ist ein ausgesprochener Sprachskeptiker. Bei der Übersetzung des Johannes-Evangeliums kann er **das *Wort* so hoch unmöglich schätzen** (1226), weiß er doch zum Beispiel, dass die Sprache versagt, zum reinen Notbehelf wird, wenn sie die Gefühlswahrheit der Liebe in Worte kleiden soll. Für das **Gewühl** der Seele hat die Sprache keine angemessenen **Namen** (3059 ff.). Blumenorakel, Blick und Händedruck können da wahrer und tiefer aussagen, **was unaussprechlich ist** (3190): **Laß dieses Blumenwort / Dir Götterausspruch sein** (3184 f.). **Das Wort wird als ›Blumenwort‹ dem Menschen, und damit auch der Gefahr, daß es zum Buchstaben erstarrt, entzogen und der Natur, ja der Gottheit vindiziert.**[201] Die Unzulänglichkeit der Sprache zeigt sich wie in der Liebe ebenfalls im Glauben. Was **Priester und Weise** (3428) über den **Allumfasser** und **Allerhalter** (3438 f.) zu sagen haben, spottet nur der Gefühlsgewissheit. **Wer darf ihn nennen?** (3432) – Faust hat **keinen Namen** dafür: **Gefühl ist alles; / Name ist Schall und Rauch** (3455 ff.). Dennoch hat Faust einst **von Gott, der Welt und was sich drin bewegt, / Vom Menschen, was sich ihm in Kopf und Herzen regt, / Definitionen** [...] **mit großer Kraft gegeben** (3043 ff.), und so hat Mephisto Handhabe, diese inkonsequent scheinende Tatsache auszunutzen bei seinem Versuch, den sprachlichen Notbehelf einem **falsch Zeugnis** (3042) gleichzusetzen und damit Fausts moralische Indifferenz gegen bewusste Lügen zu wecken.

Fausts Sprachmisstrauen geht so weit, dass das Geschriebene an sich, die verfestigte Sprache, bereits als erkaltet und unwahr angesehen wird: **Das Wort erstirbt schon in der Feder** (1728). Der geschriebene Pakt erscheint ihm daher lächerlich und dem gesprochenen **Manneswort** (1717) nicht ebenbürtig. Nur im gesprochenen, in die Authentizität von Person und Gegenwart gebetteten Wort sind **die Reinheit und Kraft des Ursprungs mächtig.**[202] Fausts Verhöhnung des juristischen Dokuments (**Allein ein Pergament, beschrieben und geprägt, / Ist ein Gespenst, vor dem sich alle scheuen,** 1726 f.) geht einher mit seiner Verspottung der in Worten sich fixierenden und tradierenden Wissenschaft: **Das Pergament, ist das der heil'ge Bronnen, / Woraus ein Trunk den Durst auf ewig stillt?** (566 f.) Das Stadium einer philologisch orientierten Wissenschaft hat Faust überwunden, er will nicht mehr **in Worten kramen** (385); allenfalls das magische Wort, das Geister beschwört oder bannt, das nicht Darstellung oder Ausdruck, sondern Appell ist, hat für ihn noch Bedeutung.

In seiner Unwahrhaftigkeit ist dem geschriebenen Wort die rhetorische Rede verwandt. Sie ist eitel, gekünstelt, an vorgegebenen – niedergeschriebenen – Regeln und Formen orientiert; was **Seele, Herz** und **rechter Sinn** (535, 545, 550) zu sagen haben, kann durch sie nur verzerrt werden. Das schönrednerische Ideal Wagners kann Faust daher nur bemitleiden: **Ja, eure Reden, die so blinkend sind, / [...] Sind unerquicklich wie der Nebelwind** (554 ff.).

Mephisto setzt Fausts Sprachskepsis auf einer anderen Ebene fort; die Sprachkritik wird polemisch. Nur aus dramaturgischen Gründen (um das tradierte und theatralische Motiv der Blutunterschrift zu retten) hat er sich in der Paktszene als bürokratischer Pedant gebärdet; als scharfsichtiger Menschenbeobachter weiß er es natürlich **ein bißchen tiefer** (3051), und das zeigt sich klar in der Universitätssatire.

Musste sich Mephisto in der Paktszene noch selbst wegen seiner Buchstabengläubigkeit bespötteln lassen, so weiß er in der Schülerszene sehr genau, dass sich der starre Buchstabe geschriebener **Gesetz' und Rechte / Wie eine ew'ge Krankheit** fortschleppt; **Vernunft wird Unsinn, Wohltat Plage** (1972–76). Und so verspottet er nun seinerseits diejenigen Universitätsprofessoren, die nichts sagen, **als was im Buche steht** (1961), die also nichts als bereits erkalteten und erstarrten Geist zu vertreiben haben. Mehr noch: Er geißelt den gelehrten Gebrauch der Sprache als willfähriges Mittel der Wichtigtuerei, des Hohlredens und der blendenden Täuschung. Für das tiefsinnige Geraune der Metaphysik etwa, dem Verstand nicht eigentlich fasslich, steht stets **ein prächtig Wort zu Diensten** (1953); auch der Theologie stellt, wo eigentlich überprüfbare Begriffe fehlen, **ein Wort zur rechten Zeit sich ein** (1996) – die Lehre von der heiligen Trinität etwa, so setzt Mephisto in der **Hexenküche** nach, sei ein solcher Sprachhokuspokus, mit dem die Menschheit verwirrt und übertölpelt werde: **Gewöhnlich glaubt der Mensch, wenn er nur Worte hört, / Es müsse sich dabei doch auch was denken lassen** (2565 f.). Der Mediziner schließlich muss ebenfalls rednerisch **ein Hokuspokus machen** (2538) um seine im Grunde wertlose Arznei qua Suggestion zur Wirkung zu bringen.

Mithin ist der sprachgläubige Mensch der naive, der fehlgeleitete und betrogene Mensch; in dieser sprachkritischen Haltung sind sich Faust und Mephisto durchaus einig. Wer sich an Worte hält, der geht eben nicht, wie Mephisto es ironisch verspricht, in den **Tempel der Gewißheit** ein (1992), sondern bleibt unmündig wie der Schüler, der sich unsicher an das klammert, **was man schwarz auf weiß besitzt** (1966), oder bleibt beschränkt wie der **trockne Schleicher** Wagner (521), der genügsam vor seinem **Pergament** hockt (566), **nach Schätzen gräbt, / Und froh ist, wenn er Regenwürmer findet** (604 f.). Mit dem Regenwurm-Motiv schließt sich die Motivkette Buchstabe – Geist übrigens an den Symbolkreis von Staub und Trockenheit an: das Wort ist dem Staub (in dem Schlange und Wurm kriechen) in seiner Nichtigkeit verwandt. Welcher Beziehungsreichtum, welche Geschlossenheit von GOETHES Bildwelt!

Aber noch in anderer Weise besitzt das Leitmotiv im *FAUST* Bedeutung. Die Analyse der Sterbeszene hat gezeigt, dass Faust die Wette dem Buchstaben nach verliert, indem er sie dem Geiste nach gewinnt – weil sich der Sinn der Worte *Genuss* und *Streben* in ihrer Anwendung auf ein Zukünftiges vertauscht hat (vgl. S. 97 f.). **Gesetz' und Rechte** haben sich in der Tat zur **Plage** gewandelt: was dem Sinn nach Streben ist, kann dem Wortlaut nach als Genuss ausgelegt werden. Freilich zeigt der Herr durch seinen Gnadenakt, dass er kein Bürokrat und Pedant ist und anerkennt, dass sich im Genuss des ›höchsten Augenblicks‹ keine ›unbedingte Ruh‹, sondern weiterbestehendes ›strebendes Bemühn‹ verbirgt. Den **blutgeschriebnen Titel** (11 613) kann Mephisto wieder einstecken.

In einer letzten Wendung des Motivs erweist sich die Dichtung selbst als affiziert vom Wort-Gefühl-Dilemma. Was GOETHE da von den letzten Dingen und den äußersten Überzeugungen weiszusagen hat, ist eigentlich nur der Ahnung und dem Gefühl zugänglich, nicht aber der darstellenden und zergliedernden Sprache. Das aber ist gerade der tiefe Grund, warum dieses Drama so sehr durch Bilder spricht und in Gleichnissen – so ist zu schauen, was zu verstehen und zu überprüfen nicht ist: **Das Unbeschreibliche, / Hier ist's getan** (12 108 f.).

19.3 Irren, Mond, Gold, Weben

Das Geflecht der Leitmotive im *FAUST* weist noch andere Gewebeteile auf, die hier nur kurz beleuchtet werden sollen.

Das Leitmotiv des *Irrens* zieht sich, angefangen von der **Zueignung** (vgl. 14) über das **Vorspiel** (vgl. 171, 209) und den **Prolog** (vgl. 317) durch das gesamte Drama – bis hin zum Höhepunkt der Täuschung über Graben und Grab. Anders als die bisher erläuterten Leitmotive zeigt es jedoch keine eigentliche Entwicklung oder Aspektentfaltung, sondern erinnert gleichsam immer wieder an die zentrale Aussage: **Es irrt der Mensch, so lang er strebt** (317).

Fundstellenverzeichnis: Irren

14/171/208 f./308/317/665 ff./1064 f./1917/2561 f./3860–63/11 557 f.

Symbolcharakter hat auch der *Mond*. **Er wird zum Zeichen der dem Menschen gegenüberstehenden Natur; in ihm, seinen Trübungen und Aufhellungen spiegelt sich das jeweilige Verhältnis des Menschen (Faust) zur Natur und sein Inneres in der Natur. Der Mond verkörpert symbolisch die Reinheit der Natur gegenüber dem Irrtum und der Verworrenheit des Menschen.**[203]

Fundstellenverzeichnis: Mond

386 f./393/400 f./469/688 f./3235/3851 f./3991

Durchgehend und vielgliedrig ist des Weiteren die Leitmotivkette des *Goldes* (Schmuck, Besitz, Reichtum).

Fundstellenverzeichnis: Gold (Schmuck, Besitz, Reichtum)

374/1597/1679 f./2394 ff./2400 f./2674/2731/2792 f./2813 f./2860/2875/
2802 ff./2839–41/2933/3670–75/3915/3932/4107 f./
Paralipomena: Satansmesse (Gold und Schoß, Gold und Schwanz)
4835–51/5569/5709–38/5785–94/5856 f./6119 f./7600/11028/11187 f./
11205 ff./11241 f./11252 f.

Das Gold ist ein zweiseitiges und zwielichtiges Symbol. Vorherrschend ist seine Bedeutung als Medium des Triebhaften und Verruchten: es erregt Eitelkeit und Besitzgier, es verführt die Frauen (vgl. 2802 ff., 4107 f., 5856 f.), es verleitet zu Frevel und Verbrechen (vgl. 5856 f., 11 187 f., 11 241 f.). Als Sinnbild triebgesteuerten Verhaltens amalgamiert sich das Goldmotiv leicht mit dem der Sexualität: durch das Geschmeide werden die Geliebten geschmeidig; Gold und Schwanz/Schoß erscheinen als Urmächte des Weltgetriebes (Paralipomena). Dieser Gipfelpunkt des Goldmotivs, platziert auf dem Blocksberg, ist von Goethe gekappt worden – verkappt erscheint er jedoch wieder im Zweiten Teil (nur dem ›Aufmerkenden‹ sichtbar): Mephisto formt ein glänzend-leuchtendes Glied aus Gold (vgl. 5785–94). Das Gold hat aber auch anderen, positiven Sinngehalt. Plutus, Gott des Reichtums, und Knabe Lenker, **Bin die Verschwendung, bin die Poesie** (5573), gehören im Maskenzug zusammen: Gold kann also auch verschwenderische Kraft, Fülle und austeilende Freigebigkeit symbolisieren (etwa im ›Strom des Genies‹).

Als eine Lieblingsvorstellung von Goethe soll zuletzt das *Weben* erwähnt werden. Das Gleichnis des Webens steht für das Walten der Natur wie für das Wirken des Dichters: **Durch das Hin- und Herschweben des Weberschiffchens versinnlicht Goethe die Bewegung zwischen den Polen und zugleich das Ganze, das in der Zeit sich herstellende Webstück, ›der Gottheit lebendiges Kleid‹. Weben als Gleichnis schöpferischen Hervorbringens eines Ganzen, des Kunstwerkes besonders, ist Goethe geläufig.**[204]

Fundstellenverzeichnis: Weben

142 f./395/447 f./501–509/1118 f./1922 f./2715 f./3449 f.

Und das ist er denn auch geworden, der *Faust*: keine **magere Schnur einer einzigen durchgehenden Idee** (vgl. S. 28), sondern ein **Weber-Meisterstück**, bei dem **ein Tritt tausend Fäden regt** und bei dem ein Bild **tausend Verbindungen schlägt** (1923–27).[205]

20 Verskunst: Das Spiel der metrischen und strophischen Formen

Die Faustdichtung ist ein prangendes Füllhorn mannigfaltiger Versarten. Klanglich vereint es Altdeutsches und Antikes, Mittelalterliches und Modernes, Kunstreiches und Volkstümliches, Feierliches und Alltägliches, Erhabenes und Scherzhaftes. Auch in metrischer Hinsicht scheint das Drama (annähernd) **den ganzen Kreis der Schöpfung** auszuschreiten (240).

Dabei geht GOETHE aus von metrisch recht freizügigen und biegsamen Versmaßen – dem Knittelvers, dem Madrigalvers oder freien Vers, den freien Rhythmen –, die ihm eine feinnervige Anpassung der Sprachform an Person, Situation und Sphäre erlauben. GOETHE nimmt sich zusätzliche Freiheit, indem er jederzeit die Versmaße ineinander übergleiten lässt oder selbst das geringfügige Reglement (etwa den Paarreim beim Knittelvers) noch überspielt. Nie ist GOETHE Verspedant, stets ist er Versvirtuose. Eben dadurch bleibt die Versmodulation lebendig, wirkt die Klangform einer ermüdenden Gewöhnung entgegen. Aber auch metrisch genau regulierte und festgelegte Versarten – Blankvers, Alexandriner, Trimeter – und sogar Strophenformen – Stanze, Terzine – können angemessen sein, um z.B. das geistige Klima von Tradition und Konvention oder etwa die Aura des Bedeutenden hervorzurufen.

Denn GOETHE war sich grundsätzlich darüber im Klaren, dass der rhythmischen Form ein Ausdruckswert innewohnt; lakonisch hat er notiert: **Gehalt bringt die Form mit; Form ist nie ohne Gehalt.**[206] Dieser Gehalt der Form liegt zum einen im *emotionalen Ausdruckswert,* wenn etwa der Charakter der Sphäre, die Stimmung der Situation oder Wesen und Gemütsverfassung einer Person metrisch untermalt werden. Zum anderen liegt er im *historisch-konnotativen Ausdruckswert,* weil ein Versmaß auch den Beigeschmack der Epoche oder der Werke vermittelt, in denen es zuerst oder bevorzugt verwendet wurde.

Versformen im »Faust«

Versformen		Beispiele im Text
Knittelvers	Vierhebiger Vers mit beliebiger Senkungsfüllung, aber stets im Paarreim. Im FAUST auch in anderen Reimordnungen. Hauptvers der epischen und dramatischen Dichtung des 15. und 16. Jahrhunderts.	354–385 und gleichmäßiger: 386–459. 981–1011, 1210–14, 1868–93, 2073–80, 2678–83, 2865–72, 3620–49, 3956–67, 10138–59
Madrigalvers oder freier Vers	Verse mit freier, wechselnder Hebungszahl und einheitlichem oder wechselndem Metrum, meist aber alternierend. Beliebige, wechselnde Reimstellungen, auch Waisen. Inbegriff der metrisch freien Form. In der Barockdichtung als Nachbildung italienischer Madrigale, in der Aufklärung unter dem Einfluss der französischen Dichtung des 18. Jahrhunderts (*vers libres*).	**Vorspiel** (59–74 Stanzen, s.u.). 280–307, 522–601, 1321–1446, 2011–50, 2783–2804, 3073–3124, 4772–4896, 11398–11419
Faustvers	Jambische Unterart des Madrigalverses. Im FAUST in der Regel fünfhebig, aber auch zwei- bis sechshebig verwendet.	
Freie Rhythmen	Metrisch ungebundene und reimlose, doch spürbar rhythmisch bewegte Verse (Anklänge an metrische Formen, rhythmische Wiederholungen) unterschiedlicher Länge. Im FAUST auch gereimt. Von KLOPSTOCK und GOETHE eingeführt, einer der wenigen deutschen Beiträge zum Formbestand der Lyrik.	468–476, 514–518, 3431–58. **Dom** außer Chorgesang. Gretchen fast durchgängig im **Kerker,** etwa 4427–40, 4461–69, 4484–97
Blankvers	Fünfhebiger Jambus, ungereimt. Vorherrschend im englischen Drama des 16. Jahrhunderts (Shakespeare), Hauptvers des klassischen deutschen Dramas.	3217–50, 9192–9217, 9246–72
Alexandriner	Sechshebiger Jambus mit Zäsur nach der dritten Hebung, Paarreim. Hauptvers der deutschen Barockdichtung.	10849–11042
(Jambischer) Trimeter oder Senar	Sechshebiger Jambus ohne Zäsur (oder mit Zäsur nach der fünften oder siebten Silbe), reimlos. Hauptvers des antiken Dramas.	7005–39, 8488–8515 und ganze Szene **Palast des Menelas'** – außer Chorgesang. 9435–41

Versformen		Beispiele im Text
Adonius (adonischer Vers)	Verbindung von einem Daktylus und einem Trochäus (xxxxx). Im *Faust* metrisches Kernmotiv vieler Chorstrophen. Antiker Kurzvers, wirkungsvolle Schlusszeile der sapphischen Strophe. Verwendet im Refrain griechischer Totenklagen um Adonius.	1447–1505, 12013–19, 12032–36

Strophenformen im »Faust«

Strophenformen		Beispiele im Text
Stanze	Achtzeilige Strophe in fünfhebigen Jamben mit der Reimordnung: ab ab ab cc.	**Zueignung**. 59–66, 67–74
Terzine	Mehrere dreizeilige und eine abschließende vierzeilige Strophe in fünfhebigen Jamben mit der Reimordnung: aba bcb cdc dede.	4679–94, 4695–4727
Volksliedstrophe	Vier- bis neunzeilige Strophe, vier- oder dreihebige Verse mit freier Senkungsfüllung und freier Reimordnung.	2759–82 (**Thule**). 3602–15

Anmerkung: Die Übergänge vieler Versmaße sind fließend: Knittel können in regelmäßige Vierheber übergehen; diese können Teil von Madrigalverspartien sein; Madrigalverse können sich zu Alexandrinern oder Stanzenversen disziplinieren u.Ä. Oftmals ist nur durch eine Kontextanalyse identifizierbar, welches Versmaß gerade ›gemeint‹ ist.

20.1 Metrische Formen

Der *Urfaust* fußt auf dem *Knittelvers,* dessen Fundus freilich auch in spätere Werkstufen eingeht; *Faust I* und *Faust II* sind weit gehend vom Madrigalvers – in der eigens von Andreas Heusler aus der Taufe gehobenen Form des Faustverses – bestimmt.

Der Knittelvers (eine abschätzige Bezeichnung des 17. Jhs.) bestimmte die epische und dramatische Dichtung des 15. und 16. Jhs. (Brant, Fischart, Hans Sachs). Damit trägt er die geschichtliche Konnotation dieses Zeitalters – in dem ja auch der historische Faust angesiedelt ist – in Goethes Drama. Goethe hat Knittelverse zunächst in seinen Farcen und Hanswurstiaden der Jahre 1773–1776 benutzt; diesen Dichtungen ist gemeinsam, **daß sie etwas Altdeutsches und Biederes, etwas Kerniges und Derblustiges zum Gegenstand haben.** Somit kommt der Knittelvers im Faustdrama überall dort vor, **wo ein altdeutscher Grundton vorherrscht.**[207]

Dieser Ton klingt an bei den treuherzigen Bauern, die Faust ihre Reverenz erweisen und denen Faust in der gleichen biederen Manier entgegnet:

ALLE. Gesundheit dem bewährten Mann,
Daß er noch lange helfen kann!
FAUST. Vor jenem droben steht gebückt,
Der helfen lehrt und Hilfe schickt. (1007–11)
[Hebungen unterstrichen; Knittelvers als regelmäßiger Vierheber.]

Er begegnet bei dem anfänglich schüchternen und braven Schüler, dem Mephisto zunächst im gleichen scheinheilig wackeren Ton antwortet (vgl. 1868–74), sowie bei Valentin, dem treudeutsch rechthaberischen und selbstgerechten Bruder (vgl. 3771–75). Und freilich ertönt der Knittel – wenn auch mit vielen Unregelmäßigkeiten und Abweichungen – in Auerbachs Keller, der ausgewiesenen Sphäre **traditionell teutonischer Herrlichkeit**[208]:

Ein braver Kerl von echtem Fleisch und Blut (fünfhebig)
Ist für die Dirne viel zu gut.
Ich will von keinem Gruße wissen,
Als ihr die Fenster eingeschmissen. (2115–18)

Das Derblustige, das sich in diesem Weinkeller bereits ausbreitet, kommt schließlich auf dem Blocksberg zu seinem unflätigen Höhepunkt. Auch Hexen und Hexenmeister (oder etwa Faust und Mephisto im Tanz mit ihren Hexen) benutzen den markigen Knittelklang (vgl. 3856–61). Ja selbst im zweiten Dramenteil ist das altdeutsche Metrum noch zu vernehmen. Wenn das Geschehen in Fausts **hochgewölbtes enges gotisches Zimmer** zurückkehrt, scheinen – konsequenterweise – Knittelverse anzuklingen (vgl. 6575–81). (Allerdings lässt der Kontext der Verse mit teilweise drei- und fünfhebigen Versen und dem überwiegenden Kreuzreim auch metrische Interpretationen als Faustverse zu.) Eindeutig jedoch bedienen sich Mephisto und Faust des biederen Knittels, als der Versucher vor Faust eine spießbürgerliche Hauptstadt und die Wonnen eines kommoden Herrschertums ausmalt (vgl. 10 138–59).

Der Knittelvers hat indessen nicht nur diesen Aspekt teutonischer oder derblustiger Deftigkeit. Es ist – bei einer entsprechenden Ausnutzung der Senkungsfreiheit – ein einfach und holprig, naiv und volkstümlich klingendes Versmaß und daher sehr wohl in der Lage, den Grundton der Gretchenhandlung zu bestimmen. **In seiner Schlichtheit und Anspruchslosigkeit ist er das geeignete Ausdrucksmittel für den tugendsamen, bürgerlich bescheidenen und sittlich reinen Charakter der Heldin.**[209]

Ich gäb was drum, wenn ich nur wüßt,
Wer heut der Herr gewesen ist!
Er sah gewiß recht wacker aus,
Und ist aus einem edlen Haus;
Das konnt ich ihm an der Stirne lesen –
Er wär auch sonst nicht so keck gewesen. (2678–83)

Und einen dritten Stimmungsgehalt trägt der Knittelvers. Sein unruhiges Hin- und Hereilen, sein rastloses und ungestümes Auf und Ab der Betonungen ist bestens geeignet die faustische Heftigkeit und Unausgeglichenheit zu bezeichnen. Der Eingangsmonolog hebt denn auch in Knittelversen an:

Habe nun, ach! Philosophie,
Juristerei und Medizin, (Kreuzreim)
Und leider auch Theologie!
Durchaus studiert, mit heißem Bemühn.
Da steh ich nun, ich armer Tor!
Und bin so klug als wie zuvor;
Heiße Magister, heiße Doktor gar, (fünfhebig)
Und ziehe schon an die zehen Jahr
Herauf, herab und quer und krumm
Meine Schüler an der Nase herum – (dreihebig)
Und sehe, daß wir nichts wissen können! (354–364)

Und dieses Versmaß kehrt in anderen Situationen der Unruhe wieder (vgl. 1210–14). Im Gegensatz dazu ist der *Blankvers* (reimloser fünfhebiger Jambus) gleichmäßig, getragen und ernst, der Hauptvers des klassischen deutschen Dramas. Faust benutzt ihn im Ersten Teil einmal, in dem einzigen Moment seelischer Hochstimmung und Ausgeglichenheit, im Dankgebet an den Erdgeist:

Erhabner Geist, du gabst mir, gabst mir alles,
Warum [sic!] **ich bat. Du hast mir nicht umsonst**
Dein Angesicht im Feuer zugewendet.
Gabst mir die herrliche Natur zum Königreich
Kraft, sie zu fühlen, zu genießen. Nicht
Kalt staunenden Besuch erlaubst du nur,
Vergönnest mir, in ihre tiefe Brust,
Wie in den Busen eines Freunds, zu schauen. (3217–24)

(Ersatz des ersten Jambus durch einen Spondeus und gelegentliche Doppelsenkungen – siehe Vers 3220 – werden von der Versart toleriert.)

Fausts grenzüberschreitender Gestus muss freilich selbst das schon sehr freizügige Versmaß des Knittels sprengen; die Leidenschaft des Gefühls muss auch dieses legere Gängelband abstreifen. Das enthusiastische Glaubensbekenntnis etwa drängt zur ungebundensten Form versifizierten Ausdrucks vor, zu den *freien Rhythmen:*

Mißhör mich nicht, du holdes Angesicht!
Wer darf ihn nennen?
Und wer bekennen:
Ich glaub ihn?
Wer empfinden,
Und sich unterwinden

Zu sagen: ich glaub ihn nicht?
Der Allumfasser,
Der Allerhalter,
Faßt und erhält er nicht
Dich, mich, sich selbst?
(3430–41; das gesamte Bekenntnis – bis 3457 – ist freirhythmisch)

Freie Rhythmen spiegeln auch das Ausmaß der Erregung, als das Wagnis gelingt den Erdgeist anzuziehen (vgl. 470–476); und die freien Rhythmen kehren wieder, wenn die verzweifelte Bestürzung über die Zurechtweisung durch den Geist gleichsam die Kraft zur metrischen Formung nimmt (vgl. 514–517). Aber auch, wenn alle Stricke der Seele reißen, geht das Versmaß ins Stockend-Taumelnde der freien Rhythmen über. In äußerster seelischer Anspannung, vom Bösen Geist, der halluzinierten Stimme des Gewissens, heimgesucht, befindet sich Gretchen im Dom. Die drohend-zynischen Einflüsterungen des Bösen Geistes sind in zudringlich-hartnäckige freirhythmische Verse gekleidet; Gretchens angstvoll aufgelöstes Wehgeschrei wird ebenfalls durch freie Rhythmen bezeichnet. Dazwischen klingt in metrisch festen Versen der lateinische Hymnengesang: im autoritativen Verkündigungsgestus, uralt, über das Einzelschicksal erhaben. Insgesamt eine beklemmend-eindrückliche Rhythmuskonstellation, ein Crescendo der Seelenmarter.

Böser Geist. [...]
Auf deiner Schwelle wessen Blut?
– Und unter deinem Herzen
Regt sich's nicht quillend schon,
Und ängstigt dich und sich
Mit ahnungsvoller Gegenwart?
Gretchen. Weh! Weh!
Wär ich der Gedanken los,
Die mir herüber und hinüber gehen
Wider mich! (3789–97)

Die Seelenkräfte sind vollends zerrissen im Kerker. Gretchens Schwanken zwischen Wahnsinn und Hellsichtigkeit wird in lakonischen freirhythmischen Versen ausgedrückt: abgehackt, gedankensprüngig. Dennoch hat Goethe den Eindruck seelischer Auflösung gemildert: die fast durchgehenden freien Rhythmen (bei Gretchen) sind fast durchgängig gereimt – also formal gebunden, diszipliniert (vgl. 4580–86).

Jegliche Versifizierung ist noch Mäßigung, Bändigung der realistischen Wirkung. Goethe hat es beim Übergang vom *Urfaust* zum *Faust* deutlich verspürt:

Ein sehr sonderbarer Fall erscheint dabei: einige tragische Szenen waren in Prosa geschrieben, sie sind durch ihre Natürlichkeit und Stärke, in Verhältnis gegen das andere, ganz unerträglich. Ich suche sie deswegen gegenwärtig

in Reime zu bringen, da denn die Idee wie durch einen Flor durchscheint, die unmittelbare Wirkung des ungeheuern Stoffes aber gedämpft wird.[210]

Nunmehr gibt es nur noch eine Prosa-Enklave im *Faust*, die Szene **Trüber Tag. Feld.** Allerdings: So ›kunstlos‹ ist diese Prosa nun auch nicht, ja ihr Rhythmus ist fließender, drängender, mitreißender als manche versifizierte Passage. Das Stakkato der anklagenden Ausrufe; die rhythmischen Akzentsetzungen und Impulse der vielen Wiederholungen (**Steh nur, steh!** [...] **Steh und trutz mir; Wandl ihn** [...] **wandle den Wurm** [...] **Wandl' ihn wieder**); der Verzögerungscharakter der Syntaxumstellungen (**Bösen Geistern übergeben und der richtenden gefühllosen Menschheit**); dazu die gehobene Wortwahl (**trutze mir, Bande des Rächers**) – gewöhnliche Prosa ist das nicht, sondern schon dezidierte rhythmische und artifizielle Prosa.

Wenn Goethe hier nicht versifiziert, so vielleicht, weil er das Ausbruchsartige dieser einzigen großen Rebellion Fausts gegen Mephisto nicht hemmen, nicht unterteilen will. Vielleicht hat aber auch Goethe diese Prosa einfach für schön befunden; für zu schön, um sie versifiziert noch steigern zu können.

Ich bin des trocknen Tons nun satt, / Muß wieder recht den Teufel spielen (2009 f.): Mit diesen Worten wechselt Mephisto, der sich zunächst – überwiegend, nicht durchgängig – den Knitteln des Schülers anbequemt hat, tatsächlich in einen anderen, ihm gemäßeren Tonfall über, in den *Madrigal-* oder *freien Vers:*

Der Geist der Medizin ist leicht zu fassen;
Ihr durchstudiert die groß' und kleine Welt,
Um es am Ende gehn zu lassen,
Wie's Gott gefällt.
Vergebens, daß Ihr ringsum wissenschaftlich schweift,
Ein jeder lernt nur, was er lernen kann;
Doch der den Augenblick ergreift,
Das ist der rechte Mann. (2011–18)

(Zwei- bis sechshebige Jamben; im letzten Vers wäre das jambische Schema nur mit starker Tonbeugung – das ist – einzuhalten.)

Mit Mephisto, dem Aufklärer und Zyniker, mit seiner Eloquenz und Scharfzüngigkeit, musste wieder eine andere metrische Sphäre ins Drama gelangen; ein geschmeidiges, wendiges, zur überraschenden Zuspitzung befähigtes Versmaß. Dieser freie Vers, der – abgesehen vom italienischen Madrigal – aus dem französischen Raum stammt (Molière, La Fontaine), war in der deutschen Aufklärung beliebt, etwa bei Gellert, Wieland oder Lessing. **Es ist ein Vers, dem das Lässige und Rationale, das Plaudernde und Bewußte des 18. Jahrhunderts anhaftet, die Fähigkeit zur Pointe und zur Weltläufigkeit, ein Vers wie geschaffen für die mephisto-**

phelische Sprache, ihr witziges Geplauder und ihre kalten desillusionierenden Schlüsse.[211]

Gleich bei seinem ersten Auftreten benutzt Mephisto dieses Versmaß, nachdem er sich mit einigen Zeilen konstanter Fünfhebigkeit noch etwas den regelmäßigen Vierhebern der Erzengel angepasst hat (vgl. 281–286).

Der Madrigalvers ist jedoch kein sozusagen teuflischer Vers, der nur Mephisto zukäme. Selbst der Herr bedient sich seiner – das Leutselige und Weltläufige des goetheschen Gottes unterstreichend (vgl. 336–339). Und natürlich benutzt auch Faust diesen Vers; schließlich hat Heusler den jambischen freien Vers ja Faustvers benannt (vgl. 588–593). Zumal im Zweiten Teil sind die locker beweglichen und anschmiegsamen Madrigalverse gewissermaßen die neutrale metrische Grundierung, vor der sich andere Versmaße mit spezieller Bedeutung erst eigentlich ab- und hervorheben.

Ein streng reguliertes Metrum ist der *Alexandriner,* das Versmaß der barocken Haupt- und Staatsaktionen, ein höfisches, repräsentatives Versmaß sozusagen. Es setzt im Zweiten Teil ein, als der Kaiser mit Mephistos Hilfe den Opponenten niedergerungen hat, als er sich von seiner läppisch-tändelnden und leichtfertigen Lebensart zum ernsthaften Regierungsgeschäft durchringt und das Reich neu zu gründen sucht:

Es <u>sei</u> nun, <u>wie</u> ihm <u>sei</u>! uns <u>ist</u> die <u>Schlacht</u> ge<u>wo</u>nnen,
Des <u>Feinds</u> zer<u>streu</u>te <u>Flucht</u>' im <u>fla</u>chen <u>Feld</u> zer<u>ron</u>nen.
[…]
Wir, <u>eh</u>ren<u>voll</u> ge<u>schützt</u>' von <u>eigen</u> Tra<u>ban</u>ten,
Er<u>war</u>ten <u>kai</u>ser<u>lich</u>' der <u>Völ</u>ker <u>Abge</u>s<u>and</u>ten;
Von <u>al</u>len <u>Sei</u>ten <u>her</u>' kommt <u>fro</u>he <u>Bot</u>schaft <u>an</u>:
Be<u>ru</u>higt <u>sei</u> das <u>Reich</u>,' uns <u>freu</u>dig <u>zu</u>ge<u>tan</u>.

(10 849–56, und weiter so bis 11 042; der Apostroph kennzeichnet die Zäsur)

Der Kaiser hat sich gefasst, seiner Würde besonnen; dies unterstreicht das zeremonielle Metrum. Freilich, auch die Erpressung durch den Erzbischof (vgl. 10 977–11 042) vollzieht sich im Gewand dieses Versmaßes: Zeichen nun wiederum einer nur äußerlichen Majestät des Kaisers, einer leeren pompösen Form, die innere Schwäche bemäntelt.

Ein Höhepunkt des zweiten Dichtungsteils ist die Begegnung Fausts mit Helena, die als Vermittlung von Mittelalter bzw. Moderne (die Romantik wiederbelebte das Mittelalter) und Antike inszeniert ist. Konsequenterweise muss ein das Altertum konnotierendes Versmaß erscheinen: der altgriechische *Trimeter.* Nach einem kurzen Vorklang während der Klassischen Walpurgisnacht (Verse des Erichtho, 7005–39) intoniert der antike Dramenvers das Erscheinen Helenas:

Bewundert viel und viel gescholten, Helena,
Vom Strande komm' ich, wo wir erst gelandet sind,
Noch immer trunken von des Gewoges regsamem
Geschaukel, das vom phrygischen Blachgefild uns her
Auf sträubig-hohem Rücken, durch Poseidons Gunst
Und Euros' Kraft, in vaterländische Buchten trug. (8488–93)

(Der jambische Trimeter wird im Deutschen als auftaktiger Sechsheber mit männlichem Versschluss nachgebildet; zweisilbige Senkungen werden des Öfteren toleriert – hier in den Versen 8490, 8491 und 8493.)

Helena behält das ihr gemäße antike Versmaß bei – genau so lange, bis sie mit Faust zusammentrifft. Faust tritt mit dem nordisch (englisch, deutsch) konnotierten und ebenfalls würdig erscheinenden Metrum des Blankverses auf, und in einem symbolisch sprechenden Umschlag passt sich Helena umgehend diesem Versmaß an (vgl. 9192–9217). Umgekehrt nimmt übrigens auch Faust für wenige Zeilen den Trimeter an (vgl. 9435–41). Die Klangsymbolik der Begegnung reicht indessen noch tiefer. Die Vermählung, die Liebkosung Fausts und Helenas vollzieht sich sinnbildlich, Antike und Moderne vereinen sich im Medium des Reims. Helena bemerkt die ihr unbekannten, gefälligen Klangkorrespondenzen – **Und hat ein Wort zum Ohre sich gesellt, / Ein andres kommt, dem ersten zu liebkosen** (9367 f.) – und Faust lehrt sie, verführt sie zum Reimen:

Helena. So sage denn, wie sprech' ich auch so schön
Faust. Das ist gar leicht, es muß von Herzen gehn.
Und wenn die Brust von Sehnsucht überfließt,
Man sieht sich um und fragt –
Helena. wer mitgenießt.
Faust. Nun schaut der Geist nicht vorwärts, nicht zurück,
Die Gegenwart allein –
Helena. ist unser Glück.
Faust. Schatz ist sie, Hochgewinn, Besitz und Pfand;
Bestätigung, wer gibt sie?
Helena. Meine Hand. (9377–84)

(Regelmäßige, gereimte jambische Fünfheber, im Vers 9383 abweichend oder nur mit starker Tonbeugung – **Schatz ist sie** – durchsetzbar.)

Blankvers im Helenaerlebnis, Blankvers beim Erdgeist-Dankgebet: Auch im metrischen Bereich begegnet das Kunstmittel der Spiegelung. Die beiden Höhepunkte ausgeglichener seelischer Hochstimmung sind ins gleiche – und jeweils singulär auftretende – Versmaß gekleidet und verweisen damit aufeinander.

Sollte nun nicht auch im Gretchengeschehen – wiederum spiegelnd – etwas Ähnliches begegnen wie bei der metrischen Anschmiegung Helenas an Faust?

Durchaus ist es so: Vollzieht sich die erste, flüchtige Straßenbegegnung beiderseitig noch im Gretchen gemäßen Knittelvers (vgl. 2605–18), so verlässt Gretchen beim ersten eingehenden Rendezvous mit Faust ihr gewohntes Metrum und passt sich dem weltläufigen Faustvers an:

Inkommodiert Euch nicht! Wie könnt Ihr sie nur küssen?
Sie ist so garstig, ist so rauh!
Was hab ich nicht schon alles schaffen müssen!
Die Mutter ist gar zu genau.

(3081–84; ebenso bereits die ersten Verse der Szene)

Das für Gretchen tragisch endende Heraustreten aus ihrer geborgenen Sphäre wird also auch klanglich symbolisiert – sprachlich zeigt es sich im Gebrauch des Gretchen ungemäßen Fremdworts (›inkommodieren‹). Dieses Heraustreten findet allerdings, genau betrachtet, schon früher statt, in absentia Fausts, aber unter seiner Einwirkung: mit der Verführung durch das Schmuckkästchen. Und präzise dieser Moment ist es auch, in dem Gretchen zuallererst vom Knittel ins Madrigal überwechselt:

Wie kommt das schöne Kästchen hier herein?
Ich schloß doch ganz gewiß den Schrein.
[…]
Nach Golde drängt,
Am Golde hängt
Doch alles. Ach wir Armen! (2783–2804)

Die Form spiegelt, was inhaltlich passiert: Gretchens Sündenfall – es ist zugleich der Fall aus dem volkstümlichen in das galante Medium. Vier Spannungen herrschen im Grunde zwischen dem Knittel- und dem Madrigalvers, und diese bezeichnen den tief gehenden Bruch, der sich in Gretchens Dasein vollzieht:

> […] **die historische Spannung zwischen einer altdeutschen Versart des 16. Jahrhunderts und einer erst im 17., 18. Jahrhundert eingeführten Versart; die soziale Spannung zwischen einem bürgerlich-biederen und einem höfisch-galanten Versmaß; die nationale Spannung zwischen dem deutschen Knittel und dem ins ›Welsche‹ weisenden Madrigalvers; die ethisch-religiöse Spannung zwischen der naiven christlichen Sittlichkeit Margaretes und der Lüsternheit, die Mephistopheles um sich verbreitet** […]. **Margarete entfremdet sich in jeder Hinsicht von ihrem Wesen, wenn sie die andere Versart annimmt.**[212]

20.2 Strophische Formen

Das Lied ist der Kern des Lyrischen; strophische Formen halten die Erinnerung an die ursprüngliche Sangbarkeit metrischer Sprache fest. Im *Faust* hat auch diese stärker musikalische Metrik – in Form von Liedern und Chorgesang oder in Form der immerhin strophischen Fügung – einen beachtlichen Stellenwert; sie tritt in Kontrast und in Wechselbeziehung zum Sprechvers.

Das Gesamtwerk hebt mit solchen strophischen Formen an; die **Zueignung** ist ein aus vier *Stanzen* gefügtes Gedicht. Dem ruhig-abgeklärten Charakter dieser Zwischenbesinnung des Dichters entspricht das klangvoll-festliche Gepräge der Stanzenform. Die erste Äußerung des Dichters im **Vorspiel auf dem Theater** ist ebenfalls in zwei Stanzen gefasst (59–66, 67–74), die hier wiederum dem entworfenen würdig-feierlichen Bild des Dichterberufs gemäß erscheinen – und die eine Meinungsidentität mit dem Sprecher der **Zueignung**, also mit GOETHE, begründen könnten. Vielleicht kennzeichnet dann das Aufgeben der Stanzenform im folgenden Textverlauf GOETHES Relativierung der ›Dichter‹-Meinung, die sich im Beziehungsfeld der anderen, ebenfalls berechtigten Positionen vollzieht.

Nach dem Gnadengeschenk der Natur, dem Heilschlaf des Vergessens, äußert sich der genesene und geläuterte Faust im Eingangsmonolog des Zweiten Teils in *Terzinen* (4679–94; 4695–4727, wobei das letzte Terzett mit dem abschließenden Quartett verschmilzt). Wieder unterstreicht die metrisch anspruchsvolle Form den feierlichen Augenblick, den Anbruch eines neuen Lebenslaufs, in dem Faust sich anschickt, mit regenerierten Kräften **zum höchsten Dasein immerfort** – und weiterhin – **zu streben** (4685). Im Gegensatz zum ungeduldig-übereilten Streben des ersten Eingangsmonologes (**Nacht**), der durch die unruhigen Knittelverse charakterisiert wurde, kennzeichnen nunmehr die gemessenen fünfhebigen Jamben das Gereift-Abgeklärte des abrupt verwandelten Faust; die stetige Bewegung des Dreireims, der mit einem seiner Reimwörter das nächste Terzett in Gang setzt, spiegelt das für den Augenblick beruhigte – gebändigte und geformte – Streben (beide Eingangsmonologe stehen also im Verhältnis metrischer kontrastiver Spiegelung, vgl. dazu auch Kap. 18).

In besonderer Weise wird auch Gretchen durch liedhafte Formen charakterisiert, spricht sich ihr Gemüt in *volksliedartigen Strophen* aus – die ihrem volkstümlichen Sprechvers, dem Knittel, korrespondieren.

In ihr – durch Mephistos heimliche Anwesenheit – **dumpfig** (2753) gewordenes Zimmer zurückgekehrt und vom warnenden **Schauer** (2757) erfasst, singt Gretchen die Ballade vom »König in Thule« (2759–82; vierzeilige und dreihebige Volksliedstrophe). Es ist ein Hohes Lied unverbrüchlicher Liebe; das Versenken des **heiligen Becher**[s] (2777) kommt einem Sakrament der Treue gleich. Gretchen singt dieses Lied wie zu ihrer eigenen Beruhigung – und tatsächlich ruft ihre Intuition ein heilendes Gegenbild desjenigen Verhängnisses auf, das gerade durch die Bekanntschaft mit Faust in Gang gesetzt wurde: Fausts Untreue wird im grellen Gegensatz zur liebenden Treue des Königs stehen und Gretchens tragisches Schicksal besiegeln.

Gretchens Seelenlage spricht sich weiterhin aus in ihrem liedhaften Monolog am Spinnrad (**Meine Ruh' ist hin**, 3374–3413). Die vierzeilige Strophe, die überwiegende Reimbindung (wenn auch teilweise ausgesetzt), der Kehrreim, Sprachschicht und Gehalt begründen zwar einen volksliedartigen Charakter, doch den nur zweihebigen und mit Rhythmusirritationen durchsetzten Versen in ihrer lakonisch spröden Sprachform fehlt gänzlich das Gefällig-Eingängige solcher Lieder. Es ist ein schlichtes Liebesbekenntnis – und eine Vorbedeutung auf die gerade ins Unheilvolle umschlagende Handlung. Die lakonische Kürze spricht vom Archetypischen und Apodiktischen eines solchen Mädchenschicksals, von dem Mephisto sagen wird: **Sie ist die erste nicht** (**Trüber Tag. Feld**).

Gretchens Gebet zur **Mater dolorosa** ist zunächst in die Stabat-Mater-Strophe des mittellateinischen Hymnus gefasst (auch Schweifreimstrophe genannt; Reimordnung: aab ccb); die im Kirchenlied gebräuchliche Strophe untermalt ihre Wendung an die leidende Gottesmutter (3587–95: aab ccb ddb) und ihre nacherlebende Identifikation mit der Leidenden (3596–3601: eef ggf). Dann schlägt der Rhythmus um; es folgen drei Volksliedstrophen (analog der Thule-Ballade: vierzeilig, dreihebig), in denen Gretchen sich ganz ihrer individuellen Situation zuwendet und ihr eigenes, persönliches Leid in einfachen Vorstellungen ausspricht (3602–15). Die abschließende, den Anfang aufnehmende Schweifreimstrophe wiederholt dann die Wendung an die verstehende Mater dolorosa (3617 ff.).

Vom Wahnsinn ergriffen, im Kerker, singt Gretchen ein letztes Lied (4412–20), das Lied aus dem Märchen vom Machandelboom (die böse Stiefmutter tötet das Kind und setzt es dem Vater als Essen vor; die von der Schwester unter den Wacholderbaum gelegten Gebeine verwandeln sich in einen schönen Vogel, der auffliegend das besagte Lied singt). In der Ver-rücktheit ihres Geisteszustandes spricht sich durch das Lied Gretchens eigene Schuld (außerehelicher Beischlaf: ›Hurerei‹, Tötung des Kindes) und die Schuld Fausts aus (**der mich gessen hat**) – und zugleich eine märchenhafte Wiedergutmachungshoffnung (die Auferstehung als Vöglein). Gretchen ist in panischer Unruhe begriffen, die Seelenkräfte sind zerrissen – und ebenso zerfahren und unregelmäßig ist die Rhythmik des Gesanges (keine Volksliedstrophe!); sie scheint sich nur in der Reimbindung der letzten Verse zu fangen, die den Hoffnungsgedanken klanglich verstärkt.

Wie Gretchen die volkstümlichen Liedformen, so sind Helena die *antikisierenden Chorstrophen* zugeordnet. Ihrem metrisch streng geordneten Trimeter wirken diese freirhythmischen, odenartig aufgebauten Gefüge auflockernd entgegen (vgl. z.B. 8516–23, 8560–67, 8591–8603).

Eine letzte, interessante und eigentümliche Besonderheit der Metrik ist noch aufzuweisen. Es gibt im *Faust*, die Behauptung sei gewagt, gleichsam ein Versmaß der Verklärung; ein Versmaß, von Musikalität durchdrungen und von Goethe immer dann eingesetzt, wenn die heiter-gelöste Sphäre arkadischer oder himmlischer Seligkeit anklingt: die *Verbindung von adonischen Versen und doppelten Daktylen.* Goethe nutzt diese in verschiedenen Ordnungen zusammentretenden Verbindungen für klangreich-melodiöse Chorstrophen, die sich geheimnis- und verheißungsvoll von allen übrigen Sprechversen und strophischen Fügungen abheben. Es sind Kurzverse, klanglich gesättigt von Reimen, Assonanzen und Stabreimen, von einem tänzelnd-schwerelosen Rhythmus bewegt. In diesen von adonischen Versen und Doppeldaktylen geprägten Partien liegt der metrische Urgrund für den arien- und opernartigen Stil, in den sich die Tragödie und das Weltspiel am verklärenden Ausgang auflösen.

Der Adonius (ein Daktylus und ein Trochäus: xxxxx), der sapphischen Ode entnommen und im frühkirchlichen, mittellateinischen Hymnus (etwa des Gottschalk von Orbais) verwendet, bildet die Kernformel dieser melodischen Fügung, die – abwandelnd und in geschmeidige Bewegung übergehend – zu zwei Daktylen verlängert (xxxxxx) oder – akzentuierend und die Bewegung einhaltend – zu einem verkürzten Trochäus (xxxx) verknappt werden kann. Ein einschwingender Auftakt zu diesen metrischen Formeln schafft zusätzliche Modulationsmöglichkeiten (etwa zum Adonius: xxxxxx). Dieses Versmaß der Erlösung erklingt zum ersten Mal, als Faust die erste rettende Gnade **von oben** zuteil wird: mit den Osterchören, die Fausts Freitod verhindern:

Christ ist erstanden!	Adonius
Freude dem Sterblichen,	
Den die verderblichen,	Doppeldaktylen
Schleichenden, erblichen	
Mängel umwanden.	Adonius

(737–741, ebenso 749–761 und 785–807)

Dieses klangreich-betörende Versmaß kehrt wieder, als Geisterchöre Faust in den Schlaf wiegen und ihm einen Vorklang arkadischer Glückseligkeit gewähren (vgl. 1447–1505).

Die Chorpartie besteht allein aus hintereinander gereihten adonischen Versen; durch die fehlende Verbindung mit den Doppeldaktylen wirkt sie zwar bewegt, aber auch mechanisch in ihrer wiederholten, jeweils zum Versende hin abfallenden Bewegung. Immerhin wurde dieser Geisterchor von Mephisto berufen, vielleicht hat er deshalb das metrische Manko, wenn auch die Traumvision selbst in Fausts eigener Seele – in seiner Griechenlandsehnsucht – zu wurzeln scheint und damit berechtigt Anteil am ›seligen‹ Versmaß nimmt.

Konsequenterweise ertönt dieses Versmaß wieder, als Fausts Seele ›realiter‹ nach Arkadien versetzt ist: im Dreiergesang (Szenenbemerkung: **durchaus mit vollstimmiger Musik**) von Faust, Helena und dem Sohn Euphorion (9711–84, 9823–38, 9843–50, 9863–69, 9895–9906). Es ist aber ein sogleich bedrohtes Glück, das dort waltet. Das Ungestüme und Bedenkliche von Euphorions erotischem und kriegerischem Drange und das Besorgte der mäßigenden Elternappelle scheint sich denn auch im Vorwalten der gereihten und nicht durchgehend gereimten adonischen Verse abzuzeichnen, denen die liebliche Verbindung mit zweihebigen Daktylen überwiegend fehlt.[213]

Solange Lynkeus der Türmer selig die Schönheit der Welt besingt, benutzt auch er adonische Verse (diesmal mit Auftakt, vgl. 11 288–11 303); sobald er die Gräuel an Philemon und Baucis gewahrt, wechselt er das Versmaß.

Fausts Erlösung hebt an in der Szene **Grablegung**, und sie wird begleitet vom Gesang der Himmlischen Heerscharen (Mephisto: **Mißtöne hör' ich, garstiges Geklimper**, 11 685) – natürlich in die reizvoll-abwechslungsreiche Variation von adonischen und daktylischen Versen gekleidet, die diesmal in der vollen Klangpracht des unausgesetzten Reims und der akkompagnierenden Assonanzen und Alliterationen erklingen (11 676–84, 11 699–11 709, 11 726–34, 11 745–52, 11 801–08, 11 817–24). Die eigentliche Verklärungsszene schließlich – **Bergschluchten** – ist gesättigt und getragen vom schwebenden Versmaß solcher Himmelstöne. Chor und Echo (11 844–53) sowie Pater Ecstaticus (11 854–65) benutzen ausschließlich doppelte Daktylen; der Chor Seliger Knaben (11 926–33, 11 981–88, 12 076–83), die Jüngeren (11 966–80) und die Vollendeteren Engel (11 954–65) sowie Doctor Marianus in seiner ersten Strophe (11 989–96) verwenden Doppeldaktylen und adonische Verse in verschiedenen Zusammenstellungen (und den variierenden Verkürzungen und Auftakten); Doctor Marianus, als er die Büßerinnen erblickt (12 013–19), der Chor der Büßerinnen selbst (12 032–36) sowie Gretchen als eine der Büßerinnen (12 069–75) beschränken sich auf gereihte adonische, aber durchgehend gereimte Verse.

Und die letzte Strophe der zwölftausend Verse, der weihevolle Ausklang des Menschheitsgedichts, vom Chorus Mysticus feierlich intoniert, ist – wie sollte es anders sein – in dieses Versmaß der Seligkeit gesetzt[214]:

Alles Vergängliche	Doppeldaktylus
Ist nur ein Gleichnis;	Adonius
Das Unzulängliche,	Doppeldaktylus
Hier wird's Ereignis;	Adonius
Das Unbeschreibliche,	Doppeldaktylus
Hier ist's getan;	verkürzter Adonius
Das Ewig-Weibliche	Doppeldaktylus
Zieht uns hinan. (12 104–11)	verkürzter Adonius

21 Literaturgeschichtliche Stellung: Das unklassisch-klassische Werk

Das größte Drama der deutschen Klassik [...] ist kein Drama der klassischen Dramenform[215] – oder, genauer: *Das größte Drama des größten deutschen Klassikers ist kein Drama der Klassik.* Wie sollte es dies auch sein: Als ein in sechzig Jahren heranwachsendes, in Schüben sich herausbildendes, verschiedene Konzeptionen ineinander spiegelndes, die Literaturepochen begleitendes und überdauerndes Werk? Das ist keine Biografie eines klassischen Dramas, das sich durch Stilreinheit, wohl geordnete Form und ideelle Geschlossenheit auszeichnet.

Nicht allein als Quersumme von GOETHES vielseitiger Existenz, sondern auch als Sammelbecken vieler Literaturströmungen erscheint das Faustdrama. Seine Entstehungsgeschichte (1772–1832) überschneidet sich mit den literaturgeschichtlichen Abschnitten der Aufklärung (1720–1785), des Sturm und Drang (1767–1785), der Klassik (1786–1805) und der Romantik (1795–1835); wobei die Empfindsamkeit (1740–1780) in diesem Zusammenhang vernachlässigt werden kann. Diese Epochentendenzen finden Eingang ins Drama; sie haben Teile des Werkes geprägt oder die Konzepte des Ganzen beeinflusst; sie sind miteinander verwoben oder stehen in spannungsvollem Wechselbezug.

Das Faustdrama gründet im *Sturm und Drang.* Es ist zunächst ein um Faust zentriertes Drama des titanischen Enthusiasten, des Genies, und ein um Gretchen gelagertes bürgerliches Trauerspiel der ständeübergreifenden Liebe und des Kindsmordes – beides epochentypische Themen. Es ist zugleich im Anfang ein Stück der offenen, an SHAKESPEARE geschulten Dramenform: auch darin symptomatisch für die Genieepoche.

Der souveräne Geist, der sich über Konvention und Tradition erhebt; der kühne Einzelne, der sich an den Grenzen der Erkenntnis und des Nur-Mensch-Seins wund reibt und das Wagnis der Existenzerweiterung um jeden Preis eingeht: das ist Geist der Geniezeit. Faust ist im Ursprung zwar kein Genie des Schöpfertums, keine Künstler- oder Kraftkerlexistenz – obgleich seine seelische Helenabelebung und sein kolonisierendes Herrschertum später Züge davon annehmen –, wohl aber ein Genie des enthusiastischen Gefühls: in der Inbrunst seiner Entgrenzungssehnsucht, in der Begeisterung seiner Schöpfungs- und Naturverehrung, in der Euphorie seiner Liebe.

Ein Werk des Sturm und Drang ist der ursprüngliche Entwurf aber auch, weil das Geniedrama ›Faust‹ ein- und übergeht in das bürgerliche Trauerspiel ›Gretchen‹. Das wesentliche Thema dieser Gattung ist die Liebe über die soziale Kluft hinweg – sei es in LESSINGS *EMILIA GALOTTI*, in LENZ' *SOLDATEN*, in WAG-

NERS *KINDERMÖRDERIN* oder in SCHILLERS *KABALE UND LIEBE* –, und stets führt diese in die Katastrophe, seien die Gründe der aristokratische Macht- und Verfügungsanspruch, die routinierte Verführungsmentalität des Kavaliers, die reumütige Rückkehr zur Standesräson oder die familiäre Intrige zur Wahrung der Klassengrenzen. Für den Sturm und Drang zeigt sich in diesem Motiv exemplarisch, wie Natur und Zivilisation, Gefühl und Gesellschaft, Liebe und Standesbarrieren kollidieren, und das Ethos seiner bürgerlichen Trauerspiele geht dahin, das Naturrecht der Sinne und Leidenschaften von den Einschnürungen und Verbiegungen des Gesellschaftskorsetts zu befreien. Faust hat durchaus Züge des adligen Verführers – erotische Genussmentalität, Schmuckgeschenke –, doch ist das Motiv der Standesgrenzen gleichsam verinnerlicht zu dem der geistigen und bildungsmäßigen Kluft sowie der Divergenz der Daseinsformen. Das Genie, das zunächst in der Geliebten das Schlichte, Genügsame, Unverstellte – letztlich das Volk – idealisiert, überrollt gleichwohl die ihm entgegengetragene aufrechte Liebe und degradiert sie zur Episode seines extensiven Erlebnisprogrammes. Hierin wird das bürgerliche Trauerspiel zur stillen Kritik des Geniedramas. Es wird aber auch – darin wieder konform mit dem aufbegehrenden Geist des Sturm und Drang – zur offenkundigen Kritik des Gesellschaftsgebotes, das Liebesleidenschaft und Muttersein der Frau nur im sozialen Gehege der Eheinstitution zulässt. Das Drama zeigt den sittlichen Starrsinn der Angehörigen, die bigotte Gehässigkeit der nachbarlichen Kleingeister, die unchristliche Praktik der kirchlichen Bloßstellungsrituale; es führt den unerbittlichen Mechanismus sozialer Ächtung und Ausstoßung vor; es brandmarkt die ganze Misere und Menschenfeindlichkeit der gesellschaftlichen Einrichtungen und Übereinkünfte. Das, was kraftvoll, stark, ja heilig ist, die Liebe, führt unter solchen Verhältnissen in die Vernichtung. Die Tragik Gretchens ist – anders als die Fausts – nicht im Charakter begründet, sondern – im weitesten Sinne – in der Gesellschaftskonstitution, die ein bestimmtes (un-) menschliches Verhalten bedingt. Mit diesem sozialanklägerischen Zug bereitet die Genieepoche die Auflösung des Tragischen vor: Denn was veränderbar ist, büßt an zwangsläufiger und unerbittlicher Gewalt ein.

Auch formal zeigt das Ursprungsdrama das Gepräge der Geniezeit. Es bekümmert sich wenig um die Gesetzbücher der Aristotelesexegeten: Es vermengt sorglos die Stilzüge der Tragödie und Komödie (vgl. Kap. 15), es wirft den Versifizierungszwang ab oder verwendet die kunstlos-degoutanten Knittelverse, es lässt Umgangssprache mit feierlichem Pathos wechseln, es schert sich nicht um die drei dramatischen Einheiten, sondern dringt zur pars-pro-toto-haften Stationentechnik des offenen Dramas vor (vgl. Kap. 16).

Der Sturm und Drang ist eingebettet in die *Aufklärung*, mit der er zum Teil im Hader liegt, die er zum Teil forciert. Mephisto ist gleichsam der personalisierte Vorposten der Aufklärung im Faustdrama (vgl. Kap. 11). Mit analytischer Schärfe glossiert und ironisiert er das Welttreiben, entlarvt er Halb- und Falschheiten, kritisiert er Institutionen, Haltungen, Ideologien. In der dualen Figurenkonstellation Faust – Wagner bespöttelt der Sturm und Drang die Aufklärung; in der Figurenpolarität Mephisto–Faust pariert die Aufklärung und witzelt über den Idealismus und das Pathos der Genieepoche.

Erbgut der Aufklärung ist aber auch das Gottes-, Menschen- und Weltbild des Dramas. Die Hölle wird vom aufklärerischen Verständnis verabschiedet; der Himmel hegt augenzwinkernde Sympathie mit dem mündigen Individuum; die Welt ist zum Guten eingerichtet und jedenfalls die beste aller möglichen. Der hergebrachte Gebotskanon wird revidiert, die Tugend in den vitalen Gebrauch menschlicher Kräfte und Vermögen – in die aktive Persönlichkeitsentfaltung – verlegt, das Laster in die träge und genüsslerische Lethargie. Die Sünde überhaupt wird der Tendenz nach suspendiert und ersetzt durch den wertneutraleren Irrtum. Was dem Menschen angehört und sich machtvoll in ihm äußert – Aufklärung: sein Verstand; Sturm und Drang: seine Leidenschaft – kann nicht im Widerspruch zum Gotteswillen stehen; Gott ist kein kleinlicher Sitteninspektor im Himmel, sondern deistischer – vom Welttreiben pädagogisch sich zurückhaltender – Urgrund oder pantheistisches Ein-und-Alles.

Hinter der Individualität und der einzelnen Erscheinung sucht die *Klassik* das überpersönlich Gültige und Typische, die Ganzheit und das Gesetzmäßige: das Besondere ist Symbol des Allgemeinen. Die klassische Überformungstendenz musste also aus dem exponierten und exorbitanten Einzelnen des Sturm-und-Drang-Dramas einen Vertreter der Gattung, musste aus dem Genie Faust einen Repräsentanten der Menschheit machen.

Dies geschieht durch die Einbindung des Geniedramas in eine himmlische Rahmenhandlung (**Prolog** und Epilog durch **Grablegung** und **Bergschluchten**), wodurch schlagartig die Vorzeichen des Ganzen verändert, nämlich zugunsten eines allgemeinen Theodizeeproblems verschoben sind, sowie durch die flankierende Maßnahme einer entsprechenden Formulierung der Paktinhalte (**Und was der ganzen Menschheit zugeteilt ist** [...], 1770). Den Typus-Charakter der Figur und den Totalitätsanspruch der Existenzerfahrung versucht dann der zweite Dramenteil durch die Verschränkung verschiedener historischer und symbolischer Weltkreise einzulösen. Das unruhig-ungehaltene Ichgefühl des titanischen Einzelnen wird im Zuge dieser Bearbeitungstendenzen mehr und mehr gemäßigt zum leerformelhaften *Streben,* das für humane, soziale und vielerlei ideal zu denkende Ziele reklamiert werden kann. Das zerrissene und zweifelhafte Genie wird – freilich niemals restlos, sondern nur als gegenläufige Tendenz – gebändigt zu einem Vertreter eines klassisch-idealen Menschenbildes. In ihrem Grundcharakter klassisch sind somit die wenigen Momente des Dramas, in denen sich dieses Menschenbild konkretisiert, in denen der Protagonist nicht im Hader mit seinen Existenzmöglichkeiten und im Zerwürfnis mit einer sich ihm verschließenden Seinsordnung liegt, in der all die Bitternis, Unrast und Maßlosigkeit abfallen und einer seinsanerkennenden Seelenruhe weichen. Es sind dies die Augenblicke ausgeglichenen Innehaltens in der Waldeshöhle, entsagender Beschränkung angesichts der Regenbogenerscheinung, beseelten Daseinsgenusses in der Vermählung mit Helena. Klassisches Ethos liegt in diesen Momenten: Bejahung eines wohl eingerichteten Weltganzen, Begrenzung unmäßiger Lebensansprüche, Gleichgewicht der Seelenkräfte, Harmonie von Ich und Welt. Das klassische Dramenmetrum, der Blankvers, unterstreicht dieses Ethos in zwei dieser Situationen; in der dritten wird die Würde des Augenblicks durch kunstvoll-spielerische Terzinen untermalt (vgl. Kap. 20).

Ausdruck klassischer Haltung ist freilich auch Fausts Griechenlandsehnsucht und die in Helena verkörperte Apotheose von Schönheit und Kunst. Insofern verdankt sich ein wesentlicher Teil der Dramen*handlung* – anhebend mit dem Spiegelbild in der Hexenküche über Helenabeschwörung (1. Akt) und Helenasuche (2. Akt) bis hin zur Helenabegegnung (3. Akt) – dem Menschheits- und Kulturideal der Klassik, das sich im Rückbezug auf die Antike formuliert. Die *Gestaltung* dieses Geschehens – etwa im Rahmen der surrealen Hexenküche oder der bizarren ›Klassischen Walpurgisnacht‹ – verträgt sich jedoch weit gehend nicht mit dem klassischen Formgeist der Ordnung und Klarheit. Als gestalterische Bearbeitungen im Sinne des klassischen Stilwillens können hingegen die fortschreitende Versifizierung des *URFAUST* – die das Stoffliche dämpft und läutert – und die Zurückdrängung des Mundartlichen und Umgangssprachlichen angesehen werden.

Es muss aber noch einmal vergegenwärtigt werden – um verbreitete Vorurteile zu zerstreuen –, was alles *nicht* klassisch ist an diesem Dramenklassiker: die Gattungsvermengung von Tragödie und Komödie, die Stilmischung von Pathos und Satire und von erhabener Dichtungs- und salopper Umgangssprache, das Versartenkonglomerat, die ungeheure und nicht streng geordnete Stoffmasse, die Lücken und Sprünge der Dramengestalt, die Ungereimtheiten und Widersprüche der ideellen Konzeption, der eher rückfällig sich gleich bleibende als harmonisch sich vervollkommnende Protagonist. Wäre *FAUST* ein klassisches, wäre es nicht *dieses* Werk, so wäre es ein langweiligeres Werk.

GOETHE hat die *Romantik* entschieden abgelehnt, obwohl oder gerade weil der Subjektivismus dieser Bewegung an die Genieepoche anknüpft: was der Dichter in sich überwunden hatte, mochte er nicht außer sich triumphieren sehen. **Eine subjektive Natur** [hat] **ihr bißchen Inneres bald ausgesprochen**, urteilt nunmehr der gleiche GOETHE, dessen weltliterarischer Ruhm – der *WERTHER* – in nichts anderem gründet, der aber im Alter gerade die Gegenposition vertritt: **richte dich auf die wirkliche Welt und**

suche sie auszusprechen.[216] Der späte GOETHE ist auf Objektivität und Welthaltigkeit aus; in der Romantik aber wähnt er eine Gefährdung des Individuums, das sich in sich selbst verliere und zersetze, und eine Gefahr für das Zeitalter, das mit seiner Weltflucht die Wirklichkeit und die praktische Wirksamkeit preisgebe.

All diesen Ressentiments zum Trotz: Auch an der romantischen Poesie hat GOETHES *FAUST* merklichen Anteil.

Romantisch sind die Fantasietollheiten der Hexenküche, in der das Mutwillige, das Willkürliche und das Skurrile regieren, der nordischen Walpurgisnacht, die auf volkstümliche Mythen zurückgreift und im Grunde eine Reise in das menschliche Innenleben mit seinen Abseitigkeiten und Gefährdungen darstellt, sowie der vermeintlich Klassischen Walpurgisnacht mit ihren wunderlichen Fabelwesen und bizarren Vorkommnissen, die letztlich nur ein hoch artifizielles Spiel vorhomerischer und spezifisch goethescher Mythologie in Szene setzt. Romantisch ist die mittelalterliche Welt, die im **Dom** und in der Helenaepisode mit Faust als ritterlichem Herrscher zur Anschauung kommt. Romantisch ist ebenfalls die katholische Mythologie, der Heiligen- und Märtyrerhimmel der Schlussszenen.

Romantische Ironie – das souveräne und spielerische Schalten des Schöpfergeistes über seine Gegenstände und über die selbst geschaffene Fiktion – spricht aus dem **Vorspiel**, dem augenzwinkernden Theater über das Theater im Theater, und dem **Walpurgisnachtstraum**, jener Spiel-im-Spiel-Verschachtelung, bei der Faust und Mephisto zuschauen, wie Oberon und Titania zuschauen, was da eigentlich vorgeführt wird. Romantische Ironie durchsetzt Mephistos humorvolle Selbstdistanz (der Teufel ist **schon lang ins Fabelbuch geschrieben**, 2507) und sein illusionszerstörendes Aus-der-Rolle-Treten (**Phorkyas im Proszenium richtet sich riesenhaft auf, tritt aber von den Kothurnen herunter, lehnt Maske und Schleier zurück und zeigt sich als Mephistopheles, um, insofern es nötig wäre, im Epilog das Stück zu kommentieren**, Szenenanweisung nach dem dritten Akt). Romantische Ironie bestimmt auch die anderen Durchbrechungen der Theaterillusion und des Fiktionscharakters der Dichtung (die griechische Sphäre ist nur **Fabelreich**, 7055; Helena gehört dem Raum der Gedankengeschichte an, ist **mythologisch[e] Frau**, die ihren Schein-Charakter obendrein selbst verspürt: **Ich schwinde hin und werde selbst mir zum Idol**, 7428 und 8881; Raufebold, Habebald und Haltefest sind nur Gedankenkonstrukte: **allegorisch wie die Lumpe sind**, 10 329).

Schließlich nimmt auch die Form des Faustdramas Züge romantischer Poesie an. Der lyrisch-musikalische Charakter – die Liedeinlagen, die Chöre, der zunehmend festspielartige und opernhafte Stil – hat romantisches Gepräge; die aussparende und über sich hinausweisende Kompositionsweise berührt sich mit der romantischen Sanktion des künstlerischen Fragments; das Weltspiel nähert sich mit seinen vielen an die Anschauung (Maskenzüge, optisch eindringliche Fabelwesen, Tableaus) und den Gehörsinn (Musik) gerichteten Ausdrucksmitteln dem gerade von der Romantik so geschätzten Gesamtkunstwerk.

Kurz: GOETHES *FAUST* ist sowohl romantisch als klassisch. Der Dichter hat es verspürt, als er 1827 den Helenaakt mit dem Untertitel **Klassisch-romantische Phantasmagorie** herausgab. Phantasmagorie: ein fiktionales Truggebilde, ein literarisches Spiel im Sinne der freischaltenden romantischen Ironie – die aber gerade eine Renaissance der antiken Schönheit inszeniert. Mit der imaginären Vermählung von Helena und Faust sollte – so ist es mehr GOETHES Begleitkommentaren als dem Dramentext selber zu entnehmen – auch das **Klassische und Romantische [...] eine Art von Ausgleichung erfahren** (der nordische, mittelalterliche Herrscher Faust soll also zugleich die moderne, romantische Poesie verkörpern); GOETHE hatte sich zu der versöhnlichen Ansicht durchgerungen: **Es ist alles gut und gleich [...], Klassisches und Romantisches, es kommt nur darauf an, daß man sich dieser Formen mit Verstand zu bedienen und darin vortrefflich zu sein vermöge.**[217]

GOETHES *FAUST* schwebt wie über den Gattungen, wie über den Formtypen, so auch über den Epochentendenzen. Seine literaturgeschichtliche Stellung ist zwischen den Stühlen. Seinen Platz in der Weltliteratur findet er neben HOMERS *ILIAS/ODYSSEE* und DANTES *GÖTTLICHER KOMÖDIE.*

22 Zur Forschungslage

Die Zahl der Faustdeutungen ist Legion; sie seriös aufzuarbeiten und zu würdigen erfordert eigenständige Unternehmungen und andere Publikationsräume, als hier zur Verfügung stehen. Deshalb sollen hier nur einige Grundzüge der Interpretationsgeschichte aufgewiesen werden.[218]

Fand das erste Veröffentlichungsstadium von GOETHES Faustdichtung, das *FRAGMENT* von 1790, abgesehen von Universitätskreisen Jenas und Göttingens, nur wenig Beachtung, so wurde der Erste Teil (1808) begeistert aufgenommen und auch späterhin gegen den Zweiten Teil (1832), der bei seinem Erscheinen überwiegend auf Befremden und Ablehnung stieß, ausgespielt. Sah man im Ersten Teil **nichts anderes als die innerste, reinste Essenz unseres Jahrhunderts** (Schelling), so hielt man den Zweiten Teil weithin für ein albernes und schwaches Werk eines ermatteten Greises und goss – wie F. Th. Vischer als **Deutobold Symbolizetti Allegoriowitsch Mystifizinsky** – seinen parodierenden Spott darüber aus (*FAUST. DER TRAGÖDIE DRITTER TEIL*). GOETHES Altersdichtung, die sich nicht so ohne weiteres als Fortsetzung des Ersten Teils lesen ließ, verletzte in ihrer statuarischen und diskontinuierlichen Kompositionsweise den ästhetischen Erwartungshorizont der Zeit.

Die Faustphilologie war von Anfang an in starkem Maße Spiegel der Geistes- und Ideologiegeschichte: die Faustfigur wurde zur Projektionsfläche für weltanschauliche Wunsch- oder Warnbilder; Fausts Wesensart wurde emotional und politisch besetzt. Das *Faustische* geriet zum umkämpften Schlüsselbegriff für abendländische Kultur, für deutsches Wesen, für Sendungs-, Kraft- und Tatbewusstsein, für nie ermüdendes utopisches Ringen – oder zum Inbegriff defizienter Existenzweisen einer alsbald umgebogenen und abgebrochenen Genialität, eines wahnhaften, verblendeten, scheiternden Daseins, eines ruchlosen und schuldbeladenen Lebensweges.

Frühe Kritik bezichtigte GOETHES Dichtung des Mystifizismus (Aufklärung), der Glorifizierung wissenschaftlichen Hochmuts (Romantik), der politischen und sozialen Inaktivität (Jungdeutsche), des Immoralismus und der Blasphemie (Katholizismus) oder des ungeistigen Materialismus (Protestantismus). Die eindeutige Aufwertung und Überformung Fausts zum nationalen Mythos vollzog sich mit der Reichsgründung von 1871; das nationale Hochgefühl verlangte nach einem dichterischen Symbol und ergriff es in Faust. Titanismus und Teutonismus wurden verschmolzen,

Faust geriet zum ideologischen Repräsentanten eines ewig-deutschen Wesens und Sendungsbewusstseins, der sich imperialem Reichsdenken und späterem nationalsozialistischem Weltmachtstreben andienen musste. Oswald Spengler gar (*Der Untergang des Abendlandes*, 1918) erklärte diesen ›deutschen‹ Faust – dessen Dasein tätiges, ringendes, überwindendes Sein sei – zum Symbol des modernen Menschen überhaupt, zum Repräsentanten der abendländischen Kultur.

Im dialektischen Umschlag mussten der ideologischen Heroisierung weltanschauliche Demontagen antworten. Eine spektakuläre Umwälzung des positiven Faustbildes betrieb 1901 Hermann Türk (*Eine neue Fausterklärung*): Faust gehe seines genialen Übermenschentums verlustig und sinke auf die Stufe eines gemeinen Philisters und trivialen Unternehmers herab; seine Absage an die Magie bedeute Verzicht auf das Genie. In eine ähnliche Kerbe schlägt Wilhelm Böhm (*Faust der Nichtfaustische*, 1933; *Goethes Faust in neuer Deutung*, 1949), der in Faust den unverbesserlichen Verblendeten sieht, dessen titanische Prätention stets in sentimentales Ausweichen umschlage und der nicht als menschheitliche Leitfigur, sondern als Bankrotteur und gewissenloser Abenteurer anzusprechen sei.

Die Faustphilologie der Nachkriegszeit stand unter dem Schock der nationalsozialistischen Inanspruchnahme des faustischen Mythos: Fausts solchermaßen interpretierter Titanismus hatte katastrophal geendet. Die kritische Faustsicht erlangte – bis hin in den Klassikersturz der Studentenrevolte – Auftrieb; dennoch zeigte sich auch bald wieder das Bedürfnis, sich in Goethe und in der Faustdichtung selbst zu vergewissern und das kulturelle Erbe des Klassikers für den Wiederaufbau eines humanistischen Menschenbildes zu nutzen. Traditionelle Probleme dieses Unterfangens sind die Fragen nach Fausts sittlicher Weiterentwicklung und Schuldhypothek.

Die marxistische Faustforschung – im Wesentlichen nur die Fußstapfen Georg Lukács' ausschreitend – sieht im *Faust* ein geschichtsphilosophisches Entwicklungsdrama; im Protagonisten verkörpere sich die Menschheit in ihrer geschichtlichen Entwicklung – zum **freien Volk auf freiem Grund** hin, der mehr oder minder subtil zur sozialistischen Provinz erklärt wird.

Die Nachkriegszeit mit ihren Entideologisierungsversuchen leistete schließlich auch werkimmanenten, strukturalen und bildungsgeschichtlich-symboldeutenden Forschungen Vorschub, von denen hier nur Paul Requadt (*Goethes Faust I. Leitmotivik und Architektur*, 1972) und Wilhelm Emrich (*Die Symbolik von Faust II*, 1943, 1957, 1964 u. ö.) erwähnt seien. Freilich stößt die werkimmanente Deutung, die zumeist das Kunstwerk als wohl und notwendigerweise nur-so-geordnetes Gefüge unterstellt, auf das Problem der entwicklungsgeschichtlichen Brüche der Dichtung, das – wie übrigens auch der Anteil gleichsam privater Symbolik und Mythologie – stets auf biografische und entstehungsgeschichtliche Erweiterungen der Methodik drängt.

Die didaktische Literatur zur Faustdichtung enttäuscht – soweit man darunter nicht allein die Umprägung der Wissenschaft ins Lehrerhandreichungsformat, sondern auch konkrete Modelle einer Unterrichtsarbeit mit dem *Faust* versteht. Wenige Ansätze sind hier zu verzeichnen; die hierfür eigentlich vorgesehenen *Stundenblätter* verpatzen die Gelegenheit durch einen pedantischen Strukturformalismus und eine schülerferne Bildungshuberei; die *Bausteine Deutsch* wirken bieder und banalisierend, lassen jeglichen aktualisierenden und problematisierenden Schülerbezug vermissen (Kurzhinweise zu didaktischen Arbeiten im Literaturverzeichnis).

Dem Leser, der auch andere Stimmen hören möchte, seien zum Abschluss einige Titel empfohlen:

- Scheithauer 1980: der handliche, solide und informative Kommentar;
- Keller 1980: die konzentrierte, theoretisch anspruchsvolle und aspektreiche Interpretation;
- Zimmermann 1979: die erfrischend-anregende und provokative Lesart;
- Wiese 1983: die große heile Sichtweise;
- Koch 1966: der interessante religiöse Gegeneiferer;
- Kobligk 1982 und 1983: die versierte Zitatcollage und Aufarbeitung der Sekundärliteratur, insbesondere auch Requadts.

23 Abkündigung

Goethes *Faust* ist ein ärgerliches, ein brüchiges und widersprüchliches, ein inkonsequentes und konzeptionsloses, ein formloses, ein monströses, ein artifizielles und manieristisches, ein esoterisches, ein eigensinniges, ein mutwilliges und launenhaftes, ein geheimniskrämerisches, ein zeremonielles, ein wichtigtuerisches, ein behäbiges, ein blauäugiges und beschönigendes und ein amoralisches Werk.

Goethes *Faust* ist weise und philanthropisch, realistisch und illusionslos, subversiv, doppelbödig, schalkhaft und spielerisch, volkstümlich und majestätisch, tiefgründig, vielschichtig, reichgestaltig, inkalkulabel und inkommensurabel, virtuos und poetisch.

Goethes *Faust* lässt sich nicht auslesen, zu Recht ist er das Nationalheiligtum der deutschen Literatur.

Unterrichtshilfen

1 Didaktische Hinweise

Was geht heutige Schüler der *Faust* an?
Gegenwart ruht auf Fundamenten der Vergangenheit, und dieses Werk ist ein wesentlicher Baustein unserer kulturellen Tradition. Schon deshalb ist es für Schüler wichtig, sich mit diesem Klassiker vertraut zu machen. Unzählige Weiterführungen und Abwandlungen, Bezugnahmen und Anspielungen in Literatur und öffentlichem Leben bis hin zu sprichwörtlich gewordenen Sentenzen können erst richtig begriffen und eingeordnet werden, wenn man sich des Ursprungs bewusst ist.

Goethes Dichtung präsentiert sich zum anderen als ein Weltspiel, als ganzheitliche Erfassung des Menschenlebens und der Weltläufte. Wenn sich gerade sechzehn- bis zwanzigjährige Schüler – wie ich meine – in einem ›philosophischen Lebensalter‹ befinden, in dem die Fragen nach dem Sinn und den Gesetzmäßigkeiten des Lebens – mithin Fausts Frage nach demjenigen, **was die Welt / Im Innersten zusammenhält** – für Jugendliche drängend und vielleicht quälend werden, mag es nicht bedeutungslos sein, sich mit Goethes Versuch einer geistigen Durchdringung des Weltganzen auseinander zu setzen. Dabei soll die klassische Tradition nicht als starre, übermächtige Verbindlichkeit beschworen werden, sondern als Denkangebot; Klassiker sind unterrichtenswert nicht, weil sie überzeitlich gültige Antworten gegeben haben, sondern weil sie Fragen gestellt haben, die nicht erledigt sind – und weil sie diese Fragen in einer Form gestellt haben, die ästhetisch brilliert.

Schließlich erscheinen viele Momente der Faustdichtung ungebrochen aktuell: Ist nicht der ursprüngliche – enthusiastische und rebellische – Faust ein Urbild gerade jugendlichen Aufbegehrens? Spiegelt sich in Fausts Wissenschaftsskepsis nicht unser Unbehagen an den Grenzen des technokratischen Fortschritts? Gibt es nicht auch heute – der Magie vergleichbare – gefährdende Kompensationen des Ungenügens an traditionellen oder mangelnden Sinnstiftungsmöglichkeiten? Bleibt nicht das in der Gretchenhandlung durchscheinende Rollenverständnis – Hingabe, Aufopferung der Frau; Aufgabenorientiertheit, Unabhängigkeitsstreben des Mannes – ein fortbestehendes Problem? Erscheint nicht die Philemon-und-Baucis-Episode als Sinnbild für das Janusköpfige der industriellen Großprojekte? Im Unterricht kommt es vor allem auf diese Aktualisierung und auf den persönlichen Bezug sowie die eigene Stellungnahme zu den Frag-würdigkeiten des Textes an.

Hingegen hat es keinen pädagogisch-didaktischen Sinn, den *Faust* als einen sakralen Bildungshort zu verwalten und die Schüler mit abstrakten Wissensstoffen – angefangen von Platon über Plotin zu Leibniz und Swedenborg – zu überhäufen, wie dies in geradezu beängstigender Weise die *Stundenblätter* (Nawrath 1986) vorführen. Die Lust am *Faust* würde den Schülern mit Sicherheit ausgetrieben: **Encheiresin naturae nennt's die Chemie, / Spottet ihrer selbst und weiß nicht wie** (1940 f.). Gerade diese Lust aber ist es, die erweckt, gesteigert werden muss: nur sie erhält *Faust* lebendig, nur sie kann zu persönlich vertiefenden und erneuernden Begegnungen anstiften. Es ist ohnehin Illusion, das Werk in all seinen Bezügen auf ein Mal erhellen und vermitteln zu können; *Faust* ist niemals mit einer Lesung erledigt. Man muss dem Weltgedicht in periodischen Abständen wieder begegnen: erst dann wird man in dem gleichsam generativen Werk *Faust*, das sich mit Goethes Persönlichkeit verändert und fortentwickelt, auch den Spiegel der eigenen Lebensepochen erkennen.

Wegen der schwierigen gedanklichen Grundlagen, die gerade im Eingang der Dichtung gelegt werden, folgt der Unterrichtsverlauf einer schrittweisen Lektüre und Erarbeitung des Textes: Andernfalls könnten die Verständnisschwierigkeiten zu motivationalen Rückschlägen führen. Freilich kann der Lehrer auch die Gesamtlektüre voraussetzen und die jeweiligen Partien einer erneuten und vertiefenden Durcharbeitung empfehlen. Man wird auch häufiger die Handlung rekapitulieren lassen, um sich gemeinsam ins Bild bzw. in die Szene zu setzen, ohne dass dies hier im Einzelnen vermerkt werden kann. Ebenso wird man auch über die in der Unterrichtsfolge selbst vorgeschlagenen szenischen Interpretationen hinaus des Öfteren Abschnitte mit verteilten Rollen vorlesen lassen: Das wirkt auflockernd und erheiternd, das verstärkt die persönliche Konfrontation mit den dargebotenen Rollen/Denk- und Fühlweisen.

Die beiden eingesetzten Faustinszenierungen (Gustav Gründgens, Dieter Dorn) sind im Videofachhandel (Gründgens: Taurus-Video Nr. 1015; Dorn: Eurovideo Nr. 12 219) und z. T. über die Kreisbildstellen (Dorn: FWU Nr. 4 20 12 52) erhältlich.

2 Unterrichtssequenz

a) Referatsverteilung:

Folgende Kurzreferate werden im Verlauf des Unterrichts eingesetzt und sollten den betreffenden Schülern vor Beginn der Einheit überantwortet werden:

1. Eingesetzt im Additiv zur 2. Stunde:
   Das Volksbuch von 1587: Handlung, Formcharakter, Aussage.
   Material: Ausgabe Petzoldt 1981; ausgewählte Kapitel: 1–17, 33–36, 46, 49, 52, 54, 56, 64–68; unter Zuhilfenahme von *Kindlers Literatur Lexikon*.
2. Eingesetzt in der 10. Stunde:
   Goethes Beziehung zu Friederike Brion.
   Material: Friedenthal 1982, 88–99; Boerner 1979 (= rm 100), 33–36.
3. Eingesetzt ebenfalls in der 10. Stunde:
   Der Kindsmordprozess gegen Susanne Margaretha Brandt.
   Material: Birkner 1989 (= it 1190), insb. die Kap. 9–14.
4. Eingesetzt in der 1. Stunde zu *Faust II*:
   Das Handlungsgerüst von *Faust II*.
   Material: *Reclams Schauspielführer*, *Kindlers Literatur Lexikon*.

b) Aufbau der Unterrichtseinheit (Themenstichworte)

Grundkurs	Leistungskurs (Additive)
Faust I	
1. Motiv des Teufelsbundes	
2. **Vorspiel** als Dramenreflexion	
	Volksbuch und Faustgestalt im Zeitenumbruch
3. **Prolog** als himmlische Rahmenhandlung	
4. Fausts Existenzkrise	
5. Fausts **zwei Seelen**	
	Goethes Weltanschauung der Polarität
6. Pakt und Wette	
	Fausts Nihilismus
7. Hochschul- und Schulsatire	
8. Gesellschaftsdarstellung in der Gründgens- und der Dorn-Inszenierung	
9. Fragwürdige Beziehung Faust-Gretchen	
10. Autobiografische und historische Bezüge der Gretchenhandlung	
	Irrendes Streben und unbeirrtes Lieben
	Mephisto als Satiriker, Aufklärer, Zyniker
11. Offene Dramenform	
	Leitmotive und Versmaße
12. Walpurgisnacht: Gold und Geschlecht	
13. Abschließende Bewertungen	

Grundkurs	Leistungskurs (Additive)
Faust II	
	Heilschlaf des Vergessens und Regenbogengleichnis
1. Politischer Größenwahn und technische Gigantomanie	
2. Vieldeutigkeit des ›höchsten Augenblicks‹	
	Literaturgeschichtliche Stellung des Dramas
3. Heiterer Ausklang: Faust-Comic	

Verwendete Abkürzungen:

A	= Alternative	PA	= Partnerarbeit
GA	= Gruppenarbeit	PRO	= produktionsorientierte Aufgaben
HA	= Hausaufgabe	StA	= Stillarbeit
KRef	= Kurzreferat	TA	= Tafelanschrieb
LV	= Lehrervortrag	UG	= Unterrichtsgespräch

»Faust I«

Stunden	Thema	Didaktische Aspekte (Inhalte/Ziele)
1.	Verbreitung und Bedeutung des Teufelsbundmotivs (vgl. Kap. 1.1)	1. Bewusstwerden der kulturellen Präsenz des *Faust*. Austausch der Vorkenntnisse; Neugier auf den Dramentext erwecken 2. Persönliche Konfrontation mit dem Paktproblem: eigene Lebensinhalte, Glücksansprüche, Sinnverlangen 3. Tradition des Teufelsbundmotivs 4. Historischer Faust als Kristallisationskern der Sagenstoffe 5. Besonderheit faustischen Begehrens: Wissenstrieb
2.	Das **Vorspiel** als verschlüsselte Selbstcharakterisierung des Dramas (vgl. Kap. 3)	1. **Vorspiel** als Selbstreflexion des Dramas: Produktion, Inszenierung, Rezeption 2. Beziehung dieser dichtungstheoretischen Aussagen zu einem Selbstzeugnis Goethes 3. Langwierige Entstehungsgeschichte mit Selbstkorrekturen und Konzeptionsüberlagerungen

Additum LK (1 Stunde)

Stunden	Thema	Didaktische Aspekte (Inhalte/Ziele)
	Funktion des Volksbuches – Faust als symptomatische Gestalt des Zeitenumbruchs (vgl. Kap. 1.2)	1. Mahnend-warnender Charakter des Volksbuches 2. Vergleich zum Faustdrama (**Vorspiel**) 3. Faust als symbolische Gestalt der Wende vom Mittelalter zur Neuzeit

Methodische Realisierung/ Verlauf	Hausaufgabe
1. UG: Kennen Sie folgende redensartliche Wendungen? Sinn, Bedeutung? – *Gretchenfrage*, **Zwei Seelen wohnen, ach! in meiner Brust, Die Botschaft hör' ich wohl, allein mir fehlt der Glaube** u. a. 2. StA: Vorausgesetzt Sie akzeptierten einen Teufelspakt; was würden Sie sich wünschen? 3. UG: Was wissen Sie von Teufelsbundgeschichten; was fordern die Paktierenden im Gegenzug zur Seelenverschreibung? (Reichtum, Macht, Ruhm, Liebeslust …) UG: Warum ist der Teufelspakt ein so attraktives literarisches Motiv? Symbolische Bedeutung? (Widerspruch Egoismus – Menschlichkeit, Lust – Moral; spektakuläre Gestalten: Außenseiter, Normbrecher.) 4. Kurzer LV über den historischen Faust (nach S. 13). 5. Lesen von Mat. 1.– UG: Charakterisieren Sie den Volksbuch-Faust und seine Paktforderung. (Forschen und Fragen hat Vorrang vor anderen Verlangen.) UG: Was hat Erkenntnisstreben mit **Fürwitz** und **Leichtfertigkeit** zu tun? (Abstandnahme von Aberglauben und Bibelbuchstäblichkeit, geistiges Mündigwerden.)	Lesen des **Vorspiels auf dem Theater.** Wesen und Funktion eines Theaterstückes – arbeitsteilige Gruppen: Haltung des Dichters, Direktors, der Lustigen Person, des Publikums (in der Darstellung des Direktors).
1. Auswertung der HA; Bündelung im Tafelbild nach Tabelle von S. 38 2. Lesen von Mat. 3.– UG: Positive Beschreibungen seiner Dichtung? (Lebensfülle hat Vorrang vor Idee, Botschaft.) Parallelen zu den Positionen des **Vorspiels**? (Lustige Person, Direktor: Eindrucksvielfalt; Dichter: Gefühlsveredelung, Wertbewahrung) 3. LV über Entstehung und lebensgeschichtliche Bedeutung des FAUST – nach Kap. 1.4. (Damit Erklärung des **inkommensurablen** Charakters und Vorbereitung auf Offenheiten und Unstetigkeiten des Dramas.)	Lesen von Hiob 1, 6–22 und **Prolog im Himmel**. Gemeinsamkeiten und Unterschiede: Handlung, Verhältnis Gott – Teufel, Wertesystem des Herrn, Charakterisierung des Gottesknechts.

Methodische Realisierung/ Verlauf	Hausaufgabe
1. KRef zum Volksbuch. (Metaphysische Fragen neben banalen Schwänken; christliche Beteuerung und versteckte Wissenslust.) Lesen von Mat. 2 (Titelblatt). UG: Funktion des Volksbuches in Bezug auf den Leser? 2. UG: Hat Goethes Drama ebenfalls eine moralische Aufgabe? (Kein Bessern und Belehren, kein Warnen und Abschrecken – nur wertneutrale Formung der Lebenswahrheit: **Viel Irrtum und ein Fünkchen Wahrheit**, 171.) 3. Auswertung der HA. (Geistige Umorientierung von Gott / Jenseits auf Mensch / Diesseits, Erfahrungswissenschaft, Erfindungen, Entdeckungen usw.) UG: Inwiefern könnte Faust als bezeich-	Zur Vorbereitung der Stunde: Nachschlagen (Lexika, Geschichtsbücher): Begriff Neuzeit (Humanismus, Renaissance). Worin besteht Wende vom Mittelalter zur Neuzeit?

Stunden	Thema	Didaktische Aspekte (Inhalte/Ziele)
3.	Der **Prolog** als himmlische Rahmenhandlung und das Theodizeeproblem (vgl. Kap. 4.2–4.4)	1. Das Modell Hiob – Goethes eigentümliche Version 2. Weltbilder des Herrn und Mephistos 3. **Prolog** als himmlische Rahmenhandlung, als metaphysische Leseanweisung

Methodische Realisierung/ Verlauf	Hausaufgabe
nende Gestalt dieses Zeitenumbruchs aufgefasst werden? (Züge des neuzeitl. Menschen: Wissensdrang unter Befreiung von religiösen Vorurteilen. Aus der Sicht des Mittelalters: Frevler, Grenzüberschreiter.)	
1. Auswertung der HA; Festhalten im Tafelbild (s.u.). UG, evtl. auch in Kooperation mit dem Religionsunterricht: Tiefere Bedeutung des Buches Hiob? (Ziel Satans: Glaubensabfall durch unverdientes Unglück. Dahinter stehend Theodizeeproblem: Ursprung, Sinn des frei waltenden Leids / Bösen in der Welt; Vereinbarkeit mit Glauben an Güte, Gerechtigkeit, Allmacht Gottes.)	Lesen von V. 354–521 (Eingangsmonolog). Fausts Erkenntnis- und Existenzkrise – Fausts Sehnsüchte (Stichworte).

TA:

	Buch Hiob	Prolog im Himmel
gemeinsam	Treffen Gott – Teufel Hiob/Faust als Gottesknecht und als Prüfstein der Menschenbilder Erlaubnis zur Versuchung des Knechts (Scheinwette)	
unterschiedlich	ungeklärtes Verhältnis Gott – Satan, doch als Gegnerschaft mit eigenmächtiger Handlungskompetenz des Bösen zu unterstellen	Mephisto als Werkzeug Gottes mit positiver Funktion (schalkhafter Schrittmacher des Menschen)
	positive Werte: Frommheit, das Gute (religiös, moralisch: Unterordnung, Gebotstreue)	pos. Werte: Klarheit, Wachstum, dunkler Drang/Streben, Tätigkeit (säkularisiert, aufklärerisch: Entwicklung, Selbstverwirklichung)
	Hiob: gottesfürchtig, rechtschaffen, gebotstreu	Faust: unbefriedigt, in Verworrenheit und Irrtum befangen; zerrissene und unbedingte Ansprüche an das Geistig-Religiöse und an das Sinnlich-Irdische (kein traditioneller Gottesknecht!)
	(später, nach Besprechung der Paktszene:) Versuchung durch Unglück/Leid; Sünde: Gottesabfall	Versuchung durch Freude/Genuss; Sünde: Trägheit, Stillstand

2. PA: Bild der Welt und des Menschen im **Prolog**; Bündelung im Tafelbild nach Tabelle von S 41.
3. UG: Warum lässt Goethe nicht gleich die Erdenhandlung beginnen; welche Funktion hat die Himmelshandlung? (Rahmenhandlung als Verständnishorizont der Binnenhandlung, hier: Theodizeeproblem, Faust Exemplum/Repräsentant einer sinnvollen Schöpfung; Einzelschicksal ins Welt-/Seinsganze eingeordnet.)

Stunden	Thema	Didaktische Aspekte (Inhalte/Ziele)
4.	Fausts Erkenntnis- und Existenzkrise und die Aktualität des Daseinszweifels (vgl. Kap. 7)	1. Fausts Lebenskrise 2. Problematisierung: Wissenschaft und Sinnfrage, Wissen und Glauben, Verstand und Herz 3. Fausts Sehnsüchte 4. Aktualität der Wissenschaftsskepsis 5. Erweiterte Übertragbarkeit, persönliche Betroffenheit 6. Kreatives Schreiben: Ein aktualisierter Eingangsmonolog
5.	Fausts **zwei Seelen** – Die Duplizität der menschlichen Natur (vgl. Kap. 5.3)	1. Rationalist Wagner als Gegensatzgestalt zum Pansophen Faust 2. Fausts **zwei Seelen** – Geist und Trieb, Göttliches und Physisches 3. Problematisierung: Der Mensch – Kleiner Gott oder tierischer als jedes Tier? 4. Mephisto als Verkörperung der ›einen Seele‹

Methodische Realisierung/ Verlauf	Hausaufgabe
1. Auswertung der HA; Bündelung im Tafelbild nach Tabelle von S. 59 2. UG: Was suchte Faust auf dem Wege der Wissenschaft, woher rührt seine grundsätzliche Enttäuschung? (Weltgrund, Wertorientierung, Lebenssinn – keine rationale Einzelerkenntnis oder enzyklopädische Gelehrsamkeit.) 3. Auswertung der HA. UG: Welche Verlangen sind es, die von der Wissenschaft nicht erfüllt werden können? (Mystische, religiöse Bedürfnisse.) 4. GA 1: Ist Fausts Ungenügen an der Wissenschaft überholt? (Eher verschärft; nicht nur mangelnde Sinnstiftung, sondern oft Auseinanderklaffen von Rationalität und Humanität, Wissenschaft und Verantwortung: Umweltbedrohung, Rüstungswahn, Apparatemedizin usw.) 5. GA 2: Können Sie sich in Fausts existenzielle Krise einfühlen, könnte es heute ähnliche Daseinszweifel geben? (Ausbruchssehnsüchte gegenüber konventionellen Lebensformen; Überdruss an Lebensorientierungen Leistung, Konsum; Sehnsucht nach Sinn, Wert, ganzheitlicher Erfahrung u.Ä.). UG: Sehen Sie Übertragungsmöglichkeiten für Fausts Versuch, durch Magie einen Ausweg aus der Krise zu finden? (Drogen, Okkultismus, Sekten, fernöstliche Mystik u.Ä.) 6. StA/PRO: Ein heutiger Schüler (Student, Wissenschaftler) spricht einen Eingangsmonolog der Lebenskrise, des Daseinsekels.	Lesen von V. 522–1529. Gegenüberstellende Charakterisierung: Die Gelehrtentypen Faust und Wagner.
1. Auswertung HA; Zusammenfassung im Tafelbild nach Tabelle von S. 116. UG: Welcher Typus steht der modernen Wissenschaft näher? (Fortschrittsbegeisterter Wagner; Fausts Typus in Formen alternativer Wissenschaft: Heilpraktiker vs. Schulmediziner.) 2. Vorlesen V. 1110–17 und Parallelstelle V. 300–307. UG: Welches existenzielle, in Philosophie und Religion vielfach umkreiste Problem verbirgt sich hinter der Metaphorik? Tafelbild zum Leib-Seele-Dualismus (vgl. die verschiedenen Umschreibungen in Kap. 5.3). 3. GA: **Er nennt's Vernunft und braucht's allein, / Nur tierischer als jedes Tier zu sein** (285 f.). Was meint Mephisto mit dieser Unterstellung; erscheint sie Ihnen triftig? (Einsatz der Ratio für egoistische und triebhafte Zwecke, vgl. Bsp. auf S. 110 – Gegenbeispiele des Altruismus, der Caritas, des sozialen Engagements …) 4. Lesen von V. 1335–44 und Mat. 4, Punkt 5 und 6. UG: Mephisto scheint die eine Wesenskomponente Fausts – Triebhaftes, **Sünde** – zu vertreten. In welchem Verhältnis stehen bei Goethe **Gutes** und **Böses**, Göttliches und Mephistophelisches? (Mephisto als zugelassenes, notwendiges Werkzeug des Herrn – Rekurs auf 3. Std., Vergleich mit Hiob. **Böses** befördert indirekt **Gutes**, vgl. 1335 f.)	Lesen von V. 1530–1867 (**Studierzimmer II** bis Universitätssatire). PRO: Vertragswerk zu Pakt und Wette aufsetzen, aus dem Bedingungen, Rechte und Pflichten jeder Seite unmissverständlich hervorgehen (ausgehend von V. 1656–1775, unter Vernachlässigung der dunklen Passage von V. 1675–87).

Additum LK (1 Stunde)

Stunden	Thema	Didaktische Aspekte (Inhalte/Ziele)
	Goethes Weltanschauung der Polarität und Mephisto als polares Prinzip (vgl. Kap. 4.5, 5)	1. Goethes Polaritätsgedanke und die Legitimation des Antithetischen, Negativen, Mephistophelischen 2. Das Mephistophelische: Die Vielfalt der Wesens- und Funktionsbeschreibungen 3. Goethes Tätigkeitsreligion und ihr Niederschlag im Drama
6.	Pakt und Wette (vgl. Kap. 8)	1. Pakt und Wette – juristisch dingfest gemacht 2. Verhältnis des irdischen Paktes zur himmlischen Streitfrage 3. Problematisierung: Die scheinbare Diskrepanz zwischen Mephistos subjektiver Intention und objektiver Funktion (vgl. Kap. 8.2) 4. Problematisierung: Das Zweifelhafte an Fausts Verleugnung eines erfüllten irdischen Augenblicks (vgl. S. 75 f. und Kap. 8.4)

Methodische Realisierung/ Verlauf	**Hausaufgabe**
1. Lesen von Mat. 4.– UG: Ist das nicht eine Verharmlosung des Bösen und eine Bagatellisierung des Problems von Verantwortung und Schuld in der Welt? (Ernst zu nehmender Einwand; Goethe sieht eher das Faktische, zielt nicht auf praktische Konsequenzen – etwa die Konzession zu amoralischem Verhalten.) 2. GA (Textbezug: **Prolog** und **Studierzimmer I**): Zentrale Begriffe zur Charakterisierung Mephistos in Selbstvorstellung und Fremdaussage. (Sammlung im Tafelbild nach S. 50; Zuordnung der polaren Gegenbegriffe des göttlichen Prinzips im UG.) UG: Wie verstehen Sie Mephistos merkwürdige Aussage, er sei **ein Teil von jener Kraft, / Die stets das Böse will und stets das Gute schafft** (1335 f.)? (Mephisto keine seelisch stimmige Person; Widersprüche siehe S. 28. Beschreibt seine objektive Funktion als notwendiges polares Prinzip, als Schrittmacher des Menschen.) 3. Lehrer verliest zwei (auf S. 43 f. zitierte) Äußerungen Goethes, die den Anspruch auf Unsterblichkeit aus unermüdlicher Aktivität ableiten. UG: Weisen Sie die Spuren dieser Privatreligion im Fausttext nach. (Mensch zur Tätigkeit bestimmt: 340; Faust erhofft im Jenseits weiter Stufen **reiner Tätigkeit**: 705; Bibelübersetzung: **Im Anfang war die Tat!**: 1237 – und später: **Wer immer strebend sich bemüht, / Den können wir erlösen**: 11 936 f.)	
1. Vorspielen der Hörspielfassung (Schallplatte) der Gründgens-Inszenierung; Textpartie 1530–1867 oder, verkürzt, 1656–1775 (Motivierung, erneuerte Aufmerksamkeit). Auswertung der HA in GA: Diskussion, Konsensbildung. Bündelung im Plenum, Tafelanschrieb nach Modell von S. 77. 2. UG: Sehen Sie eine Beziehung zwischen dem polaren Menschenbild des Herrn und den polaren Gegenbegriffen des Pakts? (Tätigkeit – Trägheit, Streben – Genuss.) 3. UG: Kein Widerspruch zwischen Mephistos Wollen – Lahmlegen im Genuss – und Müssen – Aufreizen von Tätigkeit? (Schüler erörtern Lösungsvorschläge: Ungenügen, Sättigung, Überdruss am Genuss macht geistig-soziale Bedürfnisse erst eigentlich bewusst.) 4. UG: Warum eigentlich ist Genuss ›Betrug‹ und Selbstgefallen ›Lüge‹ (vgl. 1694 ff.)? Warum will Faust sterben, wenn er nur *einen* seligen Moment auf Erden erlebt? (Erörterung der vielschichtigen Problematik: Entwertung menschlichen Daseins vor dem Hintergrund titanischer Ansprüche – aber auch Fausts Leiden an der Unvollkommenheit, Begrenztheit alles Menschlich-Irdischen.)	Lesen von V. 1868–2072 (Universitätssatire). Kritik an jeder Fakultät zusammenfassen.

Additum LK (1 Stunde)

Stunden	Thema	Didaktische Aspekte (Inhalte/Ziele)
	Fausts Nihilismus: Fluch und absurder Wunschkatalog (**Speise, die nicht sättigt**; vgl. Kap. 8.4)	1. Der nihilistische Fluch 2. Der absurde Wunschkatalog: die Verhöhnung allen Wünschens 3. **Hohes Streben** – Vermessenheit oder Gottessehnsucht?

Methodische Realisierung/ Verlauf	Hausaufgabe
1. PA (Textbezug: 1583–1606): Was verachtet und entwertet Faust am Tiefpunkt seines Daseinsekels? (Bündelung in folgendem TA: Fluch: Selbstbewusstsein des menschlichen Geistes; Sinnenfreude; Wunschvorstellungen, Visionen; Ansehen, Berühmtheit; Besitz, Reichtum; Familie; Liebe, Gottesliebe; Hoffnung, Glaube, Geduld. Alles positiv Erlebbare ist nur betrügerische – ans Leben bindende – Illusion: absoluter Nihilismus.) 2. PA (Textbezug: 1675–85): Trotz der absoluten Wertverneinung richtet Faust einen eigenartigen Wunschkatalog an Mephisto. Der gedankliche Bezug zwischen der abwertenden Frage **Was willst du armer Teufel geben**? und der entgegensetzenden Fortführung **Doch hast du …?** ist nicht eindeutig; der verknüpfende Gedanke scheint ausgespart. Welche Einfügungen oder Fortführungen sind denkbar, um den logischen Zusammenhang der gesamten Passage zu klären? (Antwortaspekte siehe S. 77 ff. Deutungstendenz: Faust nennt keine Sehnsuchtsziele, sondern nimmt sarkastisch das Ergebnis jeglichen ernsthaften Wünschens vorweg: Es liefe auf Nichtigkeit hinaus.) 3. UG: Bewerten Sie Fausts **hohes Streben** vor dem Hintergrund des Fluches, des ›Wunsch‹-Kataloges, der Wettbedingung **Werd ich zum Augenblicke sagen** […] sowie seines Verhältnisses zum Göttlichen (vgl. dazu 439, 516, 614–622, 652, 713). (Züge der Selbstüberhebung, des Trachtens nach Gottgleichheit, der titanischen Verachtung des Menschenloses – oder Sehnsucht nach dem Unendlichen im Endlichen, dem Göttlichen im Irdischen.)	

Stunden	Thema	Didaktische Aspekte (Inhalte/Ziele)
7.	Hochschul- und Schulsatire: Sinn und Unsinn von Lehren und Lernen (vgl. S. 110 und S. 152 f.)	1. Mephistos Wissenschaftskritik 2. Kreatives Schreiben: Schulfachkritik
8.	Volk und Studentenschaft: Gesellschaftsdarstellung in der Gründgens- und der Dorn-Inszenierung	1. **Auerbachs Keller** als erste Station der Weltfahrt 2.a (Wenn möglich:) Vergleich der Szenen **Vor dem Tor** und **Auerbachs Keller** in der Hamburger Inszenierung von Gustav Gründgens (1957) und der Münchner Inszenierung von Dieter Dorn (1987)

Methodische Realisierung/ Verlauf	Hausaufgabe
1. Auswertung der HA: Bündelung im TA (s.u.). Diskussion der (aktuellen) Berechtigung.	Lesen von V. 2073–2604 (**Auerbachs Keller** und **Hexenküche**). Charakterisierung der Studenten und – im Vergleich – des Volkes **Vor dem Tor.**

TA:
Hochschulsatire

Disziplin	Kritik
Logik	dressiert Geist und zwängt ihn ein, treibt Kreativität aus; verkompliziert das Selbstverständliche
Philosophie	zerstückelt die lebendigen und geistigen Zusammenhänge
Metaphysik	spekuliert tiefsinnig über Dinge, die vor dem Verstand keinen Bestand haben; verdeckt mit sprachlicher Schaumschlägerei die mangelnde Substanz
Jurisprudenz	zeugt überalterte und überholte Gesetze fort, kennt kein zeitgemäßes Recht; verkehrt durch ihren Konservatismus ehemals Sinnvolles in nunmehr Unsinniges
Theologie	viele gefährliche Irrlehren, verführt zum Dogmatismus; überspielt wie Metaphysik mit Wortgeraune die inhaltliche Hohlheit
Medizin	alle scheinbare Wissenschaft letztlich fruchtlos, muss doch das Schicksal walten lassen; schlägt unter dem Deckmantel medizinischer Untersuchung erotischen Lustgewinn heraus (dem Schüler als Verführungsmoment offeriert)

2. PA/PRO: Ein Schüler wendet sich an den Oberstufenkoordinator wegen der bevorstehenden Kurswahl. Satirische Charakterisierung der Fächer durch den Koordinator – Mephisto.

Methodische Realisierung/ Verlauf	Hausaufgabe
1. UG: Welche Funktion hat der Weinkeller in Mephistos Strategie – gelingt der Plan? (Alkoholisierte Gesellschaft als Versuchung; Faust bleibt ungerührt.) Auswertung der HA. (Studenten roh, zotig, streitlustig, chauvinistisch usf.; Volksstände zeigen ähnliche Ansätze, doch harmloser, liebenswerter.) 2.a Gegenüberstellende Videovorführung der beiden Szenen. UG: Regiekonzept, Aussagetendenz? (Gründgens unterschlägt die kritischen Töne der Gesellschaftsdarstellung – vgl. dazu Kap. 12.2, 12.3, 12.6; Dorn treibt die Sozialsatire grell hervor. **Tor:** Gründgens zeigt nur Schäfer und Bauern; treuherzig, harmlos – Dorn lässt Schäfer weg und zeigt Studenten, Bürgermädchen, Philister	Lesen von V. 2605–4612, unter Aussparung von **Walpurgisnacht** und **Walpurgisnachtstraum.** Was fasziniert Faust an Gretchen, was fasziniert Gretchen an Faust?

Stunden	Thema	Didaktische Aspekte (Inhalte/Ziele)
8.		2.b (A) Kreatives Schreiben und szenische Darstellung: **Auerbachs Disco** 3. **Hexenküche** als Handlungsmoment (Vernachlässigung der satirischen Elemente)
9.	Die fragwürdige Beziehung zwischen Faust und Gretchen (vgl. Kap. 9.2 und Kap. 10)	1. Problematisierung der Beziehung: Begierde und Liebe, Authentizität und Selbsttäuschung, Selbstbezogenheit und Verantwortung 2. Gründe des Scheiterns der Beziehung

Methodische Realisierung/ Verlauf	Hausaufgabe
und Soldaten; lüstern, zynisch, borniert, reaktionär. **Keller**: Studenten bei Gründgens tölpelhaft, dummdreist – bei Dorn stumpfsinnig, verkommen, animalisch, bestialisch.) UG: Stil, Darstellungsmittel? (Gründgens: Karge, stilisierte Ausstattung, ›realistische‹ Spielweise, idealisierende Typisierung; Dorn: satirische Überzeichnung, groteske Verzerrung, popartige Effekte: Musik, Farbdramaturgie, grelle Schminke, marionettenhafte Choreografie.) 2.b (A) GA/PRO: Schüler schreiben eine aktualisierte Fassung der Szene **Auerbachs Keller** – möglichst in gereimten Versen (Knittel o. a.). Inhaltliche Eckdaten: Gruppe Jugendlicher im Disko-Smalltalk, Eintritt stadtfremder junger Leute, gegenseitiges Frotzeln über die Jugendszene des anderen Ortes (Cliquen/Trendgroups, Mode/Musik, Treffs/Kneipen, Aktivitäten/politisches Engagement), evtl. aggressive Eskalation. Die selbst geschriebene Szene sollte einstudiert und szenisch vorgeführt werden (dafür ist freilich eine Zusatzstunde einzuräumen). 3. UG: Funktion der **Hexenküche**? (Fausts Verjüngung aus Plausibilitätsgründen nötig; Lenkung auf die zweite Versuchungsebene, die geschlechtliche Liebe: Helena und Gretchen als **Helenen in jedem Weibe**, 2604)	
1. Auswertung der HA. Vertiefende Aufträge für parallele Arbeitsgruppen (Szenenhinweise nach Inhaltsübersicht von Kap. 2). GA 1 (Textbezug: Szenen 10a, 15, 16a, 19a, 28): Verstehen sich Faust und Gretchen oder reden sie aneinander vorbei? Verbindet beide eine erkennende oder eine blinde Liebe? GA 2 (Szenen 11a, 11d, 13, 16b, 18, 20): Ist Gretchen nur von Fausts Ausstrahlung eines Edelmannes (vgl. 2681) betört? Wird Gretchen vom Gold verführt? GA 3 (Szenen 11b, 17a): Ist Faust nur von Begierde getrieben? Handelt Faust egoistisch? GA 4 (Szenen 10b, 11c, 12, 14, 17b, 19b, 22, 26): Handelt Faust aus eigenem Antrieb oder wird er von Mephisto verführt? Wie stehen sich Fausts Selbstsicht und Mephistos Ansicht der Beziehung zu Gretchen gegenüber? 2. UG: Warum ist Faust treulos? Woran scheitert die Beziehung? (Zusammenstürzen der Idealisierung? Sättigung? Bindungsangst? Persönlichkeitsgesetz des ewig Unbefriedigten? Weiterer Erfahrungsdrang? …)	PRO: Gretchen wird zur Feministin: Eine Anklagerede an Faust (Kreatives Schreiben).

Stunden	Thema	Didaktische Aspekte (Inhalte/Ziele)
10.	Autobiografische und historische Bezüge der Gretchenhandlung	1. Gretchens ungehaltene Anklagerede 2. Gretchens sozialer Leidensweg 3.a Szenische Interpretation der Begegnung Faust – Gretchen 3.b (A): Gretchenhandlung als literarische Verarbeitung der abgebrochenen Beziehung zu Friederike Brion 3.c (A): Die Kindesmörderin Susanna Margaretha (!) Brandt als Modell und Mit-Auslösefaktor

Methodische Realisierung/ Verlauf	Hausaufgabe
1. Beispiele der HA. 2. UG: Stufen von Gretchens Weg in die Verlassenheit. (Vom Geliebten im Stich gelassen, vom Bruder verhetzt, von Kirche und Nachbarschaft geächtet.) UG: Was führt Gretchens Tragödie herbei? (Gesellschaftliche Gründe: Moral lässt Sexualität und Mutterschaft nur in der Ehe zu; Ächtungsrituale.) UG: Ist Gretchens Tragödie unabdingbar? Wie würde sich Gretchen heute verhalten? 3.a GA/PRO: Die Annäherung zwischen Faust und Gretchen, also die für Schüler interessante und wichtige Beziehungsproblematik, sollte szenisch erlebt, erprobt, in Varianten durchgespielt werden. Günstig wäre es, die szenische Arbeit im Videofilm aufzuzeichnen. Grundlage sind die Verse 2605–2618, 2678–2683, 3073–3216, 3413–1520, evtl. in Auswahl. Anregungen für die szenische Interpretation: – Schüler schreiben Rollentexte für die einzelnen Figuren: In welcher Situation befinde ich mich? Was will ich erreichen? Wie fühle ich mich? Was halte ich von meinem Gegenüber? – Schüler sprechen diese Rollentexte als inneren Monolog, bevor sie den Fausttext als Leserollen szenisch darstellen. – Schüler erproben unterschiedliche Rollenbesetzung und Sprechweisen, Gebärden und Mimik, Stellung und Bewegung der Figuren. Mitschüler beobachten, bewerten, machen Verbesserungsvorschläge, springen selbst in die Rolle ein. In der Videoaufzeichnung erleben sich die Darstellenden aus der Distanz, von außen. – Schüler lösen sich vom Goethetext, übertragen die Konstellation in ihre Sprache, ihre Welt, ihren Problemhorizont (Wie könnte die Gretchenfrage heute lauten? Welche Art von anrüchiger Gesellschaft könnte Mephisto heute repräsentieren? Welche Wesensverschiedenheit zwischen Mann und Frau würde sich heute äußern?). 3.b (A): KRef zu Goethes Friederiken-Erlebnis. UG: Funktion der literarischen Verarbeitung? (Auseinandersetzung mit Schuldgefühlen; Erklärung, Entschuldigung eigenen Verhaltens …) 3.c (A): KRef zum Kindsmordprozess, Frankfurt 1771–1772. UG: Parallelen zur Gretchenhandlung? Modell des dichterischen Kreationsprozesses? (Zusammentreffen eigener und miterlebter Erfahrung – wie beim *Werther*; dort Charlotte Buff und Karl Wilhelm Jerusalem. Im Miterleben begegnet das, was Goethe beinahe selbst passiert wäre; darin liegt die Affinität, die eine dichterische Verschmelzung zulässt.)	Erarbeiten der Übersicht **Geschlossene und offene Dramenform** (S. 132 f.). Aushändigen der Handlungsübersicht von Kap. 2: Welche Momente der Gretchenhandlung werden direkt dargestellt, welche nur indirekt vermittelt?

Additum LK (1 Stunde)

Stunden	Thema	Didaktische Aspekte (Inhalte/Ziele)
	Gelehrtentragödie und Gretchentragödie: Irrendes Streben und unbeirrtes Lieben (vgl. Kap. 10.1 und 10.2)	1. Faust und Gretchen: zwei Wege der Erlösung 2. Polarität Faust-Gretchen und Gretchen-Mephisto 3. Gretchenepisode in Mephistos Kalkül (vgl. Kap. 9.2)

Methodische Realisierung/ Verlauf	Hausaufgabe
1. UG: Nach **Prolog** (vgl. 317, 340) und Wette (vgl. 1676, 1742) scheint Erlösungsweg des Menschen über sein **Streben**, seine **Tätigkeit** zu führen. Wie verstehen Sie dieses **Streben** konkret? (Streben nach göttlicher Offenbarung, Einheit mit der Natur, Welterkenntnis, Persönlichkeitsentfaltung, Erfahrungserweiterung, sinnvoller, sozial nützlicher Arbeit ...)	Zur Vorbereitung der Stunde: Lesen von Mat. 5. Zentrale Thesen Thomas Manns zusammenfassen.

UG: **Wer immer strebend sich bemüht, / Den können wir erlösen** (11 936 f.) – Ist diese Formel auch auf Gretchen übertragbar, die ja auch gerettet wird? (Andere Formel des Erlösungsweges – **Lieben**: Aufopferung für das Geschwisterchen; uneigennützige, auch die Skepsis – Gretchenfrage – und das Grauen – vgl. 4610 ff. – überwindende Liebe zu Faust.) Heranziehen der HA: Gretchen zur Verkörperung der Liebe stilisiert.

2. PA: **Faust und Gretchen sind Polarität, die sich anzieht, sie und Mephistopheles sind Gegensätze, die sich fliehen** (S. 101). Erläutern Sie diese These. TA s.u.

TA:
Figurenpolaritäten im *Faust*

Faust	Gretchen
›Verselbstigung‹: Streben, Selbstbezogenheit, unbehaust, zwiespältig, unbefriedigt, ›männlich‹	›Entselbstigung‹: Liebe, Hingabe, gemeinschaftsgebunden, selbstidentisch, zufrieden, ›weiblich‹
Mephisto	**Gretchen**
Trieb, Eigeninteresse, Gefühllosigkeit, Kälte	Liebe, Nächstenliebe, Anteilnahme, Wärme

3. GA: Funktion Gretchens in Mephistos Plan? Gelingt der Plan? (**Faulbett** des libertinären erotischen Genusses – oder einer trägen Ehe; Vereitelung durch ›Gefahr‹ authentischer Liebe, daher Schuldverstrickung und Hintertreibung nötig ...)

Additum LK (1 Stunde)

Stunden	Thema	Didaktische Aspekte (Inhalte/Ziele)
	Mephisto: Satiriker, Aufklärer, Zyniker (vgl. Kap. 11)	1. Satirische Kritik als Teilmoment des Prinzips der Verneinung 2. Das Schwanken von Mephistos Aktivität zwischen Aufklärung und Zynismus
11.	Formaspekte I: Offene Dramenform, Spiegelung, Konfiguration (vgl. Kap. 16 und 18)	1. Das Ganze in Ausschnitten: die Aussparungstechnik 2. Spiegelung und Konfiguration

Methodische Realisierung/ Verlauf	Hausaufgabe
1. UG: Der Herr bezeichnet Mephisto als **Schalk** (339). Wie verstehen Sie diese Bezeichnung – und wie verträgt sich diese Rolle mit Mephistos übrigen Funktionen? (Hofnarr, Ironiker, Kritiker: Prinzip des Widerspruchs. Stachel der Kritik wirkt der Selbstzufriedenheit und -behäbigkeit entgegen: Aufstachelung zur Tätigkeit.) 2. GA: Mephisto verkörpert ja auch das Prinzip der Zerstörung. Ist es also eine destruktive Kritik, die er leistet? (Schüler suchen Beispiele von Mephistos satirischer Aktivität heraus – aufgeführt in Kap. 11 – und überprüfen deren Berechtigung. Ein Spektrum von kaltem Sarkasmus und zerstörerischer Ironie bis hin zu berechtigter Entschleierung und Entlarvung wird sichtbar.)	
1. Auswertung der HA. (Ausgespart: Liebesnacht/-nächte, Sterben der Mutter, Tötung des Kindes, Gefangennahme, Prozess, Hinrichtung; große Zeitsprünge zwischen Szenen 19 und 20 – Liebesnacht und Schwangerschaft – und 23 und 26 – letzte angestrebte Begegnung und Kerker.) UG: Sinn der Aussparung? (Verlagerung von äußeren, spektakulären Handlungsmomenten auf innere, seelische Vorgänge sowie von behäbiger Breite und Überdeutlichkeit auf Herausforderungen an den Leser zum Mitdenken und Ausgestalten.) 2. UG: Wie bekommt der Leser überhaupt mit, dass eine Liebesnacht stattgefunden hat und dass Gretchen schwanger ist? (Von Lieschen mitgeteiltes Schicksal Bärbels als Spiegelung und Vorausdeutung.) GA 1: Stellen Sie Gretchen und Marthe charakterisierend gegenüber. Welche Funktion hat der doppelte Paarreigen (Faust-Gretchen, Marthe-Mephisto) im Garten? (Frauenfiguren als Gegensätze, Reigen als erhellend-kontrastierende Konfiguration: Wahrhaftigkeit gegen Berechnung, Unbefangenheit gegen Abgefeimtheit.) GA 2: Welchen Sinn haben die Dreierkonstellationen Dichter-Direktor-Lustige Person und Faust-Wagner-Schüler? (Spektrische Konfiguration: drei Meinungen zur Funktion des Dramas, drei Einstellungen zur Wissenschaft: vgl. S. 142 f.)	Lesen von V. 3835–4222 (**Walpurgisnacht**); V. 4223–4398 freigestellt (**Walpurgisnachtstraum**). Stellenwert der Walpurgisnacht in Mephistos Versuchungsprogramm? Aushändigen der Abbildung Mat. 7, vorbereitende Betrachtung.

Additum LK (1 Stunde)

Stunden	Thema	Didaktische Aspekte (Inhalte/Ziele)
	Formaspekte II: Leitmotive und Versformen (vgl. Kap. 19.1, 19.2 und Kap. 20)	1. Bedeutungshorizont zweier ausgewählter Leitmotive: Quelle und Staub, Wort und Gefühl 2. Gehalt der Versformen: exemplarische Untersuchungen
12.	Walpurgisnacht und ausgesparte Satansmesse: Gold und Geschlecht (vgl. Kap. 9.3)	1. Die Versuchung des Geschlechtsrausches 2. Desillusionierung und Gewissen: rotes Mäuschen und Gretchenvision 3. Geplante Satansmesse: Geschlechts- und Geldgier als Triebräder der Welt 4. Selbstzensur oder konzeptionelle Bedenken? 5.a Die Verbindung von **Dom** und **Walpurgisnacht**: Der Kleinbürger als Dämon (Dieter Dorns Inszenierung) 5.b (A): Gemeinsame Bildbetrachtung Walpurgisnacht (Mat. 7)

Methodische Realisierung/ Verlauf	Hausaufgabe
1. Auswertung der HA. (Urquell Gott; Natur als Brust, aus der Leben quillt; Strom der Empfindung usw.; dagegen das trockene Schleichertum des Verstandes- und Büchermenschen. – Gefühlswahrheit jenseits sprachlicher Ausdrucksmöglichkeiten; Leidenschaft nicht in sprachliche Rubriken zu zwängen; geschriebene, fixierte Sprache als ertöteter Geist, ausgetriebenes Leben usf.) 2. Aushändigen der Übersicht und Erklärung **Versformen** von S.157f. GA 1: Ausdruck des Knittelverses in den Partien V. 354–385 (Eingangsmonolog) und V. 2678–83, 2753–58 (Gretchen); metrische Gestaltung der Begegnungen Faust-Gretchen, V. 2605–18 und V. 3073–84? (Fausts Unausgeglichenheit, Heftigkeit, Gretchens Schlichtheit, Volkstümlichkeit – zunächst Faust in Gretchens Knittel, dann Gretchen in Fausts weltläufigem Madrigalvers: metrisch bezeichnender ›Sündenfall‹; vgl. S. 164 f.) GA 2: Bedeutungsgehalt der freien Rhythmen in der Erdgeistszene (470–476), in Fausts Glaubensbekenntnis (3430–57), im Dom (z.B. 3776–97, 3800–12), im Kerker (z.B. 4427–40, 4461–69)? (Ausmaß der Erregung, des Enthusiasmus; seelische An- und Überspannung, panische Angst; vgl. S. 160 f.)	Zur Vorbereitung der Stunde: Aushändigen der Fundstellenverzeichnisse **Quelle und Staub** (S. 148) und **Wort und Gefühl** (S. 150 f.). Versuchen Sie den Sinngehalt eines dieser Leitmotive in *Faust I* zu umschreiben.
1. Auswertung der HA. (Versuchung der enthemmten, verantwortungsentbundenen Sexualität: Volksmythologie Hexensabbat, Lilith als Vorbedeutung, Tanz mit der jungen Hexe.) 2. UG: Wodurch wird Fausts Sinnentaumel abgebrochen? (Das Hexenhafte als Irreales, Trug – Symbol rotes Mäuschen. Gretchenerscheinung als Projektion des Innern – des Gewissens – nach außen.) 3. Lesen von Mat. 6.– GA: Wie hätte diese Bergpredigt des Satans inhaltlich und motivisch in das Drama gepasst? (Provozierende Antwort auf Fausts Frage nach dem, was die Welt im Innersten zusammenhält. Bestätigung von Mephistos Ansicht des Menschen als tierischstes Tier. Kulmination der Motive Gold und Begierde: siehe Schmuckkästchen und Lüsternheit nach dem Hexentrank.) 4. UG: Warum hat Goethe die Szene wohl ausgespart? (Ungeheuerliche Direktheit: für Zeitgenossen ein Skandal. Eingesetztes Werkzeug Mephisto geriete zu sehr in den Sog des Negativen: Fausts Schuld wäre Entscheidung für das Böse, nicht verzeihlicher/notwendiger Weg über den Irrtum.) 5.a Videovorführung der beiden Szenen. UG: Deutung der Eingriffe, der Regieauffassung. (Nachbarschaft wird zum Bösen Geist des Domes – und umgehend zur Hexengesellschaft des Blocksberges. Szenenübergang, der in Bezug auf Gretchen und Faust abrupt erscheint, wirkt im Hinblick auf den Hexenkessel der sozialen Umgebung konsequent und nahtlos. Die Sozialsatire forttreibend, nimmt Dorn auch die Satansmesse in die Inszenierung auf.) 5.b (A) UG: Was erkennen Sie in der Grafik, welche Bildelemente hat Goethe im Fausttext verarbeitet?	

Stunden	Thema	Didaktische Aspekte (Inhalte/Ziele)
13.	Abschlussdiskussion zu *Faust I*	1. Fausts – und Gretchens – Verstrickung in Schuld 2. Bewertung der Faustfigur 3. Ausgangssituation und Ende: *Faust I* als Fragment 4. Kreatives Auswertungsprojekt: Das kurspersönliche Programmheft

Methodische Realisierung/ Verlauf	Hausaufgabe
1. PA: Welche Schuldmomente laden Faust und Gretchen auf sich? (Faust: Teufelspakt, Meineid: Marthes Mann, nimmt Gretchens Vernichtung sehenden Auges in Kauf: **Wald und Höhle**, Tod der Mutter: Schlaftrunk, Totschlag Valentins; Verlassen Gretchens, mittelbare Schuld an Gretchens Kindsmord und Hinrichtung. Gretchen: Tod der Mutter, Kindsmord.) UG: Wie gehen beide mit ihrer Schuld um? (Bei Faust keine eigentliche Auseinandersetzung, keine Reue; bei Gretchen quälendes Umkreisen, Schuldannahme, Sühne, Überantwortung an das göttliche Gericht.) 2.a UG: Was halten Sie von Faust: sympathisch, Identifikationsfigur? (Unterschiedliche Bewertungen des Ausbruchsverlangens, des treulosen Verhaltens gegen Gretchen, der absoluten Existenzansprüche …) 2.b (A): StA/PRO: Drei Außenansichten Fausts: Wagner, Gretchen und Mephisto charakterisieren Faust aus ihrer je eigentümlichen Perspektive. 3. UG: Erscheint Ihnen *Faust I* abgerundet, abgeschlossen? (Nur Gretchenhandlung abgeschlossen, Fausthandlung abgerissen: Himmlische Rahmenhandlung – wird Faust zum ›rechten Weg‹ finden? – und Ausgang der Wette – erfüllter Augenblick? – bleiben offen; Erkenntnisproblematik nicht weitergeführt; Welterfahrungsprogramm erst eröffnet, vgl. S. 126 f.) 4. Ein mögliches Abschlussvorhaben, insbesondere wenn *Faust II* nicht mehr ins Auge gefasst wird (könnte freilich auch ans Ende der gesamten Einheit rücken). Das Projekt erfordert selbstredend einige Zusatzstunden. GA/PRO: Schüler gestalten das Programmheft einer fiktiven Aufführung. Die persönlichen Aneignungsformen sollten im Vordergrund stehen. Anregungen: – Plakat zur Aufführung (= Deckblatt); – Entwürfe für Szenenbilder, evtl. für Kostüme; – Beispiele der PRO-Aufgaben aus der 4., 5., 7., 8., 9. und 13. Stunde; – Erlebnisberichte von den szenischen Erarbeitungen der 8. und 10. Stunde; Fotos dieser Proben; – persönliche Lektüreerfahrungen (z. B. Brief an Freund/Freundin). Daneben ggf. sachliche Texte zur Stoff- und Entstehungsgeschichte, zur biografischen Dimension, zur Aufführungsgeschichte usw.	

»Faust II«

Additum LK (1 Stunde)

Stunden	Thema	Didaktische Aspekte (Inhalte/Ziele)
	Heilschlaf des Vergessens und farbiger Abglanz des Lebens (vgl. S. 47 f., 61 f., 137/140)	1. Heilschlaf des Vergessens: Die Eliminierung des Schuldproblems 2. Das Regenbogengleichnis, Fausts Erkenntnishöhepunkt 3. Der verwandelte Faust und das Problem der Einheit der Person
1.	Der wieder erweckte Titanismus: Politischer Größenwahn und technische Gigantomanie (vgl. Kap. 7.4)	1. Fabel von *Faust II* 2. **Hochgebirg** (10128–10233): Versuchungen und titanisches Unterfangen 3. Utopie und Diktatur; die Seele der Natur und die kalte Stirn der Technik 4. Übertragungsmöglichkeiten in die Gegenwart

Methodische Realisierung/ Verlauf	Hausaufgabe
1. UG: Was geschieht mit Faust, was lösen die Luftgeister in ihm aus? (Von Vorwürfen und **erlebtem Graus** gereinigt, befreit; geistige Wiedergeburt durch heilenden Schlaf.) UG: Lehrer verliest das Goethe-Zitat von S. 48 – **da wird kein Gericht gehalten** [...]: Wie stehen Sie zu dieser Haltung? (Schuldfrage beiseite gesetzt; verzeihliche Haltung gegen den nicht böswillig handelnden Faust respektabel, doch andererseits höchst problematisch: Sollte bedeutender Mensch berechtigt sein, Schuld und Verbrechen zugunsten seines **hohen Strebens** in Kauf zu nehmen?) 2. UG: Wie deuten Sie das Regenbogengleichnis: **Am farbigen Abglanz haben wir das Leben** (4727)? (Erkenntnis des Göttlichen, absolutes Wissen unmöglich; dennoch indirekte Erfahrung des Unendlichen in Spiegelungen und Gleichnissen. Nicht nur Sonne, auch Leben selbst ist Sinnbild göttlichen Urgrundes.) 3. Auswertung der HA. (Unduldsamer, aufrührerischer, titanischer Forscher – gelassener, abgeklärter, kontemplativer Philosoph; Trachten nach Gottgleichheit – Bescheidung mit dem menschlichen Los; Ungenügsamkeit – Entsagung. Aufgabe der personalen Identität, Verlagerung der Textintention von der Charakterschilderung zum Weltgemälde.)	Zur Vorbereitung der Stunde: Lesen von V. 4613–4727 (**Anmutige Gegend**). Vergleichen Sie den Eingangsmonolog des Ersten und des Zweiten Teils in Bezug auf Fausts Seelenverfassung, Trachten und Denken.
1. KRef zur ›Handlung‹ des Zweiten Teils. Unterlage der Zuhörer: Übersicht von Kap. 2 2. UG: Erkennen Sie in dieser Situation den ›alten‹ Faust und den ›alten‹ Mephisto wieder? (Typisch mephistophelische Versuchungen: saturiertes Herrschertum, erotische Dekadenz, schmeichlerischer Ruhm; typisch faustisches Ungenügen, Weiterstreben zum Herrschertum der Tat.) UG: Welche Motive bestimmen Faust bei seinem Küstenprojekt? (Zunächst keinerlei soziale Idee, Verdruss über mythisches Naturschauspiel; Motiv des Kampfes, der Bezwingung des **herrischen Meeres** – letztlich: Kräfteringen mit der Gottheit, Titanismus.) 3. Auswertung der HA. (Zwiespältiges unternehmerisches Herrschertum: erweiterter Wohnraum und domestizierte Natur, soziale Idee und Gewaltrecht, Menschenopfer.) 4. GA: Erscheint Ihnen die Problematik – Fausts Perfektionismus und Absolutismus und das Philemon-und-Baucis-Motiv – aktuell? (Modell totalitären Herrschertums: Kommunismus, Faschismus. Psychologisch: Der autoritäre, zwangsneurotische Charakter mit seiner aggressiven Unduldsamkeit gegen Anderssein, Nichtkonformes. Großprojekte und Naturzerstörung bzw. Individualinteresse: Staudämme in Entwicklungsländern, Autobahn-, Flughafenbau ...)	Zur Vorbereitung der Stunde: Lesen v. V. 10128–10233 (aus **Hochgebirg**) u. V. 11043–11383 (Teile des 5. Akts). Charakterisieren und beurteilen Sie Fausts Küstenherrschertum. Zur Vorbereitung der nächsten Stunde: Lesen von V. 11511–11843 (**Großer Vorhof des Palasts** und **Grablegung**). Hat Faust die Wette gegen Mephisto gewonnen oder verloren?

Stunden	Thema	Didaktische Aspekte (Inhalte/Ziele)
2.	Höchster Augenblick und Erlösung: Die Vieldeutigkeit des Endspiels (vgl. Kap. 9.5 und Kap. 13)	1. Faust gewinnt die Wette gegen Mephisto (kein lahm legender Genuss) und verliert sie gegen sich selbst (seine Lebensentwertung)
		2. Bewertung der sozialen Utopie; erneute Stellungnahme zur Faustfigur und zum ›hohen Streben‹ (Anknüpfung an 13. Stunde)
		3. Rekurs auf die himmlische Rahmenhandlung (vgl. Kap. 4.2, 4.3 und 13)

Methodische Realisierung/ Verlauf	Hausaufgabe
1. Auswertung der HA; kontroverse Diskussion. (Aspekte: natürlicher Tod – formelbedingter Tod; Selbsttäuschungssituation ›Graben–Grab‹; Wortlaut ›Genuss‹ = Sinngehalt ›Streben, Utopie‹; hypothetisches Sprechen wird eindeutig faktisch; Fausts erfüllter, sinnvoller Erdenmoment als Widerlegung seiner nihilistischen und überheblichen Daseinsskepsis: dieser Aspekt des Wettverlusts führt nicht vom ›rechten Weg‹ des Herrn fort, sondern zu ihm hin.) 2. UG: Ist Faust mit seinen letzten Worten vom Tyrannen zum Demokraten geworden? (Psychologisch sprunghafte Wandlung im Todesmoment: vom egozentrischen Diktator zum Vorreiter der Freiheit und Fürsorger für das Gemeinwohl.) UG: Hat Faust die Erlösung in Ihren Augen ›verdient‹? (Faust bleibt zwiespältiger, zwielichtiger Menschheitsrepräsentant: darin realistisch, nicht idealistisch vorbildhaft ...) UG: Wie scheint Goethe die Erlösung zu rechtfertigen? (Schuld als nicht auszuräumendes Faktum menschlichen Daseins – was kein Freibrief für amoralisches Verhalten sein soll. Anspruch auf Unsterblichkeit nicht durch moralische Unfehlbarkeit, sondern durch bedeutungsvolle Tätigkeit.) 3. UG: Wie entscheiden sich die Ausgangsfragen: Findet Faust zur ›Klarheit‹; ist das Menschenleben, die Schöpfung sinnvoll? (Kein organisches, **bäumchen**haftes Wachstum, eher Mephistos Zikadensprung. Dennoch am Ende Lebenssinn und -glück im Verwirklichen humaner Visionen und Vergebung der ›Sünden‹ als seinsgesetzte Irrtümer, Umwege und Fehlleitungen.)	

Additum LK (1 Stunde)

Stunden	Thema	Didaktische Aspekte (Inhalte/Ziele)
	Die literaturgeschichtliche Stellung des *Faust* (vgl. Kap. 21)	1. *Faust* als Sammelbecken verschiedener Literaturströmungen

Methodische Realisierung/ Verlauf	Hausaufgabe
1. GA: Die Entstehungsgeschichte des *Faust* umfasst bzw. berührt die Literaturepochen der Aufklärung, des Sturm und Drang, der Klassik und der Romantik. Ist das Werk einer dieser Epochen zuzuordnen; weist es verschiedene Epochenanteile auf? Sammlung im Tafelbild (s.u.) TA: Vorbemerkung: Je nach literaturgeschichtlichem Wissensstand – Vorkenntnissen oder hier begleitend vermittelten Kenntnissen – wird nur ein Teil des hier ›ideal‹ entworfenen Tafelbildes zur Erscheinung kommen.	

Aufklärung	Sturm und Drang	Klassik	Romantik
Gottes- und Menschenbild: gütiger Gott, wohl eingerichtetes Weltganzes (Deismus, Pantheismus). Abkehr von abergläubischen Angstvorstellungen (Sünde, Hölle). Aufwertung des mündigen, selbstbewussten, tätigen Individuums. Mephistos aufklärerische Ideologie- und Gesellschaftskritik. Formal: Madrigalverse, bürgerliches Trauerspiel	Faust als Genie des enthusiastischen Gefühls (Entgrenzungssehnsucht, Naturbegeisterung, Liebeseuphorie). Faust als Genie des Geistes, als souveräner Denker, der sich kühn über Konvention und Tradition erhebt. Charaktertragik statt Schicksalstragik. Soziale Anklage: Liebe und soziale Kluft, uneheliche Schwangerschaft und Diskriminierung, Kindestötung. Formal: Knittelverse, Gattungsvermengung, Sprachstilmischung, Züge der offenen Dramenform.	Faust als Repräsentant der Menschheit, als Symbol des Menschen. **Hohes Streben** als Formel einer unbestimmten, hineinlegungsoffenen Idealität. Momente der Bejahung, Begrenzung, Harmonie: **Wald und Höhle**, Regenbogenerscheinung, Helenabegegnung. Formal: Blankverse, Züge der geschlossenen Dramenform.	Das Mutwillige, Skurrile, Fantastische: Hexenküche, Walpurgisnächte. Mittelalterliche Welt: **Dom**, Faust als ritterlicher Herrscher gegenüber Helena. Katholische Mythologie: Schlussszenen. Romantische Ironie: Theater im Theater (**Vorspiel**), Spiel-im-Spiel (**Walpurgisnachtstraum**), Illusionsdurchbrechungen. Formal: Lyrisch-musikalische Partien, opernhafter Stil, Neigung zum Gesamtkunstwerk (Augen- und Ohrenschmaus).

Stunden	Thema	Didaktische Aspekte (Inhalte/Ziele)
3.	Ein leicht-sinniger Abschluss: Faust im Wilden Westen und anderswo	1. Nach dem Ernst das Heitere: Eine Faustparodie 2. … und ein wenig Lernertrag: Bearbeitungstypen, Bearbeitungsverfahren – analytisch oder kreativ

Methodische Realisierung/ Verlauf	Hausaufgabe
1. Austeilen des Faustcomics (Mat. 8). Amüsement, spontane Äußerungen. 2.a UG: Was wird aus dem *Faust* gemacht, wie nennt man einen solchen Umgang mit einer Vorlage? (Parodie – im Grunde aber hier mit Elementen der Bearbeitungstypen Übertragung, Gegenentwurf, Travestie; zu einer Typologie solcher Rezeptionsvorgänge vgl. Sudau 1985, 45–51 und 232–235.) PA – eine Hälfte: Untersuchen Sie die Umdeutung der Figuren und die Veränderung der Handlung. PA – andere Hälfte: Untersuchen Sie die Zitatverwendung: formale Veränderungen, inhaltliche Umdeutungen. (PA 1: Übertragung in andere Zeit, andere Region – mit komischen, auch sprachlichen, Anachronismen: Nobelpreis, LSD, Frischzellen usf. Mephisto als Überläufer, der hierfür eine Seele benötigt. Faust sogleich mit Gretchen befriedigt und selig, spendet als Dank eine seiner **zwei Seelen.** Happyend mit Heirat Faust–Gretchen und Mephisto als Klostergärtner. Insgesamt: Lächerliche Reduktion von Fausts metaphysischem Streben und der Gefährdung und Schuld verkörpernden Teufelssymbolik; rein formaler Aufhänger der **zwei Seelen.** PA 2: Formal: Wörtliche Zitate – **Die Botschaft hör ich wohl, Die Lust ist groß, allein die Kraft ist schwach** usw. – neben abgewandelten: **Sag, wie hältst du's mit LSD, Du siehst, mit diesem Saft im Leibe, nun die Bardot in jedem Weibe!** usf. Inhaltlich: Aktualisierung und Umdeutung durch Zitatabwandlung – Bardot statt Helena, LSD statt Religion u.Ä. – sowie durch Veränderung des Sprechers oder der Situation: Mephisto hört **Botschaft,** Faust schwärmt vom **besonderen Saft,** Gretchen bittet: **Verweile doch, es war so schön!** u. a. m. Zur Technik solcher Bearbeitungsvorgänge vgl. Sudau 1985, 83–95.) 2.b (A) PA/PRO: Eigene Comic-Parodie: Faust, der schulische Überflieger; Faust, der Internet-Junkie; Faustine, die feministische Wegebahnerin o.Ä. Diese Parodien müssen den Faustbezug nicht philologenernst nehmen, sondern dürfen sich Goethes eigene despektierliche Mutwilligkeit – siehe **Walpurgisnachtstraum** – zu Eigen machen. Die im Beispiel-Comic angewandten Methoden der erkennbaren Übertragung und Umfunktionierung von Handlungselementen und Zitaten sollten allerdings weidlich genutzt werden.	

3 Klausurvorschläge

Ein Teil der Aufgaben (1–5) folgt dem Unterrichtsverlauf – kann also vorwegnehmend oder auch rekapitulierend eingesetzt werden; die übrigen Vorschläge eröffnen andersartige Zugänge zum Werk.

1. Das **Vorspiel auf dem Theater** demonstriert das Verhältnis verschiedener Interessengruppen – des Autors, des Theaterdirektors, des Schauspielers und des Publikums – zum Drama.
   a) Stellen Sie die verschiedenartigen Positionen (Erwartungen, Ansprüche, Umgangsweisen) dieser Parteien gegenüber einem Theaterstück dar.
   b) Nehmen Sie selbst kritisch Stellung zu den unterschiedlichen Haltungen und Verhaltensweisen.
2. Im **Prolog im Himmel** wird ein allgemeines Bild der Welt und des Menschen entworfen.
   a) Stellen Sie die Sichtweise des Herrn derjenigen Mephistos gegenüber.
   b) Welche Rolle nimmt Mephisto im Weltplan des Herrn ein?
   c) Beurteilen Sie GOETHES ›Privatreligion‹ vor dem Hintergrund traditioneller Vorstellungen von Gott und Teufel, von Gut und Böse.
3. a) Charakterisieren Sie Fausts Erkenntnis- und Existenzkrise.
   b) Ist Fausts Situation auch heute noch von Belang? Sehen Sie Parallelen zu heutigen Lebenskrisen und Lösungsversuchen?
4. a) Charakterisieren Sie die Personen bzw. Personengruppen Faust, Wagner, das Volk vor dem Tor, wie sie der Drameneingang vorstellt, und beurteilen Sie ihre Existenzform im Hinblick auf die Ausprägung bzw. Auslebung der **zwei Seelen**, die nach Fausts Ansicht in der menschlichen Brust vereint sein können. (Berücksichtigen Sie insb. die Textpassagen V. 354–386, 521–605, 808–1125.)
   b) Zusätzlich oder alternativ – je nach Klausurzeitdauer und Leistungsvermögen der Schüler: Charakterisieren Sie Gretchen im Umfeld ihrer Umgebungsfiguren (Mutter, Bruder Valentin, Marthe, Lieschen).
5. a) Bringen Sie die Paktbedingungen zwischen Faust und Mephisto auf eindeutige Formeln, d. h. setzen Sie ein möglichst knappes und klares Vertragswerk auf, aus dem die Bedingungen, Rechte und Pflichten jeder Seite deutlich hervorgehen (§1 …, §2 … usw.).
   b) Wie verhalten sich die subjektiven Absichten Mephistos, wie sie sich im Pakt mit Faust offenbaren, zu seiner objektiven Rolle im Weltgeschehen, wie sie der Herr im **Prolog** beschreibt (Übereinstimmung, Widerspruch, scheinbarer Widerspruch)? Begründen Sie Ihr Urteil.
6. Faust und Gretchen – Diagramm einer problematischen Beziehung.
   (Stichworte: Grundlage der Beziehung, Begierde und Liebe, Authentizität und Selbsttäuschung, Selbstbezogenheit und Verantwortung, Gründe des Beziehungsscheiterns u. Ä.)
7. Mephisto: Schalk oder Teufel?
   Mephistos Vernunft (Einstellungen, Kommentare) zwischen satirischer

Aufklärung und zynischer Destruktion. [Vorgabe von Textpassagen nach Kap. 11]

8. (LK) Gretchens Selbstausdruck bedient sich viermal der Gedichtform: dreier Lieder (»König in Thule«, 2759–82; »Mein Ruh ist hin«, 3374–3413; »Meine Mutter, die Hur«, 4412–20), eines Gebetes (»Ach neige / Du Schmerzenreiche«, 3586–3619).
Inwiefern spiegeln sich in diesen lyrischen Ausdrucksformen – die Sie der Chronologie folgend betrachten – Gretchens Schicksal, ihre Wünsche und Ängste, Erwartungen und Erfahrungen?

9. GOETHE: Vor Gericht (1776)

Vor Gericht
Von wem ich's habe, das sag' ich euch nicht,
Das Kind in meinem Leib.
Pfui, speit ihr aus, die Hure da!
Bin doch ein ehrlich Weib.

Mit wem ich mich traute, das sag' ich euch nicht,
Mein Schatz ist lieb und gut,
Trägt er eine goldne Kett' am Hals,
Trägt er einen strohernen Hut.

Soll Spott und Hohn getragen sein,
Trag' ich allein den Hohn.
Ich kenn' ihn wohl, er kennt mich wohl,
Und Gott weiß auch davon.

Herr Pfarrer und Herr Amtmann ihr,
Ich bitt' laßt mich in Ruh!
Es ist mein Kind und bleibt mein Kind,
Ihr gebt mir ja nichts dazu. [in: HA 1,85]

a) In dem Rollengedicht spricht eine unehelich schwangere Frau. Vergleichen Sie die Haltung dieser Frau mit der Haltung Gretchens.
b) Warum kann Gretchen nicht die Haltung dieser Frau einnehmen – oder: Warum *soll* sie diese Haltung – aus der Perspektive des Dramas, aus den Absichten GOETHES heraus – nicht einnehmen?

10. Peter Hacks: Gretchen [in: Stein 1986, 276]

Ich finde, obgleich ich angestrengt danach suche, an Gretchen nicht das Positive. [...] Da ist eine junge Kleinbürgerin, ausgestattet mit aus reicher Klassenerfahrung gewonnenem Sinn für Geld und Besitz; mit beklagenswert dürftigen Mitteln kämpft sie um einen Mann, der zu gut für sie ist.
[...]
Ihre Menschlichkeit wird gewöhnlich darin gefunden, daß sie liebt, bedenkenlos, unbedingt und gegen die Konvention. Aber der Wert dieser Haltung wird doch fast aufgehoben durch ihren eigenen Unwert. Sie ist nichts und hat also nichts hinzugeben; sie will nicht lieben, sie muß; ihre Liebe resultiert nicht aus ihrer Größe, sondern aus Fausts Größe, was oft vorkommt und natürlich sehr traurig ist.

a) Nehmen Sie begründet – d. h. indem Sie Ihre Meinung vom Drama her belegen – Stellung zu dieser Ansicht.
b) Wie beurteilen Sie persönlich die Gretchenfigur: als Rollenklischee der aufopferungsvollen Frau, als Opfer des männlichen Chauvinismus und der Gesellschaft, als Vorbild der Selbstlosigkeit und Liebesfähigkeit oder als ...?

11. Faus und Mephisto – eine Beziehung der besonderen Art.
Untersuchen Sie das menschliche und emotionale Verhältnis von Faust und Mephisto im Verlaufe des Dramas (Stichworte: Abhängigkeit, Verbundenheit, Auseinandersetzung; Vertragspartner? Herr und Knecht? Weggefährten? Kumpanen? Feinde? Zentrale Passagen: 1627–74, 1810–67, 2050–62, 2618–77, 2729–52, 2843–64, 3240–3373, 3521–43, Szene **Trüber Tag. Feld**, 4596–4611).

12. Rolf Christian Zimmermann (1979, 275):

Diese wilde Fülle, die Gretchens Hütte zerstört und ihr Leben verwüstet hat, ist gleichwohl die göttliche Kraft im Menschen, die vom Himmel stammt. Es ist die Fülle der Begeisterung und Sehnsucht.

Ulrich Gaier (1989, 184):

Die Gründe dafür [für Gretchens Untergang] **liegen in den Normen der Gesellschaft, die Erfüllung der Liebe nur in der Ehe zuläßt, wobei Gretchen diese Normen internalisiert hat und gegen sich selbst ausspielt; die Gründe liegen im mangelnden Beistand dessen, der sie zu lieben vorgibt und ihr eben auch nur Gefühl anzubieten hat [...] statt eines Haltes im Leben.**

Nehmen Sie zu den kontroversen Deutungen von Gretchens Tragik Stellung, indem Sie
a) aus dem Dramentext Argumente und Gegenargumente für die jeweilige Position beziehen,
b) ein persönliches Urteil darlegen.

13. (LK) In seiner theologischen Streitschrift *Eine Duplik* aus dem Jahr 1778 schreibt Lessing:

Nicht die Wahrheit, in deren Besitz irgendein Mensch ist oder zu sein vermeinet, sondern die aufrichtige Mühe, die er angewandt hat, hinter die Wahrheit zu kommen, macht den Wert des Menschen. Denn nicht durch den Besitz, sondern durch die Nachforschung der Wahrheit erweitern sich seine Kräfte, worin allein seine immer wachsende Vollkommenheit bestehet. Der Besitz macht ruhig, träge, stolz. – Wenn Gott in seiner Rechten alle Wahrheit und in seiner Linken den einzigen immer regen Trieb nach Wahrheit, obschon mit dem Zusatze, mich immer und ewig zu irren, verschlossen hielte und spräche zu mir: ›Wähle!‹ ich fiele ihm mit Demut in seine Linke und sagte: ›Vater, gib! die reine Wahrheit ist ja doch nur für dich allein!‹

a) Weisen Sie Parallelen dieser Anschauungen zum Motiv- und Gedankengehalt der Faustdichtung nach.

b) Vergleichen Sie die Haltung des Sprechers mit der des dramatischen Protagonisten: Weist auch Faust diese ›Demut‹, diese einsichtsvolle Bescheidung und Begrenzung auf?

14. (LK) Fausts Lebenseinstellung bekundet sich in der Wettformel: **Werd' ich zum Augenblicke sagen: / Verweile doch! du bist so schön! / Dann magst du mich in Fesseln schlagen, / Dann will ich gern zugrunde gehn!** (1699–1703), oder, wie es noch am Ende lautet: **Im Weiterschreiten find' er Qual und Glück, / Er, unbefriedigt jeden Augenblick!** (11 451 f.). Erörtern Sie die Problematik – das Respektable und das Zweifelhafte – einer solchen Lebensmaxime, indem Sie folgende Forschungsmeinungen als Gedankenanregung benutzen:

Karl Vietor (1949, 338):

Wichtig ist nicht das Ziel, sondern das Streben zum Ziel hin, die Kraft zu unermüdlichem Aufbruch, der Mut zu immer neuem Anlauf. Was liegt daran, ob man je ankommen wird? Immer unterwegs sein, das ist es. Man darf vielleicht sagen, das sei ein dynamisches Ideal; jedenfalls ist es modern und abendländisch, der antiken Welt so unbekannt wie dem christlichen Mittelalter und den orientalischen Kulturen. Vollendung und Ruhe, Kontemplation und Harmonie sind Werte, die auf den Tafeln dieser Lebensansicht nicht vorkommen.

Friedrich Koch (1966, 252):

Was jetzt ›Streben‹ heißt (V. 1742), ist Leben aus der Verneinung und in der Verneinung, ein Leben des bloßen Protestes, begleitet vom Geist, der stets verneint.

15. (LK nur, wenn *Faust II* im Unterricht behandelt wurde): Friedrich Koch (1966, 261):

Gretchen wird den biblischen Weg zur Rettung durch Gericht zur Gnade geführt; ihr Gott ist der biblische Gott, der dem bußfertigen Sünder Gnade schenkt. Faust dagegen, der sich bewußt gegen Gott entschieden hat, wird unter dem ganzen Aufwand eines scheinchristlichen Himmels für gerettet erklärt, ohne Gericht, ohne Verantwortung, ohne persönliche Entscheidung für Gott, ohne Glauben; auch ohne Buße, ohne Sündenerkenntnis und -bekenntnis. Er wird für erlöst erklärt, ohne daß das für den Dichter oder den Leser glaubhaft wäre.

a) Klären Sie zunächst die Sachlage, indem Sie Fausts ›Schuldkonto‹, seinen Umgang mit dieser moralischen Hypothek und sein Verhältnis zur Gottheit darstellen.
b) Verteidigen Sie mit Goethes dramatischen Absichten (Werkintention) die Erlösung des ›unbußfertigen‹ Protagonisten.
c) Nehmen Sie selbst – in Abwägung von Kochs Position und Goethes Intention – zur moralischen Problematik der Faustfigur Stellung.

4 Unterrichtsreihen

Die Faustdichtung könnte in folgende übergreifende Unterrichtszusammenhänge eingeordnet werden:

1. Der Fauststoff: Ursprünge, Anknüpfungen, Erweiterungen, Veränderungen. Werke: Volksbuch/-bücher, Marlowes *Tragical History*, Puppenspiele (in: Mahal 1991), Lessings Faustpläne, Maler Müllers *Fausts Leben dramatisiert*, Grabbes *Don Juan und Faust*, Lenaus *Faust*, Heines *Doktor Faust*, Thomas Manns *Doktor Faustus.*
2. Das Motiv des Teufelsbundes.
   Werke: Goethes *Faust*, Chamissos *Schlemihl*, E.T.A. Hoffmanns *Elixiere des Teufels*, Gotthelfs *Schwarze Spinne*, Stevensons *The Bottle Imp*, Thomas Manns *Doktor Faustus.*
3. Das ›Allgemeinmenschliche‹ in symbolträchtigen Dichtungsgestalten: Eulenspiegel, Don Quijote, Don Juan, Faust (als mythische Gestalten evtl. Prometheus, Ikarus, Ödipus, Odysseus). Werke: Siehe unter den betreffenden Artikeln in Frenzels stoff- und motivgeschichtlichen Nachschlagewerken (= Frenzel 1976 und 1980).
4. Das Weltbild des jungen Goethe: Größe und Gefährdung des Genies. Werke: *Faust/Urfaust, Werther, Götz von Berlichingen, Satyros oder der vergötterte Waldteufel, Hanswursts Hochzeit*, Hymne und Dramenfragment *Prometheus.*
5. Die Wissenschaft im Drama: Größe, Grenze, Grauen.
   Werke: Brechts *Galilei*, Goethes *Faust*, Dürrenmatts *Physiker*, Kipphardts *Oppenheimer.*
6. Das Motiv der Kindsmörderin.
   Werke: Wagners *Kindermörderin*, Goethes *Faust*, Hebbels *Maria Magdalena*, Hauptmanns *Rose Bernd*, Kroetz' *Geisterbahn.*
7. Lachen und Weinen, Grauen und Galgenhumor: Das Neben- und Ineinander von Komik und Tragik im Drama.
   Werke: Lenz' *Hofmeister*, Goethes *Faust*, Büchners *Leonce und Lena*, Hebbels *Trauerspiel in Sizilien*, Dürrenmatts *Physiker*, Frischs *Biedermann*, Becketts *Godot.*
8. Geschlossene und offene Dramenform.
   Werke: Sophokles' *Ödipus*, Lessings *Emilia Galotti*, Goethes *Iphigenie/Tasso*, Goethes *Götz von Berlichingen*, Goethes *Urfaust*, Lenz' *Soldaten*, Büchners *Woyzeck.*

5 Materialien

Auszüge aus dem Volksbuch von 1587 **Material 1**

Wie obgemeldt worden, stunde D. Fausti Datum [Absicht] dahin, das zulieben, das nicht zu lieben war, dem trachtet er Tag und Nacht nach, name an sich Adlers Flügel, wolte alle Gründ am Himmel und Erden erforschen, dann sein Fürwitz, Freyheit und Leichtfertigkeit stache und reitzte ihn also, daß er auff eine zeit etliche zäuberische vocabula [Worte], figuras [Zeichen], characteres und coniurationes [Beschwörungen], damit er den Teufel vor sich möchte fordern, ins Werck zusetzen, und zu probiern im [sich] fürname. (18)

D. Faustus hebt sein Gauckelspiel widerumb an, beschwur in [ihn, Mephostophiles] von neuem, legt dem Geist etliche Artickel für:

I. Erstlich, daß er ihm solt unterthänig und gehorsam seyn, in allem was er bete [bitte], fragte oder zumuthe, biß in sein Fausti Leben und Todt hinein.

II. Daneben solt er im [ihm] das jenig, so er von im [ihm] forschen würd, nicht verhalten.

III. Auch daß er im [ihm] auff alle Interrogatorien [Fragen] nichts unwarhafftigs respondiern wölle.

(Aus: Petzoldt 1981, 20)

Titelseite des Volksbuches **Material 2**

HISTORIA VON
D. JOHANN FAUSTEN
DEM WEITBESCHREYTEN ZAUBERER UNND SCHWARTZKÜNSTLER

Wie er sich gegen dem Teuffel auff eine benandte zeit verschrieben / Was er hierzwischen für seltsame Abentheuwer gesehen / selbs angerichtet unnd getrieben / biß er endtlich seinen wol verdienten Lohn empfangen.

Mehrertheils auß seinen eygenen hinterlassenen Schrifften / allen hochtragenden / fürwitzigen und Gottlosen Menschen zum schrecklichen Beyspiel / abscheuwlichen Exempel / und treuwhertziger Warnung zusammen gezogen / und in den Druck verfertiget.

IACOBI IIII.
Seyt Gott underthänig / widerstehet dem Teuffel / so fleuhet er von euch.
CUM GRATIA ET PRIVILEGIO.
Gedruckt zu Franckfurt am Mayn / durch Johann Spies.
M. D. LXXXVII.

(Aus: Petzoldt 1981, 3)

Goethe zu Eckermann, 6. 5. 1827 **Material 3**

Die Deutschen sind übrigens wunderliche Leute! – Sie machen sich durch ihre tiefen Gedanken und Ideen, die sie überall suchen und überall hineinlegen, das Leben schwerer, als billig. – Ei! so habt doch endlich einmal die Courage, euch den Eindrücken hinzugeben, euch ergötzen zu lassen, euch rühren zu lassen, euch erheben zu lassen, ja euch belehren und zu etwas Großem entflammen und ermutigen zu lassen; aber denkt nur nicht immer, es wäre alles eitel, wenn es nicht irgend abstrakter Gedanke und Idee wäre!

Da kommen sie und fragen, welche Idee ich in meinem *Faust* zu verkörpern gesucht? – Als ob ich das selber wüßte und aussprechen könnte! – Vom Himmel durch die Welt zur Hölle, das wäre zur Not etwas; aber das ist keine Idee, sondern Gang der Handlung. Und ferner, daß der Teufel die Wette verliert und daß ein aus schweren Verirrungen immerfort zum Besseren aufstrebender Mensch zu erlösen sei, das ist zwar ein wirksamer, manches erklärender, guter Gedanke, aber es ist keine Idee, die dem Ganzen und jeder einzelnen Szene im besonderen zugrunde liege. Es hätte auch in der Tat ein schönes Ding werden müssen, wenn ich ein so reiches, buntes und so höchst mannigfaltiges Leben, wie ich es im *Faust* zur Anschauung gebracht, auf die magere Schnur einer einzigen durchgehenden Idee hätte reihen wollen!
Es war im ganzen … nicht meine Art, als Poet nach Verkörperung von etwas Abstraktem zu streben. Ich empfing in meinem Innern Eindrücke, und zwar Eindrücke sinnlicher, lebensvoller, lieblicher, bunter, hundertfältiger Art, wie eine rege Einbildungskraft es mir darbot; und ich hatte als Poet weiter nichts zu tun, als solche Anschauungen und Eindrücke in mir künstlerisch zu runden und auszubilden und durch eine lebendige Darstellung so zum Vorschein zu bringen, daß andere dieselben Eindrücke erhielten, wenn sie mein Dargestelltes hörten oder lasen …
Je inkommensurabler und für den Verstand unfaßlicher eine poetische Produktion, desto besser.

(Aus: GüF, 32 f.)

Material 4

Goethes Weltanschauung der Polarität

1. Die Erfüllung aber, die ihm [Goethes frühem Aufsatz *Die Natur*] fehlt, ist die Anschauung der zwei großen Triebräder aller Natur: der Begriff von *Polarität* und *Steigerung* […]. (An Kanzler v. Müller, 24.5.1828 = HA 13, 48)
2. So setzt das Einatmen schon das Ausatmen voraus und umgekehrt, so jede Systole [Zusammenziehung, insbesondere des Herzmuskels] ihre Diastole [Ausdehnung]. Es ist die ewige Formel des Lebens […]. (*Zur Farbenlehre* = HA 13, 337)
3. In Goethes jugendlichem Weltmodell (›Luzifer-Mythos‹) wird der »eigentliche Puls des Lebens« durch die polaren Wechselschläge von »Konzentration und Expansion« hergestellt, was für den Menschen bedeutet, daß er sich einerseits »verselbsten«, andererseits »entselbstigen« muß, daß er in einem ewigen »Abfallen und Zurückkehren zum Ursprünglichen« begriffen ist. (*Dichtung und Wahrheit* = HA 9,352 f.)
4. Entstehen und Vergehen, Schaffen und Vernichten, Geburt und Tod, Freud und Leid, alles wirkt durcheinander, in gleichem Sinn und gleichem Maße; deswegen denn auch das Besonderste, das sich ereignet, immer als Bild und Gleichnis des Allgemeinsten auftritt. (*Maximen und Reflexionen*, 21 = HA 12, 367 f.)
5. […] das, was wir bös nennen, ist nur die andere Seite vom Guten, die so notwendig zu seiner Existenz und in das Ganze gehört, als Zona torrida [die Wüstenzone] brennen und Lappland einfrieren muß, daß es einen gemäßigten Himmelsstrich gebe. (*Zum Shakespeare-Tag* = HA 12, 227)
6. Unsere Zustände schreiben wir bald Gott, bald dem Teufel zu und fehlen einwie das anderemal: in uns selbst liegt das Rätsel, die wir Ausgeburten zweier Welten sind. (*Maximen und Reflexionen*, 1049 = HA 12, 513)

Zur autobiografischen Funktion der Gretchenhandlung. Thomas Mann über Goethes »Faust«

Material 5

[...] im Menschlichen des kühnen jungen Autors sah es höchst verworren, gedrückt, schuldbewußt und anklagevoll aus: die Gewissenswunde schwärte, die die denkwürdige Untreue an Friederike Brion, der elsässischen Pfarrerstocher, seinem Gemüt geschlagen, und der *Faust* ist das Produkt eines keck aufschießenden Talentes zusammen mit dem Bewußtsein schlechten menschlichen Benehmens. Clavigo, Weislingen im *Götz* und Faust sind die drei Figuren, durch die Goethe für seinen Liebesverrat dichterisch Buße tat, indem er ihn doch auch wieder dramatisch-dialektisch verteidigte. [...] Clavigo und Carlos sind ein und dieselbe Person in dichterischer Rollenverteilung, ebenso wie Tasso und Antonio, Faust und Mephistopheles dialektische Auseinanderlegungen der Dichterpersönlichkeit sind; und immer handelt es sich um die harte, die selbstdisziplinäre Zucht, in welche das Gefühl sich vom reifen Verstande, das Genie sich vom kühlen Weltsinne nehmen läßt. Andererseits ist dieser weltlich nüchterne und harte Weltsinn der Freund, der liebend ehrgeizige Beschützer des Genies gegen sich selbst, ein kluger Mentor, der verhüten will, daß es sich nicht um bloßer Treue willen durch eine herabsetzende Heirat verplempere; und im Falle des *Faust* leuchtet ein, daß jener Zug der Fabel [des Volksbuches, vgl. Petzold 1981, 30 ff.], daß dem Magier durch seinen Pakt mit dem Teufel – mit dem Genie – die Ehe verboten ist, das erste war, was Friederikens ungetreuen Liebsten an den Stoff fesselte: hier setzte sein arbeitender, zugleich nach Selbstbestrafung und Selbstverherrlichung trachtender Geist ein und machte aus dem äußerlichen Motiv der Überlieferung den Titanismus des ›Flüchtlings und Unbehausten‹, des ›Unmenschen ohne Zweck und Ruh'‹, des Gottverhaßten, dessen dem Abgrund entgegenwütende Dämonie nur zerstören kann:

Sie, ihren Frieden mußt' ich untergraben!
Du, Hölle mußtest dieses Opfer haben!

Ecce poeta! Es war eine ziemlich gewaltsame Stilisierung, die Goethe seinem Wesen da zuteil werden ließ, – denn er war nie ein Gottverhaßter noch ein Zerstörer [...]. Nichts von den Taten und Untaten des großen Scharlatans findet Raum im ersten Teil; die Gretchen-Geschichte steht als Erlebnis für alles andere, denn nichts Erlebnisstärkeres hatte der junge Dichter zu geben. Er ließ sie zur eigenen Tragödie anschwellen, reduzierte auf sie alle faustischen Vorsätze leidenschaftlicher Lebenserkundung [...]. Wie wird nicht das schlichte und lebenswarme Geschöpf [Gretchen] von dem männlichen Schuldbewußtsein aus seinem Elend erhöht und verklärt! Nichts Geringeres ist sie am fernen Ende [von *Faust II*] als die Liebe selbst, die an dem Strebenden, Irrenden von oben teilgenommen hat und ihm ein herzliches Willkommen verschafft im Reich der Erlösung.

(Thomas Mann 1968, 298 f. und 316)

Material 6 **Teile der ausgesparten Satansmesse**

GIPFEL NACHT
MASSEN, GRUPPEN
[Der Satan auf dem Thron]

SATAN.
Die Böcke zur Rechten,
Die Ziegen zur Linken!
Die Ziegen, sie riechen,
Die Böcke, sie stinken.
Und wenn auch die Böcke
Noch stinkiger wären,
So kann doch die Ziege
Des Bocks nicht entbehren.

CHOR.
Aufs Angesicht nieder!
Verehret den Herrn!
Er lehret die Völker
Und lehret sie gern.
Vernehmet die Worte:
Er zeigt euch die Spur
Des ewigen Lebens
Der tiefsten Natur.

SATAN rechts gewendet.
Euch gibt es zwei Dinge,
So herrlich und groß:
Das glänzende Gold
Und der weibliche Schoß.
Das eine verschaffet,
Das andre verschlingt –
Drum glücklich, wer beide
Zusammen erringt!

EINE STIMME.
Was sagte der Herr denn? –
Entfernt von dem Orte,
Vernahm ich nicht deutlich
Die köstlichen Worte.
Mir bleibet noch dunkel
die herrliche Spur,
Nicht seh' ich das Leben
Der tiefen Natur.

SATAN links gewendet.
Für euch sind zwei Dinge
Von köstlichem Glanz:
Das leuchtende Gold
Und ein glänzender Schwanz –
Drum wißt euch, ihr Weiber,

Am Gold zu ergötzen
Und mehr als das Gold
Noch die Schwänze zu schätzen!

CHOR.
Aufs Angesicht nieder
Am heiligen Ort!
O glücklich, wer nah steht
Und höret das Wort!

(Aus: Schöne. 1982, 224 f.; in der originalen Orthographie und mit Auslassung der Ausdrücke ›Schwanz‹ und ›Schwänze‹ abgedruckt in der Sophienausgabe von Goethes Werken, Bd. 14, Weimar 1888, 306 f., als Paralipomenon 50)

Material 7 MICHAEL HERR: Das Zauberfest auf dem Blocksberg (1650)
Dieser Kupferstich regte Goethe bei der Gestaltung der Szenen der Hexenküche, der Walpurgisnacht und der Homunculus-Schöpfung an.

Göttlosen ünd verflüchten Zaüber Festes.

Schrecket nicht den Bauersmann Päuckenbrummen, Mordgetümmel,
Eülenaugen, Kröten zücht, Schlangen zischen, Würmgewimmel.
Pfüy ihr tollen Sterblichen! Laſet eüch nicht so bethören,
Wer einmahl kömt in die Hell der kan nimmer wiederkehren.

(Aus G. Hirth: Kulturgeschichtliches Bilderbuch aus drei Jahrhunderten, Bd. 4, Pag. 1193.)

Material 8 Ein Faustcomic

(Aus: © Konrad Stanko: Goethe als solcher. Bergisch Gladbach (Gustav Lübbe Verlag) 1969, 60 f.)

Anhang

Anmerkungen

Abkürzungen: GüF = Goethe über den *Faust*. Hg. von Alfred Dieck.
HA = Goethe. Werke. Hamburger Ausgabe.

[1] Zu den einzelnen Ausprägungen des Teufelspaktmotives in Legende und Literatur sowie zu den realgeschichtlichen Gestalten, die des Teufelsbundes verdächtigt wurden vgl. Frenzel 1980, 644–657, und Scheithauer 1984, 5–13.
[2] Frenzel 1980, 648.
[3] Frenzel 1976, 213.
[4] Keller 1980, 246.
[5] Leicht zugänglich in Petzold 1981, 131–136.
[6] Zitiert nach Scheithauer 1984, 14.
[7] Keller 1980, 245.
[8] Aufgeführt in: *Volksbuch*, Kritische Ausgabe, 217–296.
[9] *Volksbuch*, Kritische Ausgabe, 5.
[10] *Volksbuch*, K. A., 22.
[11] *Volksbuch*, K. A., 15.
[12] Nachwort zum *Volksbuch*, K. A., 324 f.
[13] vgl. Scheithauer 1984, 18 f.
[14] Frenzel 1976, 207.
[15] Marlowe 1988, in der Reihenfolge: 8, 14, 15, 16, 16, 66.
[16] Vgl. Scheithauer 1984, 21.
[17] *Dichtung und Wahrheit*, 2. Teil, 10. Buch (= GüF, 3; HA 9, 413).
[18] Zusammenstellung der sprachlich überformten Rekonstruktion Simrocks (1846) und einer authentischeren Niederschrift des *Ulmer Puppenspiels* in Mahal 1991.
[19] Lessing 1984, 35 (Bericht Johann Jakob Engels).
[20] Lessing 1984, 31 (Bericht Christian Friedrichs von Blankenburg).
[21] Zusammengestellt in Lessing 1984 (von Karl S. Guthke).
[22] Lessing 1984, 5.
[23] Lessing 1984; 31; vgl. auch 36 (Berichte Blankenburgs und Engels).
[24] Lessing 1967, Bd. 3, 321 f.
[25] Veränderte Darstellung nach Mahl 1988, 162.
[26] Keller 1980, 247.
[27] Brief an Herzog Karl August, Rom, 16. 2. 1788 (= GüF, 5).
[28] *Dichtung und Wahrheit*, 2. Teil, 10. Buch (= GüF, 3; HA 9, 414).
[29] Thomas Mann 1968, 298.
[30] Zu Eckermann, 3. 5. 1827 (= GüF, 32).
[31] Material zu Goethes Anteilnahme am Prozess und zu Parallelen zwischen Dramentext und Prozessakten bietet Mahl 1988, 153–161.
[32] Thomas Mann 1968, 304.
[33] Synoptische Daten nach Scheithauer 1984, 83 f.
[34] Benutztes Material: Scheithauer 1984, 67–127; Keller 1980, 245–251.
[35] Scheithauer 1984, 131.
[36] Zu Eckermann, 6. 5. 1827 (= GüF, 33), siehe Mat. 3 dieses Buches.
[37] Zu Eckermann, 6. 5. 1827 (= GüF, 33), siehe Mat. 3 dieses Buches.
[38] Brief an Riemer, 19. 12. 1827 (= GüF, 28); vgl. auch Brief an Humboldt, 1. 12. 1831 (= GüF, 55).
[39] Flitner 1947, 293.
[40] Aufgeführt etwa bei Scheithauer 1984, 146.
[41] Im Arbeitsschema von 1800 (Paralipomenon 1) ist zudem vom »Epilog im Chaos auf dem Weg zur Hölle« die Rede (GüF, 10). Da zu dieser Zeit jedoch der zukunftszuversichtliche »Prolog« entworfen wurde, bezieht sich diese Planung wohl nicht auf Faust, sondern auf eine Nachrede Mephistos.
[42] Scheithauer 1984, 111.
[43] Scheithauer 1984, 134.
[44] Trunz 1982 (in HA 3), 474.
[45] Wiese 1983, 125.
[46] Kobligk I, 1982, 103.
[47] HA 13, 368 (*Zur Farbenlehre*).
[48] HA 13, 48 (Erläuterungen zu dem aphoristischen Aufsatz *Die Natur*).
[49] HA 13, 337 (*Zur Farbenlehre*).
[50] HA 14, 83 (*Geschichte der Farbenlehre*).
[51] HA 12, 367 (*Maximen und Reflexionen*, Nr. 21).
[52] HA 9, 352 f. (*Dichtung und Wahrheit*, 2. Teil, 8. Buch).
[53] HA 13, 488 (*Zur Farbenlehre*).
Zu den Anm. 47–53 siehe auch Mat. 4 dieses Buches.
[54] Zu Eckermann, 4. 2. 1829 (Bd. 1, 287 f.).
[55] Brief an Zelter, 19. 3. 1827 (zit. nach HA 3, 628).
[56] Vgl. Trunz 1982 (in HA 3), 634.
[57] HA 12, 371 (*Maximen und Reflexionen*, Nr. 44 f.).
[58] Zu Eckermann, 6. 6. 1831 (= GüF, 54).
[59] Zu Eckermann, 6. 6. 1831 (= GüF, 54).
[60] Keller 1980, 253.
[61] Koch 1966, 261.
[62] Vortragsentwurf Goethes vom 2. 10. 1805; zit. nach Scheithauer 1984, 148 f.
[63] HA 12, 513 (*Maximen und Reflexionen*, Nr. 1049).

[64] Vgl. HA 9, 351 ff. (*Dichtung und Wahrheit*, 2. Teil, 8. Buch).
[65] HA 12, 227 (*Zum Shakespeare-Tag*).
[66] HA 8, 157 (*Wilhelm Meisters Wanderjahre*).
[67] Zu Eckermann, Fragment zum 4. Teil der Gespräche (= GüF, 21).
[68] Keller 1980, 245.
[69] Keller 1980, 254.
[70] Viëtor 1949, 467.
[71] Kobligk I, 1982, 114.
[72] Galling 1957 (= RGG), 499 f. (Artikel: Sünde und Schuld).
[73] HA 10, 177 (*Dichtung und Wahrheit*, 4. Teil, 20. Buch).
[74] HA 9, 352 (*Dichtung und Wahrheit*, 2. Teil, 8. Buch).
[75] Brief an Schiller, 22.6.1797 (= GüF, 6).
[76] Brief Schillers an Goethe, 23.6.1797 (= GüF, 7).
[77] Vortragsentwurf Goethes vom 2. 10. 1805; zit. nach Scheithauer 1984, 148 f.
[77a] Zur Pantheismusthese vgl. etwa Trunz 1982 (= HA 3), 524, oder Kobligk I, 1982, 85.
[78] Wiese 1983, 137.
[78a] Trunz 1982 (in HA 3), 502.
[79] Wiese 1983, 147.
[80] Keller 1980, 249.
[81] Zimmermann 1979, 238.
[82] Keller 1980, 245.
[83] Vgl. die Darstellung Gaiers 1989, 103–119, die leider sehr bald von historisch-authentischen Informationen zu eigenwillig modernen Auslegungen der Magievorstellung übergeht.
[84] Trunz 1982 (= HA 3), 502 f. und 501.
[85] Trunz 1982 (= HA 3), 501.
[86] Trunz 1982 (= HA 3), 502 f.
[87] Kennzeichnung Goethes im Arbeitsschema vom 11. 4. 1800 (= GüF, 10; Paralipomenon 1).
[88] Wiese 1983, 140.
[89] Flitner 1947, 255.
[90] Viëtor 1949, 338.
[91] Eversberg 1987, 93.
[92] Keller 1980, 266.
[93] Koch 1966, 252.
[94] Keller 1980, 266.
[95] Viëtor 1949, 338.
[96] Flitner 1947, 250 und 254.
[97] Wiese 1983, 138.
[98] Vgl. Hohlfeld 1921, 393, und Requadt 1972, 158.
[99] Hohlfeld 1921, 394.
[100] Weigand 1967, 416.
[101] Requadt 1972, 158.
[102] Hohlfeldt 1921, 396; vgl. auch Weigand 1967, 415, und Requadt 1972, 158.
[103] Hermes 1989, 134.
[104] Vgl. Requadt 1972, 204.
[105] Scheithauer 1984, 188.
[106] Gaier 1989, 352.
[107] Gaier 1989, 126.
[108] Vgl. Thomas Mann 1960, 298–304 und 316–322.
[109] Wiese 1983, 143.
[110] Schöne 1982, 171.
[111] Schöne 1982, 172.
[112] Vitz 1991, 129; siehe auch 132 f.
[113] Schöne 1982, 224 f., siehe auch Mat. 6 dieses Buches.
[114] Gespräch mit Falk, 21.(?)6.1816 (= GüF, 14).
[115] Folgende – in den Text eingerückte – Seitenzahlen beziehen sich auf Schöne 1982.
[116] Schöne 1982, 118.
[117] Darstellung des Meinungsstreites um das Intermezzo bei Schöne 1982, 112–122.
[118] Zitat in Paralipomenon 63 (Inhaltsskizze von *Faust II*, 16 (?). 12. 1816; in: GÜF, 15).
[119] Zu Eckermann, 20. 12. 1829 (Bd. 1, 355).
[120] Wiese 1983, 151.
[121] Trunz 1982 (= HA 3), 551.
[122] HA 12, 103 und 102.
[123] HA 12, 103.
[124] Wiese 1983, 165.
[125] An W. von Humboldt, 17. 3. 1832, und an S. Boisserée, 24. 11. 1831 (= GüF, 56 und 79).
[126] Zu Falk, 25. 1. 1813 (= Goethes Gespräche, Bd. 2, 767 f.).
[127] Weigand 1967, 420.
[128] Wiese 1983, 166.
[129] Wiese 1983, 165.
[130] Viëtor 1949, 338.
[131] Hohlfeld 1921, 406.
[132] An K. E. Schubarth, 3. 11. 1820 (= GüF, 18)
[133] An K. E. Schubarth, 3. 11. 1820 (= GüF, 18). Diese Bemerkung sollte relativiert werden, weil sie 12 Jahre vor Abschluss der Dichtung geäußert wurde. Teile der Schlussszenen waren zwar konzipiert (vgl. S. 27), doch gewiss nicht in der ganzen Vieldeutigkeit der Endredaktion.
[134] Thomas Mann 1960, 309.
[135] Flitner 1947, 293.
[136] Trunz 1982 (= HA 3), 520.
[137] Requadt 1972, 217.
[138] Requadt 1972, 242.
[139] Vgl. Requadt 1972, 241, 264, 273 f. Deutlichste Anspielung mit Vers 3337, vgl. Hohelied 4, 5 – aber auch die junge Hexe wird nach dem Hohelied stilisiert (vgl. 4129 ff. und Hohelied 4, 13); es handelt sich also mehr um eine allgemeine metaphorische Technik Goethes.
[140] Gaier 1989, 183.
[141] Wiese 1983, 145.
[142] Wiese 1983, 144.
[143] Trunz (= HA 3), 471.
[144] Koch 1966, 260.
[145] Gaier 1989, 362.
[146] Zimmermann 1979, 276.
[147] Schöne 1982, 175.

[148] Gaier 1989, 360 f.
[149] Hermes 1989, 62.
[150] Keller 1980, 273.
[151] Hermes 1989, 63.
[152] Requadt 1972, 219.
[153] Gaier 1989, 180, 361, 179.
[154] Gaier 1989, 179.
[155] Vollständiger Abdruck von Goethes Vorlage in Gaier 1989/Erl., 92–97.
[156] Gaier 1989, 184.
[157] Vgl. Schillers Brief an Goethe, 26. 6. 1797 (= GüF, 8).
[158] Thomas Mann 1968, 308.
[159] Hermes 1989, 141.
[160] Meyer 1970, 24.
[161] Scheithauer 1984, 107 f.
[162] Wiese 1983, 135, 136.
[163] Keller 1980, 268.
[164] Franz 1953, 150.
[165] Scheithauer 1984, 137.
[166] Scheithauer 1984, 138.
[167] Arbeitsschema vom 11. 4. 1800 (= GüF, 10).
[168] Arbeitsschema vom 11. 4. 1800 (= GüF, 10).
[169] Siehe auch Goethes eigene Schilderung gegenüber Eckermann am 1. 10. 1827 (= GüF, 37).
[170] Schöne 1982, 153.
[171] Zu Eckermann, 17. 2. 1831 (= GüF, 50 f.).
[172] Zu Eckermann, 13. 2. 1831 (= GüF, 49).
[173] Zu Eckermann, 13. 2. 1831 (= GüF, 49).
[174] Schrimpf 1966, 18.
[175] An Heinrich Meyer, 20. 7. 1831 (= GüF, 55); an W. von Humboldt, 1. 12. 1831 (= GüF, 55).
[176] Schrimpf 1966, 18 f.
[177] Gaier 1989, 179.
[178] Zimmermann 1979, 275.
[179] Zimmermann 1979, 275.
[180] Keller 1980, 261.
[181] HA 12, 399 (*Maximen und Reflexionen*, Nr. 252).
[182] Keller 1980, 261.
[183] Wiese 1983, 133.
[184] Wiese 1983, 167.
[185] Requadt 1972, 35.
[186] Scheithauer 1984, 139.
[187] Meyer 1970, 20.
[188] Franz 1953, 12.
[189] Lenz 1976, 20.
[190] Eigene Zusammenstellung nach Klotz 1975.
[191] An Schiller, 5. 5. 1798 (= GüF, 10).
[192] Der Versuch der *Stundenblätter* (Nawrath 1980), den ganzen *Faust* in das Prokrustesbett dieser Begriffe zu zwängen, wirkt da nur hilflos und tragikomisch.
[193] Beides abgedruckt in GüF, 78 f.
[194] Hermes 1989, 32.
[195] Vgl. Schöne 1982, 151 ff.
[196] An Iken, 23. 9. 1827 (= GüF, 36).
[197] Trunz 1982 (= HA 3), 484.
[198] Trunz 1982 (= HA 3), 485.
[199] Kobligk 1983, 11.
[200] Trunz 1982 (= HA 3), 485.
[201] Requadt 1972, 240 f.
[202] Requadt 1972, 168.
[203] Kobligk 1982, 21.
[204] Requadt 1972, 73.
[205] Auf zwei weitere Kompositionsmittel kann hier aus Raumgründen nicht eingegangen werden. Die Bildwelt, der Handlungsraum und die Seelenbewegungen Fausts und Gretchens lassen sich z. T. mit den Kategorien Systole und Diastole, Enge und Weite, beschreiben, wie dies etwa Requadt 1972 in überbewertender Weise durchführt. Schließlich könnte man – auf den Leser bezogen – eine Psychodynamik von Gravität und Facilität verzeichnen: einen ausgleichenden Pendelschlag von Pathos und Schalk, Tragödie und Komödie, gemütsanspannenden und gemütsbefreienden Momenten.
[206] Arbeitsschema vom 11. 4. 1800 (= GüF, 10).
[207] Winkler 1964, 7.
[208] Winkler 1964, 9.
[209] Winkler 1964, 10.
[210] An Schiller, 5. 5. 1798 (= GüF, 10).
[211] Trunz 1982 (= HA 3), 487.
[212] Gaier 1989, 197.
[213] Ein Umstand muss irritieren: Auch das Soldatenlied vor dem Tor (884–902) ist in adonische Verse gesetzt, wenn auch nicht vollständig gereimt und mit den eigentlichen melodiösen Zweierdaktylen verwoben. Dennoch zeigt dieser Umstand – wie es hier nicht anders behauptet werden soll –, dass solche Versfolgen sich verschiedenem Gebrauch fügen. Goethe zeigt auch in den Gesangspartien seiner frühen Singspiele eine Neigung zu den Adonius umspielender Metrik, was darauf hinweist, dass sie für Goethe einer Sprache der Musik gleichkommt. Diese kann nun einem Soldatenlied unterliegen: Sie muss aber geradezu leitmotivisch werden, wenn durch Musik jene höhere, aber eher dem Gefühl als der Beschreibung zugängliche Sphäre der Erlösung symbolisiert werden soll – wie im *Faust*.
[214] May 1962 spricht bei den in Rede stehenden Versformen von »falschen Daktylen«, die er mit »Rücksicht auf das Ethos des Sprachgehalts« (197) auseinander dividiert in musikalisch – also daktylisch – zu lesende und erhaben – im vierhebigen alternierenden Schritt – vorzutragende. »Nur mit solcher Lesung hat man die Gefahr beseitigt, daß man die himmlischen Heerscharen in Versen von würdelos tänzelnder Bewegung sprechen lassen müßte« (248). Diese Deutung nimmt aber Goethe gravitätisch-humorloser, als er genommen werden will. Warum sollte er nicht den Pomp eines unnahbaren Himmels durch eine zauberische Sprachmusik zugänglicher, ›menschlicher‹ gemacht haben?

[215] Müller-Seidel 1968, 104.

[216] Zu Eckermann, 28. 1. 1826 (Bd. 1, 158 f.).

[217] Zu Eckermann, 16. 12. 1829 (= GüF, 44); vgl. auch Brief an Iken, 23. 9. 1827 (= GüF, 35).

[218] Eine leicht zugängliche Goethe-Bibliografie bietet Hermann 1991; einen – wenn auch sehr misslich in bürgerliche und materialistische Wissenschaft unterteilenden – Forschungsbericht gibt Scholz 1984; eine Ideologiegeschichte des ›Faustischen‹ unterbreitet Schwerte 1962.

Literaturverzeichnis

1. Goethe: Textausgaben; CD-ROM; Ausgaben mit Materialien; Selbstzeugnisse; Biografie und Bibliografie; Quellen

Goethe, Johann Wolfgang: Urfaust. Goethes FAUST in ursprünglicher Gestalt. Stuttgart (Reclam) 1989 (= RUB 5273).

Ders.: Faust. Der Tragödie erster Teil. Stuttgart (Reclam) 1986 (= RUB 1).

Ders.: Faust. Der Tragödie erster Theil. CD-ROM [u. a. mit Erläuterungen, Zeittafel, Bildbeigaben, Lesungen]. Stuttgart (Reclam) 1995.

Ders.: Faust. Der Tragödie zweiter Teil. Stuttgart (Reclam) 1986 (= RUB 2).

Goethe, Johann Wolfgang: Werke. Hamburger Ausgabe in 14 Bänden. München 1982 (= dtv Dünndruck). [zit. als: HA]

Goethe, Johann Wolfgang von: Sämtliche Werke. Briefe, Tagebücher und Gespräche. Bd. 7: Faust. Texte und Kommentare. 2 Bde. Hrsg. von Albrecht Schöne. Frankfurt a.M. (Deutscher Klassiker Verlag) 1994.

Mahl, Bernd (Hrsg.): Urfaust. Mit Materialien. Stuttgart (Klett) 1986 (= Editionen).

Ders. (Hrsg.): Faust. Der Tragödie erster Teil. Mit Materialien. Stuttgart (Klett) 1988 (= Editionen).

Ders. (Hrsg.): Faust. Der Tragödie zweiter Teil. Mit Materialien. Stuttgart (Klett) 1988 (= Editionen).

Goethe über den Faust. Hrsg. von Alfred Dieck. Göttingen ^{2}1963 (= Kleine Vandenhoeck-Reihe; 56). [zit. als: GüF]

Goethes Gespräche. 4 Bde. Hrsg. von Wolfgang Herwig. Zürich 1965–1987.

Eckermann, Johann Peter: Gespräche mit Goethe in den letzten Jahren seines Lebens. 2 Bde. Ffm (Insel) 1981 (= it 500).

Boerner, Peter: Johann Wolfgang von Goethe in Selbstzeugnissen und Bilddokumenten. Reinbek (Rowohlt) ^{14}1979 (= rm 100).

Friedenthal, Richard: Goethe. Sein Leben und seine Zeit. München (Piper) ^{9}1982 (= Serie Piper).

Goethe-Bibliografie. Literatur zum dichterischen Werk. Zusammengestellt von Helmut G. Hermann. Stuttgart (Reclam) 1991 (= RUB 8692).

Birkner, Siegfried (Hrsg.): Das Leben und Sterben der Kindsmörderin Susanna Margaretha Brandt. Ffm (Insel) 1989 (= it 1190).

2. Andere literarische Werke und Texte von Literaten

Historia von D. Johann Fausten. Text des Druckes von 1587. Kritische Ausgabe. Hrsg. von Stephan Füssel und Hans Joachim Kreutzer. Stuttgart (Reclam) 1988 (= RUB 1516).

Petzoldt, Leander (Hrsg.): Das Volksbuch von Dr. Faust. 1587. Mit Materialien. Stuttgart (Klett) 1981 (= Editionen).

Marlowe, Christopher: Die tragische Historie vom Doktor Faustus. Stuttgart (Reclam) 1988 (= RUB 1128).

Mahal, Günther (Hrsg.): Doktor Johannes Faust. Puppenspiel in vier Aufzügen, hergestellt von Karl Simrock. Mit dem Text des Ulmer Puppenspiels. Stuttgart (Reclam) 1991 (= RUB 6378).

Lenz, Jakob Michael Reinhold: Anmerkungen übers Theater. Shakespeare-Arbeiten und Shakespeare-Übersetzungen. Stuttgart (Reclam) 1983 (= RUB 9815).

Lessing, Gotthold Ephraim: D. Faust. Die Matrone von Ephesus. Fragmente. Stuttgart (Reclam) 1984 (= RUB 6719).

Ders.: Werke. 3 Bde. Hrsg. von Kurt Wölfel. Ffm. (Insel) 1967.

Mann, Thomas: Über Goethe's *Faust*. In: Ders.: Werke. Das essayistische Werk. Taschenbuchausgabe in acht Bänden. Hrsg. von Hans Bürgin. Schriften und Reden zur Literatur, Kunst und Philosophie. Bd. 2. Ffm (Fischer) 1968 (= MK 114), 290–322.

3. Sekundärliteratur mit schulischem Adressatenkreis

Binswanger, Hans Christoph: Der Mensch als Herr der Zeit. Eine Deutung von Goethes Faust II unter dem Aspekt von Wirtschaft und Alchemie. In: DU 39 (1987), H. 4, 25–37 [Ohne Didaktik]

Eversberg, Gerd: Faust. Teil I. Hollfeld (Bange) ^{3}1987 (= Königs Erläuterungen und Materialien; Bd. 21/22). [Ohne Didaktik]

Ders.: Faust. Teil II. Hollfeld (Bange) ^{6}1990 (= Königs Erläuterungen und Materialien; Bd. 43/44). [Ohne Didaktik]

Ders.: Faust. Erster und zweiter Teil. Didaktische Hinweise und Materialien für Unterrichtsreihen in den Jahrgangsstufen 12 und 13. Hollfeld (Bange) 1985 (= Bausteine Deutsch). [Konglomerat von trivialisierenden Autorkommentaren und zu hoch gegriffenen Auszügen aus der Sekundärliteratur; Unterrichtsverlauf spröde und bieder, ohne zeitgemäßen, schülerbezogenen Problemhorizont.]

Hermes, Eberhard: Faust – Erster und zweiter Teil. Stuttgart (Klett) ^{2}1989 (= Lektürehilfen). [Ohne Didaktik]

Jessing, Benedikt: Johann Wolfgang Goethe. Stuttgart, Weimar (Metzler) 1995.

Kobligk, Helmut: Faust I. Ffm (Diesterweg) ^{10}1982 (= Grundlagen und Gedanken zum Verständnis des Dramas). [Ohne Didaktik]

Ders.: Faust II. Ffm (Diesterweg) ^{5}1983 (= Grundlagen und Gedanken zum Verständnis des Dramas). [Ohne Didaktik]

Lindken, Hans Ulrich: Faust I. Materialien – Wirkung – Deutung – Reflexionen. Hollfeld (Beyer) 1978 (= Analysen und Reflexionen; 30) [3 Seiten recht allgemein gefasste Themenvorschläge]

Nawrath, Willi-Klaus: Stundenblätter *Faust*. Erster und zweiter Teil. Stuttgart (Klett) 1986 (= Stundenblätter Deutsch). [Schwerfälliger Ansatz mit unterrichtlich wenig ergiebigen Bild- und historischen Quellen; gewaltsam penetrante Analysen nach Freytags Dramenkategorien – *erregendes Moment, dramatischer Knoten* usw. –; abstrakte Bildungsstoff-Vermittlung.]

Ders. (Hrsg.): Zu Johann Wolfgang von Goethe: Faust – Texte und Bilder. Stuttgart (Klett) 1989 (= Arbeitsmaterialien Deutsch). [Materialiensammlung ohne Didaktik]

Mahl, Bernd: *Faust* – Experimente. Zur Bühnengeschichte von Goethes Drama seit den 50er Jahren: In: DU 35 (1983), H. 1, 36–60 [Ohne Didaktik]

Müller-Michaels, Harro: Deutschkur Modell und Erprobung angewan Germanistik in der gymnasialen Oberstufe. Ffm (Scriptor) 1987 *Faust* S. 56–63: allgemein un

gehaltener Unterrichtsbericht ohne konkrete Unterrichtsideen und -hinweise.]
Segeberg, Harro: Die ›ganz unberechenbaren Resultate‹ der Technik. Zur Modernität vormoderner Technik in Goethes Faust. In: DU 39 (1987), H. 4, 11–23. [Ohne Didaktik]
Stein, Guido: Faust. Der Tragödie erster Teil. Text und Materialien. München (Schwann-Bagel) 1986 (= Stationen der Literatur). [4 Projektvorschläge: Vergleich von Hörspiel- und Filmaufnahmen, interpretierende Lesung, Ausarbeiten von Regie-Leitlinien, Anfertigung eines Filmskripts.]
van Rinsum, Annemarie und Wolfgang: Interpretationen. Dramen. München (bsv) ²1983. [Zu *Faust* S. 56–62: Interpretationsausschnitte; 4 Vorschläge für Unterrichtsreihen; im Übrigen keine Didaktik.]
Vitz, Georg: Goethes ›Gretchentragödie‹. Das Hohelied von der Lüge in der Liebe. In: DD 22 (1991), H. 2, 118–139. [Ohne Didaktik]

4. Zitierte sonstige Sekundärliteratur

Burdach, Konrad: Das religiöse Problem in Goethes *Faust*. In: Keller 1974 [s.u.], 22–51
Emrich, Wilhelm: Die Symbolik von Faust II. Bonn ²1957.
Flitner, Wilhelm: Goethe im Spätwerk. Glaube, Weltsicht, Ethos. Hamburg (Claassen) 1947.
Franz, Erich: Mensch und Dämon. Goethes Faust als menschliche Tragödie, ironische Weltschau und religiöses Mysterienspiel. Tübingen (Niemeyer) 1953.
Frenzel, Elisabeth: Stoffe der Weltliteratur. Ein Lexikon dichtungsgeschichtlicher Längsschnitte. Stuttgart (Kröner) ⁴1976.
Dies.: Motive der Weltliteratur. Ein Lexikon dichtungsgeschichtlicher Längsschnitte. Stuttgart (Kröner) ²1980.
Friedrich, Theodor; Scheithauer, Lothar J.: Kommentar zu Goethes Faust. Mit einem Faust-Wörterbuch und einer Faust-Bibliographie. Stuttgart (Reclam) 1984 (= RUB 7177). [zit. als: Scheithauer 1984]
Gaier, Ulrich: Goethes Faust-Dichtungen. Ein Kommentar. Bd. 1: Urfaust. Stuttgart (Reclam) 1989 (= RUB 8587).
Ders. (Hrsg.): Johann Wolfgang Goethe: Urfaust. Erläuterungen und Dokumente. Stuttgart (Reclam) 1989 (= RUB 8183). [zit. als: Gaier 1989/Erl.]
Galling, Kurt: Die Religion in Geschichte und Gegenwart (RGG). Handwörterbuch für Theologie und Religionswissenschaft. 6 Bde. Tübingen (Mohr) ³1957–65.
Hohlfeld, Rudolph: Pakt und Wette in Goethes *Faust*. In: Keller 1974 [s. u.], 380–409.
Keller, Werner (Hrsg.): Aufsätze zu Goethes *Faust I*. Darmstadt (Wissenschaftliche Buchgesellschaft) 1974 (= WdF).
Ders. (Hrsg.): Aufsätze zu Goethes *Faust II*. Darmstadt 1992.
Ders.: Faust. Eine Tragödie. In: Hinderer, Walter (Hrsg.): Goethes Dramen. Neue Interpretationen. Stuttgart (Reclam) 1980, 244–280.
Klotz, Volker: Geschlossene und offene Form im Drama. München (Hanser) ⁷1975 (= Literatur als Kunst).
Koch, Friedrich: Christliches und Scheinchristliches in Goethes *Faust*. In: GRM 16/NF (1966), 244–263.
May, Kurt: Faust II. In der Sprachform gedeutet. München (Hanser) 1962 (= Literatur als Kunst).
Meyer, Hermann: Diese sehr ernsten

Scherze. Eine Studie zu Faust II. Heidelberg (Stiehm) 1970.
Müller-Seidel, Walter: Komik und Komödie in Goethes *Faust*. In: Steffen, Hans (Hrsg.): Das deutsche Lustspiel. Erster Teil. Göttingen 1968 (= Kleine Vandenhoeck-Reihe; 271), 94–119.
Requadt, Paul: Goethes *Faust I*. Leitmotivik und Architektur. München (Fink) 1972.
Scheithauer 1984 = Friedrich 1984 [s.o.].
Schöne, Albrecht: Satanskult: Walpurgisnacht. In: Ders.: Götterzeichen, Liebeszauber, Satanskult. Neue Einblicke in alte Goethetexte. München (Beck) 1982, 107–230.
Schrimpf, Hans Joachim: Goethe. Spätzeit, Altersstil, Zeitkritik. Pfullingen (Neske) 1966 (= opuscula; 32).
Scholz, Rüdiger: Goethes *Faust* in der wissenschaftlichen Interpretation von Schelling und Hegel bis heute. Ein einführender Forschungsbericht. Rheinfelden (Schäuble) [2]1984.
Schwerte, Hans: Faust und das Faustische. Ein Kapitel deutscher Ideologie. Stuttgart (Klett) 1962.
Sudau, Ralf: Werkbearbeitung, Dichterfiguren. Traditionsaneignung am Beispiel der deutschen Gegenwartsliteratur. Tübingen (Niemeyer) 1985 (= Studien zur deutschen Literatur; 82).
Trunz, Erich: Nachwort und Anmerkungen zu Goethes *Faust*-Dichtungen. In: HA 3, 463–672.
Viëtor, Karl: Goethe. Dichtung, Wissenschaft, Weltbild. Bern (Francke) 1949.
Weigand, Hermann J.: Wetten und Pakt in Goethes *Faust*. In: Keller 1974 [s.o.], 410–427.
Wiese, Benno von: Faust. Tragödie und Mysterienspiel. In: Ders.: Die deutsche Tragödie von Lessing bis Hebel. München 1983 (= dtv 4411), 122–169.
Winkler, Michael: Zur Bedeutung der verschiedenen Versmaße in *Faust I*. In: Symposium 18. A Quarterly Journal in Modern Literatures. (1964), H. 1, 5–21.
Zimmermann, Rolf Christian: Das Weltbild des jungen Goethe. Studien zur hermetischen Tradition des deutschen 18. Jahrhunderts. Bd. 2: Interpretation und Dokumentation. München (Fink) 1979.

5. Neuere Publikationen

Böhme, Gernot: Goethes *Faust* als philosophischer Text. Zug (Graue Edition) 2005.
Ciupke, Markus: Des Geklimpers vielverworrner Töne Rausch: Die metrische Gestaltung in Goethes *Faust*. Göttingen (Wallstein) 1994.
Eibl, Karl: Das monumentale Ich: Wege zu Goethes *Faust*. Ffm (Insel) 2000.
Gaier, Ulrich: Kommentar zu Goethes *Faust*. Stuttgart (Reclam) 2002.
Hamm, Heinz: Goethes *Faust*: Werkgeschichte und Textanalyse. Berlin (Volk und Wissen) 1997.
Hübner, Hans: Goethes *Faust* und das Neue Testament. Göttingen (Vandenhoeck & Ruprecht) 2003.
Negt, Oskar: Die Faust-Karriere: Vom verzweifelten Intellektuellen zum gescheiterten Unternehmer. Göttingen (Steidl) 2006.
Schmidt, Jochen: Goethes *Faust*, erster und zweiter Teil: Grundlagen – Werk – Wirkung. München (Beck) 2001.

Zeittafel zu Leben und Werk

Leben

1749 Geboren am 28.8. in Frankfurt am Main; Familie wohlhabendes Bürgertum; Vater promovierter Jurist ohne Anstellung.

1756 Nach kurzem Besuch einer öffentlichen Schule fortan Privatunterricht.

1765–68 Studium der Rechte (Vaterwunsch) in Leipzig.

1768–70 Schwere Krankheit; Rückkehr nach Frankfurt; pietistische Einflüsse; pansophisch-alchemistische Lektüre.

1770–71 Studium in Straßburg; Abschluss als Lizenziat der Rechte. Begegnung mit Herder; Begeisterung für Shakespeare, Ossian, Volkspoesie.
Bekanntschaft mit Friederike Brion.
Kurze Anwaltspraxis in Frankfurt (28 Prozesse).

1772 Praktikant am Reichskammergericht in Wetzlar.
Bekanntschaft mit Charlotte Buff.

1775 Kurze Verlobung mit Lili Schönemann (Bankierstochter).
Erste Schweizreise.
Auf Einladung des Herzogs Karl August Ankunft in Weimar.

1776 Eintritt in den weimarischen Staatsdienst; Aufgabengebiete im Laufe der Jahre: Bergwerksangelegenheiten, Straßenbau, Kriegskommission, Finanzverwaltung.
Beginnende Freundschaft mit Charlotte von Stein.

1779 Ernennung zum Geheimen Rat. Zweite Schweizreise.

1782 Ernennung in den Adelsstand durch Kaiser Joseph II.

1784 Anatomische Studien: Entdeckung des Zwischenkieferknochens.

1785 Botanische Studien.

1786–88 Italienische Reise.
Nach Rückkehr Entlastung von Regierungsgeschäften.
Lebensgefährtin Christiane Vulpius (1765–1816); bis 1806 ohne Trauschein.

1789 Sohn August geboren (gestorben 1830); einzig Überlebendes von fünf Kindern.

1790 Naturwissenschaftliche Studien: Farbenlehre, Botanik (Metamorphose der Pflanzen).

1791 Leitung des neu eröffneten Weimarer Hoftheaters.

1792 Teilnahme am Frankreichfeldzug der Koalitionsarmee.

1794–1805 Gedankenaustausch und Arbeitsgemeinschaft mit Schiller (1759–1805)

1805 Krankheit.

1806 Schlacht bei Jena; Besetzung Weimars.

1808 Begegnung mit Napoleon.

1812 Begegnung mit Beethoven.

1814–17 Orientstudien.

1823 Krankheit. Eckermann kommt nach Weimar.

1832 Tod am 22.3. nach schwächender Krankheit.
Beisetzung in der Fürstengruft.

Werk (Entstehungsgeschichte des *Faust* siehe Kap. 1.4)

1765–68 *Buch Annette. Die Laune des Verliebten. Die Mitschuldigen.*
1770–71 Sesenheimer Lieder.
1771 *Zum Shakespeare-Tag. Geschichte Gottfriedens von Berlichingen, dramatisiert* (›Urgötz‹).
1772 *Von deutscher Baukunst. Wanderers Sturmlied.* Anfänge des *Urfaust* (1772–75).
1773 *Götz von Berlichingen. Prometheus-* und *Mahomet-*Fragmente. Jahrmarktsspiele, Satiren und Farcen (*Plundersweilern; Pater Brey; Satyros; Götter, Helden und Wieland*).
1774 *Werther. Clavigo.* Hymnen »Prometheus«, »Ganymed«.
1775 *Hanswursts Hochzeit. Stella.* Singspiele *Erwin und Elmire, Claudine von Villa Bella.* Anfänge des *Egmont* (1775–87).
1777 Anfänge von *Wilhelm Meisters theatralische Sendung* (1777–85).
1778 *Grenzen der Menschheit.*
1779 *Iphigenie* (Prosafassung).
1780 Anfänge des *Tasso* (1780–89).
1783 *Das Göttliche.*
1786 *Iphigenie* (Versfassung).
1788 *Römische Elegien.*
1790 Druck von *Faust. Ein Fragment. Venezianische Epigramme.*
1791 *Der Gross-Kophta. Beiträge zur Optik* (1791 und 1792).
1793 *Reineke Fuchs. Die Aufgeregten. Der Bürgergeneral.*
1794 *Unterhaltungen deutscher Ausgewanderten.* Anfänge von *Wilhelm Meisters Lehrjahre* (1794–96).
1795–96 *Xenien.*
1797 Balladen »Zauberlehrling«, »Braut von Korinth« u. a.
1798 Zeitschrift ***Propyläen*** (1798–1800). *Metamorphose der Pflanzen.*
1799 *Achilleis.* Anfänge von *Natürliche Tochter* (1799–1803).
1805 *Winckelmann und sein Jahrhundert.*
1807 Anfänge von *Wilhelm Meisters Wanderjahre* (1807–1821: erste Fassung; 1829: Abschluss der zweiten, erweiterten Fassung).
1808 Druck von *Faust I. Pandora.*
1809 *Wahlverwandtschaften.* Anfänge von *Dichtung und Wahrheit* (1809–1814: erster bis dritter Teil; 1831: vierter Teil).
1810 *Farbenlehre*
1814 Anfänge von *West-östlicher Divan* (1814–1819). *Des Epimenides Erwachen.*
1816 *Italienische Reise* (1816–17). Zeitschrift ***Über Kunst und Altertum*** (1816–1832)
1817 *Urworte. Orphisch.*
1822 *Kampagne in Frankreich*
1827 *Novelle.*
1832 Druck von *Faust II.*